U0861820

■ 新时代教育改革发展研究丛书

甘肃省基础教育科研
优秀课题成果报告（2018）

主　编：闫婧华

副主编：蔺　平　马少峰

编　委：陈　勇　岳文果　俞雪山　何宝平　单亚玲　邓湘萍
王春梅　马劭麟　富生翠　张　燕　朱　健　顾武祖
张炳意　宋明权　丁晓萍　刘　蕊　张改相　张力强
王海渊　周　哲　吴永昊　杨红林

蘭州大學出版社
LANZHOU UNIVERSITY PRESS

图书在版编目（CIP）数据

甘肃省基础教育科研优秀课题成果报告. 2018 / 闫婧华主编. -- 兰州 : 兰州大学出版社, 2019.6
（新时代教育改革发展研究丛书 / 靳建设主编）
ISBN 978-7-311-05618-6

Ⅰ. ①甘… Ⅱ. ①闫… Ⅲ. ①基础教育－教育研究－甘肃－文集 Ⅳ. ①G639.2-53

中国版本图书馆CIP数据核字(2019)第115482号

责任编辑 宋 婷
封面设计 王 挺

书　　名 甘肃省基础教育科研优秀课题成果报告(2018)
作　　者 闫婧华 主编
出版发行 兰州大学出版社 （地址:兰州市天水南路222号 730000）
电　　话 0931-8912613(总编办公室) 0931-8617156(营销中心)
0931-8914298(读者服务部)
网　　址 http://press.lzu.edu.cn
电子信箱 press@lzu.edu.cn
印　　刷 甘肃发展印刷公司
开　　本 710 mm×1020 mm 1/16
印　　张 17.25
字　　数 288千
版　　次 2019年6月第1版
印　　次 2019年6月第1次印刷
书　　号 ISBN 978-7-311-05618-6
定　　价 38.00元

前 言

在党的十九大和全国教育大会上，国家反复提出要将造就党和人民满意的高素质专业化创新型教师队伍作为接下来一段时间教育工作的一个主要任务。在《关于全面深化新时代教师队伍建设改革的意见》中还明确提出，到2035年，教师综合素质、专业化水平和创新能力大幅提升，培养造就数以百万计的骨干教师、数以十万计的卓越教师、数以万计的教育家型教师。党和政府将教育改革的美好蓝图已经绘制好，广大教育工作者需要全面落实党的教育方针，围绕中心，服务大局，坚持改革创新，主动面向时代的新课题，提升科研素养，积极破解教育热点难点问题。

教师由经验型向科研型、由教书匠型向专家型转化，必须走教育科研发展之路。新时期，在促进教育公平，提高教育教学质量，发展学生核心素养，落实立德树人根本任务等方面，都需要科研型教师队伍的积极参与和破解。只有他们深度参与，并进行理论和实践的创新，才能保证新一轮教育改革的顺利实施。为了激励广大教育工作者关注教育改革中的重点、难点和热点问题，不断创新理论研究，寻求实际解决策略，本书从2018年甘肃省结题评审项目中精心筛选了14个优秀课题成果报告，内容涉及中小学教学模式创新、教学评价策略改进、学科核心素养落地、学生问题的干预和教师研修方式的转变等，通过反复修改和完善后汇编成书。这些优秀课题成果报告材料丰富翔实，研究方法科学合理，研究过程步骤扎实，研究成果应用性强，具有一定的推广和借鉴价值。相信这些优秀研究成果的结集交流，必将给一线教师开展课题研究带来一些启示和帮助。在对比学习中，广大教师可以寻找到自己课题研究中的不足，规范研究行为，提升课题研究成果的质量。

虽然个别课题研究还有不够完善和需要改进的地方，但我们相信交流启迪智慧，分享促进提升。期待全省更多的一线教师投入到科研促成长的内涵发展道路上来，为我省教育科研事业的蓬勃发展和教师队伍专业能力的提升贡献力量。

甘肃省教育科学规划领导小组办公室

2018年12月

目 录

农村幼儿良好生活与卫生习惯养成教育研究

引　言

随着人们生活水平的不断提高，那些随意的、粗放型的生活方式应该被摒弃，取而代之的应该是现代化的、健康的生活习惯。科学安排农村幼儿在幼儿园的生活环节，让他们拥有良好的人生开端，是本课题研究的初衷。本报告从问题的提出到目标的确定，以游戏为宗旨，以儿歌为抓手，以幼儿一日活动为载体，以家园配合为助力，经过实践、探究、反馈、提升等实施过程，达到预期目的：幼儿入园、盥洗等环节中的生活与卫生习惯培养形式得到建构，“习惯成就未来”的办园特色进一步彰显，幼儿的文明程度明显提升，教师“保教结合，保育在前”的教育理念牢固树立，教科研水平得到切实提高，家园共育平台搭建取得成效。最后，提出课题实践的几点反思，也将作为本课题的延伸问题再次进行深入研究。

一、问题的提出

当前农村幼儿，其父母由于自身素质不高或进城务工等原因，无暇顾及孩子的行为习惯培养；或是只重视学校对幼儿的教育，而自身对幼儿良好行为习惯的养成缺乏足够的重视和系统的教育。而幼儿的祖辈们也认为，只要孩子吃饱穿暖就可以了，其余一切让孩子顺其自然，无所谓什么习惯培养。孩子由于缺乏明辨是非的能力，认识不到好的行为习惯所带来的益处，长此以往，他们会放任自流、我行我素，出现许多陋习，如：作息习惯欠佳（不按时睡觉和起床、不能坚持午睡等）；卫生习惯差（早晚不刷牙、不剪指甲、饭前便后不洗手、不经常洗澡换衣服等）；进餐习惯差（偏食、挑食，不喜欢吃瓜果、蔬菜等新鲜食品）。

另外，对于望子成龙心切的农村家长们来说，他们普遍觉得素质教育更为有用，以至忽略了幼儿良好生活习惯养成的关键期，即幼儿期。然而，家庭教育对幼儿良好生活习惯的养成有着不可忽视的作用。在幼儿期，家长首先应端正自己的教育理念，于生活细节中着手培养幼儿良好的习惯，引导并帮助幼儿长期坚持某一良好行为，取得幼儿园教师的支持与配合，共同促进幼儿良好生活与卫生习惯的养成。养成良好的生活与卫生习惯，是幼儿健康发展、可持续发展和终身发展的基础。

回首望去，中国是一个有着五千年文明史的古国，我国的养成教育可谓源远流长，我国古代伟大的教育家孔子就曾提出："少成若天性，习惯成自然"，这对后世的养成教育产生了深远的影响。在科学技术迅猛发展、知识经济日益突起的时代，良好的行为习惯已成为现代人应具备的起码素质，良好的行为表现也成为测量和评价素质教育成果的重要内容和主要依据。著名教育家叶圣陶先生曾经说过："教育是什么？往简单方面说，就是要培养良好的习惯。"国外也曾有不同的教育家这样说过："开始做得好，一半就做到了""行动养成习惯，习惯形成性格，性格决定命运"。好的行为习惯可使幼儿生活、学习自然有序、充满生机，相反则会使幼儿生活杂乱无章、死气沉沉，以至影响幼儿的身心健康。

《幼儿园教育指导纲要》在健康领域也对幼儿提出了十分明确的教学目标：生活、卫生习惯良好，有基本的生活自理能力，并提出了详细要求："与家长配合，根据幼儿的需要建立科学的生活常规。培养幼儿养成良好的饮食、睡眠、盥洗、排泄等生活习惯和生活自理能力，教育幼儿爱清洁、讲卫生，注意保持个人和生活场所的整洁和卫生。"鉴于此，我们就要通过各种途径和方法，关注、促成幼儿的养成教育。

养成教育就是培养孩子养成良好习惯的教育。而所谓培养，就是通过幼儿园、社会、家庭几方面的共同努力，按照一定的目的长期地教育和训练孩子，使他们自觉遵守生活卫生规范、道德规范和行为准则，形成良好行为习惯的过程。从实践层面上讲，养成教育就是从行为训练入手，综合多种教育方法，全面提高孩子的素质，从而达到其最终的目的—— 形成良好的习惯。这些纲领性的文件与比较宏观的研究结果，为我们提供了有价值的理论经验。

作为我园办园特色之一的“习惯成就未来”，自2011年提出到创建以来，已初见成效，不论从理念还是从实施情况方面都取得不菲成绩，受到来园领导及专家的一致好评；在县域内也走在了同行的前列，被县教育局评定为全县学前教育培训基地。在竞争日趋激烈的当今，园所如何发展是一种挑战，如何沿着规范化、特色化方向发展，更是一种挑战，这就要求我们对办学特色深挖细钻。一方面帮助幼儿形成良好生活与卫生习惯，促使其认知能力进一步提高；另一方面也要求我园要进一步将特色形成便于大家操作的更为成熟的理论体系，使全县乃至更广泛地域的幼儿园受益，引领他们共同进步，为学前教育的“春天”的到来添砖加瓦。

综上所述，抓好孩子良好生活与卫生习惯的养成教育显得尤为重要。基于此，我们于2016年5月选择并申报了省级规划课题“农村幼儿良好生活与卫生习惯养成教育研究”。我们在近两年的课题研究中，结合本园实际，以游戏为宗旨，以儿歌为抓手，以幼儿一日活动为载体，以家园配合为助力等，作为教育的切入点推动了本课题的实践。通过研究，期望营造出良好的家园共育氛围，在实施保育和教育的过程中，促进农村幼儿良好生活与卫生习惯的养成。

二、研究的目标

通过课题的研究，让幼儿自己的事情尽量自己做，使之逐渐养成独立生活、自觉安排个人生活的能力，并养成良好的生活与卫生习惯。

第一，通过调查，了解农村幼儿生活习惯的现状，分析形成这些习惯的成因。

第二，通过农村幼儿良好生活与卫生习惯养成教育的研究，建立幼儿良好常规行为范式，探索幼儿园一日生活中幼儿生活习惯培养的途径和方法，促进其良好生活习惯的养成，使我园办园特色之一的“习惯成就未来”在实践中得以升华，促进每一位幼儿德、智、体、美、劳全面发展。

第三，探索为家庭教育提供新观念和新思想的路子，引导家长积极配合幼儿园对幼儿的习惯养成教育，保持家园一致，为幼儿创设初步的生活习惯空间。

第四，在研究与实践的过程中，秉持“保教结合，保育在前”的理念，结合本课题研究，在幼儿园、家庭、社会共同促进幼儿全面发展的同时，使教师的专业成长也得到长足进步，达到让教师与幼儿共同成长之理想成效。

三、研究的内容

（一）创设游戏，养成习惯

幼儿一日生活和学习以游戏为基本活动，一切游戏皆课程，同样，习惯的培养也离不开游戏活动。我们要坚决杜绝习惯培养中的“关注少、包办多、高控制”现象，在耐心、富有情趣的游戏活动中促使幼儿良好生活与卫生习惯的养成。如何创设游戏活动，将入园、盥洗、进餐点、喝水、如厕、自由活动、午睡和离园等生活环节融入其中，在愉快与潜移默化中达到幼儿习惯的养成，这是我们研究的一个方面。

不变的游戏促使习惯巩固。游戏是幼儿的主要活动，也是孩子对未来生活需要的活动准备。幼儿都有着好玩的天性，通过平时的一些游戏活动，让幼儿在玩玩、做做中养成良好的生活与卫生习惯，可谓于无声处见奇效。幼儿会在玩的过程中，学习到生活中的一些本领、技巧。利用游戏活动，让幼儿在游戏中既玩得开心，又掌握到独立生活的本领，何乐而不为呢？既然游戏是幼儿喜爱的活动，在一日生活中，班级教师就要给幼儿创设丰富多彩的游戏活动，让幼儿随时都有机会在活动区参加活动，使他们有条理地收拾玩具、爱惜游戏材料，巩固共同制定的游戏规则。这样，幼儿的良好生活整理等习惯经过多次重复就会形成与习得。在游戏中培养幼儿良好习惯的同时，也提高了幼儿解决问题、处理问题的能力，为幼儿自理能力的具备打下了基础。

（二）结合儿歌，培养技能

语言是思维和交流的工具，幼儿期是语言发展，特别是口语发展的重要时期。幼儿语言的发展贯穿于各个领域，也对其他领域的学习和发展有着重要的影响，当然，幼儿的语言学习也需要相应的社会经验支持。在生活和卫生养成习惯培养中，各个环节有时就需要机械记忆和反复训练，那么，这时候如何运用幼儿语言发展进程的特点，主动编一些朗朗上口的儿歌，在盥洗、穿脱衣裤等环节中帮助幼儿完成一些基本动作，就是本课题中我们需要研究的又一内容。

感性的儿歌会让幼儿形成习惯自觉。在幼儿园一日生活中，幼儿在洗手、入睡、吃饭、穿脱衣裤等习惯的培养和训练中，单凭说教，孩子们做得总是达不到要求。课题组教师尝试着把这些基本要求编成儿歌，让孩子边做边说，是不是可以做得更好呢？孩子思维的特点还是以直觉思维、直觉行动为主，他们的模仿性强，很喜欢鹦鹉学舌，儿歌内容具体、直观、形象，朗朗上口，易读易懂，可以起到直接的指导作用。让幼儿边吟诵儿歌边实际操作，会使幼儿兴趣常在，练习常做；同时，在兴趣中快乐劳动，在劳动中寻找乐趣。朗朗上口的儿歌，可激发兴趣。深受孩子们青睐，这样，幼儿的自理能力就会在愉快的歌声中得到培养。

（三）积极赏识，稳定习惯

通过生活化、人性化区域环境的创设，如何帮助幼儿积累自理生活的经验，了解一定的生活常识和生活规则，强调幼儿动手能力、整理能力、自我服务能力的培养，强调幼儿独立性的培养，让孩子学会收拾、学会自护、学会整理，做生活的小主人，都是一个渐进的过程。我们要探讨如何多运用赏识教育，在游戏、区域活动及各个生活环节中寻找教育契机，积极评价，正面回应，促使其习惯的养成，这又是我们本课题需要完成的任务之一。

区域的打造帮助习惯定型。环境是“无声的老师”，是重要的教育资源，时时刻刻影响和暗示着孩子。课题组成员有意识打造区域环境，让她们也为幼儿生活与卫生习惯的养成服务。一是文化环境体现园本特色。文化环境能深刻反映一个幼儿园的文化建设、园本特色。在幼儿园的盥洗室、卫生间、活动室布置习惯养成的图片，让环境成为“会说话的老师”，让每一个幼儿时刻告诉自己要养成良好习惯。二是生活环境体现人文关怀。幼儿只有具备了基本的、简单的生活自理能力，才能健康地成长。要学会结合幼儿年龄特点，尝试在幼儿一日生活中用图示帮助幼儿掌握简单的生活技能。三是主题环境体现课程发展。课程生成环境，课程记录环境，课程延续环境。各个班级围绕养成教育创设了主题墙面，将幼儿绘画、美工作品、记录单以及相关儿歌进行记录和展示。如，教师设计了以幼儿排队、等待为主的“我真棒”“绽放精彩”等主题墙面，是习惯养成变得“看得见”“摸得着”，有利于幼儿习惯的形成与固化。四是区域环境体现自主学习。区域学习强调的是幼儿的自主化学习、个别化学习，如何遵守区域活动规则等。教师通过和幼儿一同协商、对话，并为鼓励幼儿的创作和参与，利用拍摄的照片、简笔画、图文结合的图标等，制定和标明区域规则，形成师幼群体共同理解和遵守的约定性图形、文字等标识性符号。

正面的表扬引导习惯内化。美国心理学家杰姆斯说过："人性最深处的需要是渴望别人的赞赏，这是人类之所以有别于动物的地方。"著名教育家陈鹤琴也指出："积极的鼓励比消极的讽刺好得多。"心理学上说，愉快的情绪能促进大脑形成一个兴奋的点，使学习保持最佳状态。幼儿由于年龄小的特点，给予更多的表扬和鼓励是最好的教育方式。老师每天都应观察幼儿的各种生活习惯的进步点滴，并记录下来。小朋友为了争做好宝宝，得到更多的小红花，都努力认真地遵循各项常规，同时，我们建议家长平时在家多对孩子进行肯定，借以增强孩子的自信心。我们也建议家长设立一个"宝宝学会了"观察表，具体内容有：早睡早起、有礼貌、独立进餐、不挑食、爱护玩具。在备注一栏里，家长可写上宝宝今天在家做的事情；宝宝做的有趣的事情，家长可根据需要增添项目；对于宝宝每天的进步，家长要及时给予奖励和表扬，这些对培养孩子良好的生活习惯将起到很大的作用。

幼儿离开家长的呵护一般会比较敏感、能力弱、易害怕，对于他们一点点的进步，我们都不该忽视，应该及时鼓励他们。如幼儿自己会穿衣服了，我们首先肯定他、表扬他："你真能干，能自己穿衣服！"接着告诉他："下次再把衣服整理整齐好吗？"这样会让幼儿提高自信心，随着时间的推移，幼儿的良好生活习惯就会自然形成。

（四）家园配合，巩固习惯

家庭是幼儿教育的第一课堂，家长是孩子的第一任老师。曾有人说过，教育子女首先应教育父母自己，家长的不良习惯、错误言行对孩子都有极大的消极影响。因此，对幼儿进行行为习惯教育，必须要家园合力。如何通过家长进园所、发放宣传单、召开家长会等多种形式，让家长参与到幼儿的养成教育中来，是我们本课题研究的另一内容。

家长的配合促成习惯文明。习惯培养离不开家长的配合，家长和老师一起努力，形成合力，是幼儿良好习惯养成的关键。《幼儿园教育指导纲要》中指出，家庭是幼儿园重要的合作伙伴，家庭是幼儿人生最早接受习惯的课堂，家庭中的所有成员都要注重培养孩子的良好习惯。家长要根据孩子的特点，因材施教，抓住每一次机会，及时果断地突出要求，并坚持始终让孩子去实践；尤其当孩子送进幼儿园后，家庭更要重视与幼儿园实施同步教育，使孩子更快、更有效地形成良好的生活习惯，千万不能出现“5+2=0”的现象（是指在幼儿园培养了5天的良好习惯，在双休日2天全被打乱抵消），这就是我们为什么一再强调家园联系、家园互动、家园同步教育的原因。为此，老师要和家长加强联系，经常一起研究、探讨孩子的教育问题，不能让幼儿在幼儿园是一种要求，在家又是另一种要求，让孩子感到无所适从。课题组老师通过向家长发放《家长文明行为规范》《送给家长的100句话》等手册要求家长学习并遵守，以此督促家长注意自己的一言一行，以身作则，为孩子树立良好的榜样。另外，利用幼儿园宣传栏，定期向家长宣传《关于幼儿习惯养成教育》的有关内容；利用班级QQ群、班级微信、班级博客，让家长在网络平台畅所欲言，提出养成教育的问题和困惑，由家长相互解答，共同解决问题。同时，开展养成教育家长助教活动，邀请家长来园给幼儿开展养成教育专题活动。如，在医院上班的家长可以给小班幼儿教如何洗手的方法，可以给中班幼儿讲爱护牙齿的常识。最后，通过家长培训来达到目的，如，学期初的新生家长培训会，在文明城市创建活动中开展的“小手拉大手”共同养成好习惯家长培训会等。

四、课题研究的成果

两年的时间是漫长的，课题引领我们苦苦追寻、默默前行，追寻研究中的那份创新；两年的时间也是短暂的，一页页、一篇篇，努力后均是沉甸甸的收获。下面从五个方面将成果一一呈现：

（一）一日活动中的生活与卫生习惯培养形式得以建构

1.入园环节

即晨检接待，是幼儿园一日活动的一个重要环节。它既是幼儿一日生活的开始，也是家园共育的好时段。结合本课题研究，对幼儿在晨检接待中完成的以下四个方面的习惯培养进行总结：一是培养了幼儿良好的问好习惯，从而完成孩子最基本的道德教育熏陶；二是培养了幼儿良好的晨检习惯，做到了让幼儿自觉接受晨检；三是培养了幼儿良好的参与习惯，使幼儿懂得了参与、分享会带给彼此更多的快乐；四是培养了幼儿良好的整理习惯，幼儿学会收拾整理，有助于幼儿生活变得有序。晨检接待“天地虽小”，作为很大，好习惯的养成自此开始。

2.进餐环节

我园以中班组为试验点，展开了进餐环节习惯培养的尝试和探索，并逐步推广全园，收到良好的示范效应：一是培养了幼儿良好的服务习惯，懂得应该帮助别人，知道为大众服务，在幼儿的品德塑造过程中初步打下服务精神基础；二是培养了幼儿良好的自主习惯、主动活动的多种形式过程，幼儿的自主性逐步形成；三是培养了幼儿良好的等待习惯，餐前等待不但能使孩子从小就懂得进餐的礼仪，而且对幼儿今后良好人格的形成十分有益；四是培养了幼儿良好的展示习惯，通过幼儿的动口、动手、动脑来展示其知晓的用餐知识，培养了幼儿自信、敢说的勇气；五是培养了幼儿良好的礼仪习惯，安静就餐、不妨碍别人、礼貌用餐的习惯悄然培养；六是培养了幼儿良好的合作习惯，知道与人合作的重要性与力量，学会了如何合作。

3.午睡环节

午睡是关系到幼儿体格、智力得到良好发育的重要环节，它不仅对幼儿的身体发育产生重要影响，还具有重要的教育价值：一是培养了幼儿良好的排尿习惯，生活老师不批评，树立幼儿克服尿床的信心，做好幼儿及时排尿及尿床的预防和矫正工作；二是培养了幼儿良好的穿脱衣裤的习惯，由生到熟，坚持自我锻炼，幼儿脱、叠、穿的习惯及自理能力就会逐步养成；三是培养了幼儿良好的倾听习惯，睡前故事播放，语言理解能力得以发展；四是培养了幼儿良好的睡姿习惯，轻柔的动作、语言，可以纠睡姿、固习惯，给健康一个保证；五是培养了幼儿良好的情绪习惯，苏醒操既能帮助幼儿形成初步的情绪调控能力，又能让情绪调控在一个与幼儿年龄相称的范围内，促进了其情感的健康发展。

4.饮水、盥洗、如厕等环节

这些都是幼儿一日生活中出现频率较高的环节，也是养成幼儿良好生活与卫生习惯的重要环节：一是培养了幼儿讲究卫生的习惯，如日常生活用品专人专用，每人每日一巾一杯专用，每人一床位一被，粘贴洗手步骤图，传授洗手方法等，反复练习使之形成讲卫生的习惯；二是培养了幼儿良好的排队习惯，结合生活实际，帮助幼儿了解基本行为规则或其他游戏规则，体会到规则的重要性，学会自觉遵守规则；三是培养了幼儿节约用水的习惯，教育幼儿爱护身边的资源，注意节约资源。

5.“凝聚孩子——三会一赏”活动，让幼儿得到全面发展

通过对农村幼儿生活与卫生习惯养成教育的研究，最后达到凝聚幼儿，让幼儿形成“会自理、会游戏、会礼仪，赏识闪光点”的优秀品质。

在入园、进餐点、午睡、饮水、盥洗及如厕等生活与卫生环节培养中，课题组成员和全体教师达成共识，持之以恒，以身作则，通过榜样示范作用及生活化、人性化的教育环境创设，帮助幼儿积累了自理生活的经验，了解到一定的生活常识和生活规则，使幼儿动手能力、整理能力、自我服务能力得到提升，独立性得到锻炼。将习惯变成行为的自主化去达到，不需要特别的意志和努力，也不需要别人的监控，在什么情况下就按什么规则去行动，正如著名教育家叶圣陶先生曾经说过的：“教育就是培养习惯”。

课题以入园、盥洗等六个生活环节为载体，以最终让幼儿获得良好行为习惯为目标，可以说课题组将每个环节都精准规划、科学梳理，让每个幼儿都至少获得三个层面的收获：愉快的生活离不开秩序与规则；作为集体一员，遵守规则是必需的；只要大家遵守秩序与规则，我们的生活才会更加有序、更加美好。上述三个层面的收获正是我们创建文明城市中对未成年人道德品质的要求。

（二）提升了教师的专业水准

1.“保教结合，保育在前”的办学理念深入人心

传统的保育目标主要指保护儿童的健康，增强其体质，促进其生长发育，通过体育、营养、防病等不同方式实现。现代的保育观念是：不仅重视“保”，而且重视“育”；不仅要促进身体健康，而且要促进心理健康。通过本课题的开展，我园“重教轻保”或“保教分离”现象得到极大改观，保教结合观念深入人心。教师们懂得了“一日生活皆课程”的宗旨中不仅包含了通过生活环节培养儿童的生活习惯，也贯穿着教育目标，即培养儿童的自控、求助、合作等文明习惯。生活老师的素质也通过“请进来、走出去”等多种方式的培训、训练，得到极大提升。

2.“凝聚教师——三比一争”活动，使教科研水平得到切实提高

“教师是人类灵魂的工程师”，这句话不仅仅是简简单单的口号，更应该是教师对自己这份职业沉甸甸的承诺。教师必须大力提升自身素质，要用专业素养赢得职业尊重。唯有教师团队整体素质得到提高，使这份职业成为全社会所敬仰的事业，教师才会被重视，教师的合法权益才会更好地得到保障。常言说“雁过留声、人过留名”，每一个具有教育情怀的教师，你的心灵会照亮孩子们的心房，你的美德会让孩子们继承发扬，你的言行会成为他们为人处世的榜样。我园借助凝聚教师的“三比一争”载体，结合本课题研究，开展了“比业务、比创意、比奉献，争做优秀教师”的各项活动，弘扬了师德风范，增强了团队活力，促进、挖掘了创新能力，提高了教师专业素质，推动了保教水平的大提升。

本课题实施两年来，我园严格按照课题进程制订园务计划，有相关活动，有理论培训，有自主实践，更有集体讨论；其间，围绕规划课题自立个人课题、撰写案例反思、发表相关论文，老师们的研究能力、潜力得以唤醒，表现出极大热情，角色逐步实现从“教书匠”向“研究者”的过渡。在此期间，完成作为研究成果的园本课程——《幼儿需培养的那些习惯》一书，此书是集体智慧的结晶，更是课题组研究能力的最好呈现。

（三）“凝聚家长——三进一建”活动，使家园共育平台搭建取得成效

教育孩子永远不是幼儿园独立的事情，不论是老师还是家长，都必须清晰地认识到孩子的成长离不开幼儿园、家庭、社会三者的紧密配合。建设“家园桥”并保持畅通，是对每一个孩子最好的规划。“落红不是无情物，化作春泥更护花”，在孩子成就“领袖”梦想的路上，我们都要做好助力者，宽严并举，引导孩子从小养成良好的生活与卫生习惯。规划课题研究过程中，我园搭建平台让家长参与、见证、体验幼儿园的活动与管理，致力于整合家庭、社区资源，最大限度形成教育合力的研究，借助凝聚家长的“三进一建”载体，开展“进园所、进教室、进课堂，建发展良策”的各项活动，让家长了解幼儿园教育，协助与监督幼儿园管理；拓展家教指导阵地，促进教育资源共享，充分体现教师的爱心、家长的热心和社会的关心三者形成的教育合力，共促幼儿生活与卫生习惯的培养。

我国著名教育家陈鹤琴先生说过：“幼儿教育是一种很复杂的事情，不是家庭一方面可以单独胜任的，也不是幼儿园一方面能单独胜任的，必定要两方面共同合作方能得到充分的功效。”本课题实施期间自始至终，我园都倡导并通过多种方式加强和家长的及时沟通、交流、互通信息，因为幼儿生活与卫生习惯的养成离不开家长的配合，家长和老师一起努力，形成合力，方能实现幼儿的全面发展。定期发放的宣传资料、新颖别致的宣传栏、氛围和谐的班级QQ群、班级微信、班级博客以及永不缺失的家长助教、家长志愿者等形式是我园家园共育平台得到有效运行的保障，为孩子成长、幼儿园发展都提供了机遇与助力。特别值得一提的是，面对进城务工家长这一特殊群体，我园从课题的开展中摸索到一些有效的培训节点与方法，如：开学初的家长培训、大型活动前的动员讲话、家长进园时的答疑解惑、家长观念的转变更新等，这些都有力支持了我园一日活动的高效开展。

（四）“习惯成就未来”的办园特色进一步彰显

本规划课题立项的初衷就是寻找农村幼儿养成生活与卫生习惯的途径和方法，旨在贯彻国家幼儿教育方针对培养幼儿良好的生活习惯、卫生习惯及实施素质教育的要求，因为该要求是培养幼儿良好品格的需要，也是培养幼儿适应社会、生存发展的需要。通过本课题的研究，“凝聚孩子、凝聚教师、凝聚家长”三凝聚战略的实施，“习惯成就未来”的办园特色得到切实落实并使特色更加鲜明，特别是园本课程《幼儿需培养的那些习惯》的出版，宛若横空出世的苍鹰，更使这一办学特色插上了有力的翅膀，变得科学可行、操作性强、便于推广，使我园“习惯成就未来”的办园特色进一步彰显。

五、课题实践的几点反思

本课题在我们为期近两年的研究过程中，从问题的提出到成果的形成，都严格按照研究方案开展各项活动，这是砥砺奋进的两年，也是收获颇丰的两年，更是不断反思的两年。“征程万里风正劲，重任千钧再扬鞭”，为开展好未来下一项研究工作，我们也进行了几点思考：

第一，要以《幼儿园管理条例》《幼儿园工作规程》《幼儿园教育指导纲要》《3～6岁儿童学习与发展指南》为依据或参照，本着制度先行的原则，更进一步完善各种适合本园生活和卫生习惯的养成制度，如生活作息制度、饮食卫生制度和晨间检查制度与全日观察制度等。

第二，加大家长培训力度，还需要得到家长的进一步配合、支持。虽然说通过课题实施，家长的教育观念和教育方法都在改进，但对于如何根据幼儿的年龄特征进行因势利导的教育，做得还很不够，这也将作为本课题的延伸问题再次进行深入研究。

第三，坚决杜绝“包办多、高控制”现象。陈鹤琴先生指出：“凡是儿童自己能做的，就让他自己做；凡是儿童自己能想的，就让他自己想。”孩子会做许多事情，但课题实施过程中，教师对孩子不放心、事事亲为，处处小心谨慎，把孩子庇护在自己“翅膀”下的“包办多、高控制”现象时有发生，这和我们本课题的研究目的，即通过习惯培养提高幼儿自理能力的愿望是背道而驰的。我们要相信孩子，他们自己能做的事就让他们去做。“惟希望也，故进取；惟进取也，故日新”，幼儿的习惯养成需要引导和教育，也需要鼓励和肯定。

第四，教师的课题开发能力需进一步提高。许多老师缺乏独立开展课题研究的勇气，究其原因主要是关注当前学前教育最新理论发展的意识淡薄，终身学习的观念尚未形成，“善始者实繁，克终者盖寡”，所以导致创新成为无源之水、无本之木。在今后的工作中，我们要以不息为体，以日新为道，加强理论学习，力求靠近学术前沿，使我园发展永葆活力。

成就鼓舞人心，变革昭示未来。最后，由衷感谢各位专家、领导在本课题实施中对教育理念、研究方法等多方面给予我们的悉心指导，恳请各位专家对我园本课题的研究过程及结果提出宝贵的意见和建议。谢谢!

参考文献

[1]中华人民共和国教育部.幼儿园教育指导纲要[M].北京:首都师范大学出版社,2012.

[2]史慧中.谈幼儿园的素质教育[M].北京:科学普及出版社,1994.

[3]李海芳.如何在家庭教育中培养孩子良好的学习习惯[J].教育教学论坛,2010(19):87-88.

[4]陈华,张海丽.“十二五”职业教育国家规划立项教材幼儿保育[M].北京:高等教育出版社,2016.

[5]李季湄,冯晓霞.3~6岁儿童学习与发展指南解读[M].北京:人民教育出版社,2013.

[6]伍香平.幼儿教师易犯的150个错误[M].北京:中国轻工业出版社,2015.

[7]邹荣.幼儿园区域活动的物质环境创设[J].教育研究,2010(21):364.

主持人：富生翠（兰州市永登县幼儿园）
审稿人：邓湘萍（甘肃省教育科学研究院）

小学“四环三点三评”参与式课堂教学模式在语文教学中的应用研究

第一部分 课题的生成与内涵

一、研究背景

本课题的提出基于《2011版语文课程标准》中的新变化、学习的本质和规律、学校语文教学现状等原因，课题组经过调研和思辨，根据我校实际情况和广大一线教师的需要，催生了该课题——“小学‘四环三点三评’参与式课堂教学模式在语文教学中的应用研究”。

二、课题界定

小学“四环三点三评”参与式课堂教学模式，是在课堂教学中通过改变学生的学习方式和教师的教学方式，以“问题导学、以学促教”为主线，以合作学习为基准点，以“疑”“探”“破”“立”为学习方式，以“三评价”推动课堂教学的进程，是以学生的终身发展为目的的课堂教学模式。

“四环”，即课堂结构分四部分呈现。第一环节，“探学”：个人先学，即发现信息、提出问题；第二环节，“合学”：四人对学，即整理信息、交流释疑；第三环节，“内学”：集体群学，即汇报展示、巩固内化；第四环节，“延学”：师生碰学，即延伸探究、深化思维。

"三点"，即教师的点拨引领。启点（创设情境、引发问题），化点（适时点拨、答疑解惑），结点（归纳总结、延伸拓展）。

"三评"，即指在师生互评、生生互评、学生自评中，达到教学相长的目的。

参与式教学，是指全体师生共同创造民主、和谐、热烈的教学氛围，让不同层次的学生都拥有参与和发展机会的一种有效的学习方式，是一种合作式或协作式的教学法。这种方法以学习者为中心，充分应用灵活多样、直观形象的教学手段，鼓励学习者积极参与教学过程，成为其中的积极成分，加强教学者与学习者之间的信息交流和反馈，使学习者能深刻地领会和掌握所学的知识，并能将这种知识运用到实践中去。

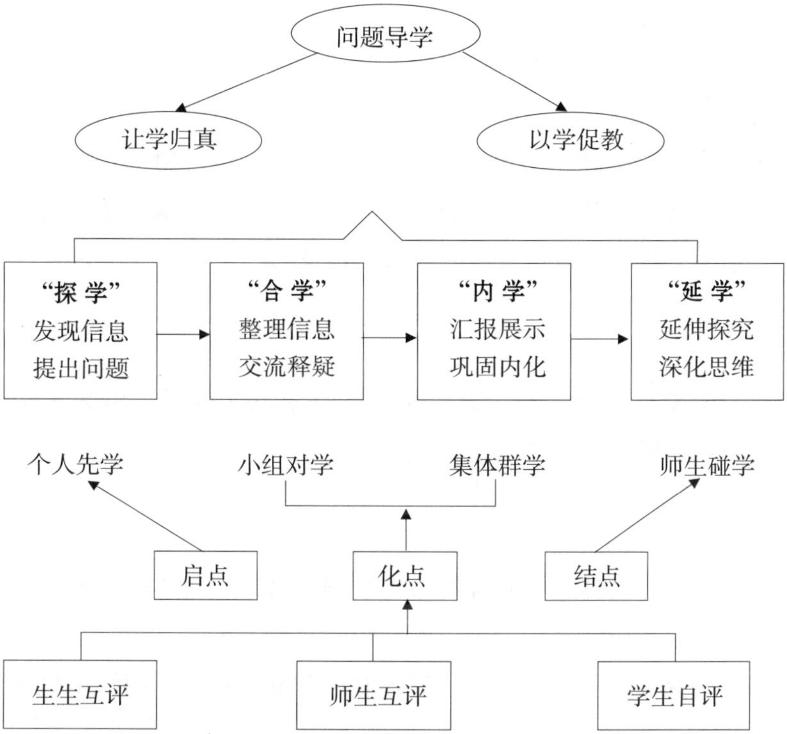

图1　"四环三点三评"参与式课堂教学模式流程图

三、研究价值

第一，建构“四环三点三评”参与式课堂教学模式，有利于改变学生的学习方式，由被动转为主动，把学生彻底当作课堂的小主人。

第二，建构“四环三点三评”参与式课堂教学模式，促进课堂教学效率的提高和教师的发展。

四、研究目标

第一，通过“四环三点三评”参与式课堂教学模式提高语文课堂教学效率，逐步实现积极健康、灵动真实的课堂。

第二，在课堂实践中提高学生的学习积极性，培养学生的问题意识、合作意识、交流意识，提高学生的参与能力、协作能力、研究能力、创新能力。

第三，研究与实践，将使教师形成一系列理想状态的教学新思维、新策略、新习惯，深度促进教师专业能力的发展和人格的提升完善。在新理念下，逐步实现由“授课型”教师到“研究型”教师的转变。

五、研究内容

第一，探索“四环三点三评”参与式课堂教学模式在语文课堂实施中从固化、内化到熔化的有效途径。

第二，探索“四环三点三评”参与式课堂教学模式在语文课堂中实施的有效途径，实现该模式功效的最大化。

第三，研究“四环三点三评”参与式课堂教学模式在语文课堂中的有效应用策略。

第四，研究“四环三点三评”参与式课堂教学模式下组织学生有效活动的策略研究。

第五，研究“四环三点三评”参与式课堂教学模式课堂评价标准。

第二部分 课题研究的策略与路径

本课题研究采用整体构思与单因子研究相结合的方法，大体经历了以下技术路线和步骤：

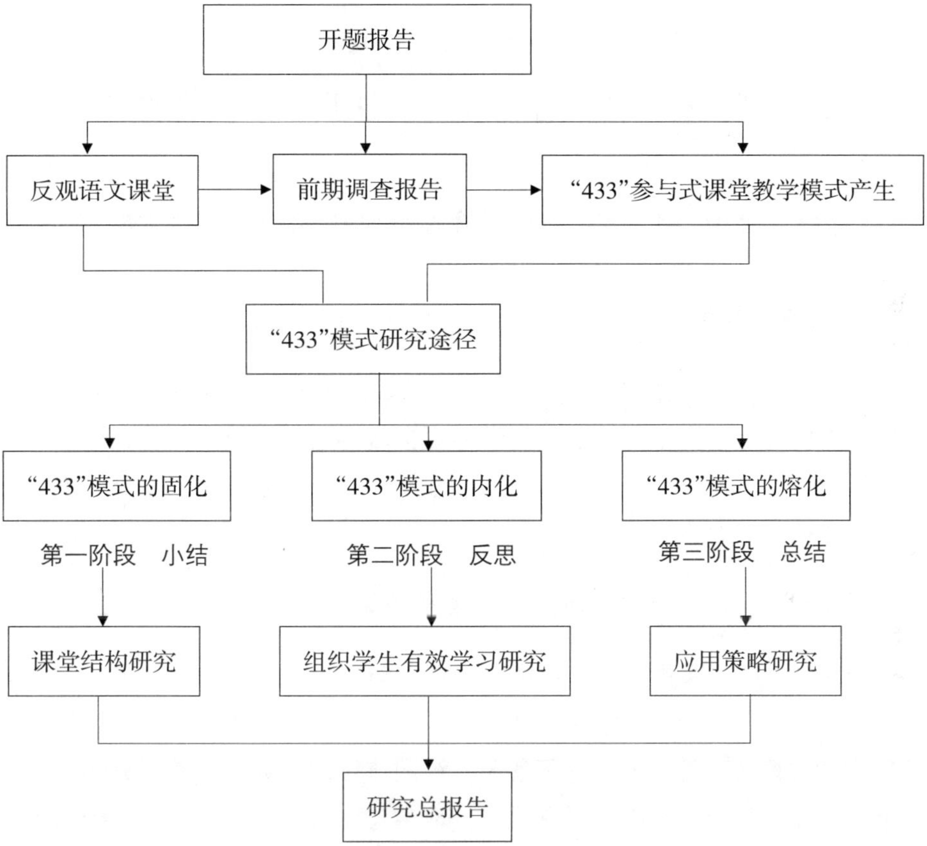

图2 课题研究的策略与路径图

第一阶段：准备阶段（2016年4月至2016年6月）。学习创新教育理论和此课堂教学模式，把握其精神实质，建立实验班，商议实践与研究的方式、方法，做好前期的准备。

第二阶段：全面研究实验阶段（2016年4月至2017年1日）。在语文课堂中实践“四环三点三评参与式教学模式”，通过教研组内研究课、学校公开课、片区展示课、精品课的阶梯式课堂的探索与研究，逐步内化到课堂中。在此过程中做好记录、调查、对比、分析、总结、调整，使其逐步完善，融化在课堂中，形成阶段性报告、总结，有阶段性成果。

第三阶段：反思总结阶段（2017年2月至2017年4月）。结合相关理论对研究进行经验总结，形成研究报告、论文。

第三部分　研究实施具体过程
研究“四环三点三评”参与式课堂教学模式的应用途径

一、好课多磨，将“433”参与式课堂教学模式固化在课堂中

（一）学习相关理论，明晰“433”模式的内在结构

为了使教师们接纳“433”模式，课题负责人将国内外相关的理论及“433”模式的结构进行了详细的阐述，对全体语文教师进行了培训，使其明确此模式更侧重于“还原真实的课堂”，改变学生的学习方式。努力使“每一位孩子站在课堂的正中央”成为终极目标。

（二）同年级组开展“同课异构”集体备课

2016年1月，课题组组织每位老师按照新的模式进行备课，要求在课堂中体现每一个环节里学生参与学习的状态。各年级教研负责人具体负责组织本年级组所有的语文教师对同一节课进行备课，给同年级四位或五位教师充足的时间先进行个人备课，要求课题组的所有成员分散参与到每个年级组中，对于出现的问题大家随时交流讨论，讨论热烈，氛围浓厚。

（三）成立研课、磨课组，形成浓厚的辩课氛围

2016年开学初，课题组组织教师们在本年级组进行“组内”研讨课，教导主任、教研组长及本年级的每位老师进行跟踪听课，在观课的过程中让老师们采用“细节点评”的方式，或某一环节，或某一种学习方式，或教师的点拨和引导，或某一类评价方式是否运用及运用的时机和效果如何，最后学生学得如何?

对这些问题进行直言不讳的辩课。

（四）选取典型课例，全校观摩展示研讨

在组内研讨课的基础上，让骨干教师进行二次备课，将辩课中出现的问题进行修正，用更好的策略推进。在此基础上，课题组选取较为典型的优秀课例在全校进行观摩研讨，促使语文教师对“433”模式有较为全面和深刻的认识，提供课例要更直观地让教师们反观自己的课堂，发现不足，取长补短，将此模式固化在课堂中。

（五）搭建片区展示交流平台，推广优秀课例

在观摩课之后，课题组成员选取比较成熟的课例《漫画里的弦外之意》，由课题负责人在第二片区进行展示汇报。邀请兰州市教科所教研员阳韶晖、安西路小学校长田兰莉、七里河区教研室教研员耿斌、西固区教研室教研员张丽莉等专家对现场课进行现场点评，并对我校“433”模式的进一步操作进行了指导。专家对课中学生的表现给予高度赞扬，需要教师更好地关注学生的生成，并将此化为有效的生成资源。“433”模式需要进一步内化在每一位老师心中，做到游刃有余，不留痕迹，这才是最高效的课堂。

二、深化“433”参与式教学模式，让其内化在语文课堂中

（一）师徒结对式的备课、说课、议课

在授课之前，各个徒弟、老师认真备课，将“433”参与式教学模式中的课堂“四环节”“教师三点化”“三评价”进行详细解读和大胆创新。在此基础上，给师傅老师说详细的操作过程，通过互相倾听、质疑、探讨、达成共识四个步骤，对本节课的这三大方面的操作给予细心指导。最后将自己遇到的困难和疑惑在同年级组进行“专家式的”解答，再进行公开教学的展示。

（二）精准定位，优化课堂评价标准

在探索中，为了使更多的教师不被“433”教学模式的课堂结构所束缚，解放思想，课题组成员积极争取实验组教师们的广泛意见，打破固有的结构和评价

标准，使评价的内容和方向更具开放性和指导意义。最终确定了“四环三点三评”参与式课堂教学评价标准。

（三）教学设计大比武，全员参与见实效

在此基础上，课题负责人组织全体教师将在此模式运用中的一些新想法、新思路予以展示。于是，在同年级组的“教学设计大比武”活动中，在共同的参与、讨论、交流中大家集思广益，已将“433”参与式教学模式内化在心中。

三、宏扩“433”参与式教学模式，让其融合在语文课堂教学中

（一）组织全体语文教师展开集体反馈，总结得与失

为进一步将此模式得心应手地运用在课堂中，打破模式固定的框架，课题组组织全体语文教师对自己有启发的课进行深度反思，开展了关于“433”参与式教学模式的《看别人的课堂　想自己的课堂》的全员式的交流分享活动，教师们一致认为学生的潜能是巨大的，教师应大胆放手，把课堂还给学生，在课堂争取让每位孩子都有事情可干，积极投入到学习活动中。

（二）开展推门课、跟踪课，落实“433”模式的常态化

敞开式的课堂，每人走课倾听

案例：

绘本阅读《疯狂星期二》“延学”环节呼应全课，留下悬念

1.师：回顾你们前面提出的问题，能解决吗？(学生之前的问题分别为：①为什么封面中的钟画得那么大？②荷叶上是谁？③为什么那个屋子的灯还亮着？④扉页上为什么画着一朵莲花？)

2.师：你知道这本书为什么叫作《疯狂星期二》吗？喜欢这本书吗？说说喜欢的原因，介绍作者。(学生自由交流)

3.师：下个星期二，小猪们也飞起来了，他们又会做哪些疯狂的事情呢？(学生自由想象、表达)

它们飞进了住户家里，在床上捉迷藏；他们跟狗打起了架……

（三）深入学习陈大伟教授观课、议课的主要观点，在教研组内开展观课、议课活动

陈大伟教授指出观课、议课的目的就是“为了提高课堂教学效率，实现有效教学。它是围绕课堂教学是否有效、是否合理等问题而进行的观察和讨论”。他认为“有效”的维度包括：其一，看是否有效果，也就是说预期的目标和结果是否在教学活动中实现和出现。其二，看是否有效率。其三，学生紧张的智力活动准备，是对智力活动质量的保障。其四，教学的效率应该体现在关注每一个学生身上，追求更多学生的进步和发展。为此，教研组根据教师们在课堂教学中真正静下心来反观别人和自己课堂的做法，将此模式灵活运用，悄无声息地融合在课堂之中。

（四）广泛推进“433”模式，发挥引领辐射作用

2016年课题组负责人张燕的习作课《漫画里的弦外之意》依照学校的“433”高效课堂模式在西固地区及名校长工作室活动中展示观摩，引起了关注，受到极大好评，尤其是课堂的评价方式多样，带活了整堂课，使学生们的学习积极性大增，此课荣获甘肃省录像课一等奖。2016年课题组主要成员张琴老师运用“433”教学模式执教的阅读推荐课《大林和小林》进入甘肃省儿童阅读现场课比赛1/4决赛，荣获甘肃省儿童阅读比赛一等奖，并在“兰州市名校长大讲堂”活动中展示观摩，大家被孩子们真诚互动的交流分享和感悟所感染。许多优秀的课例在不同的活动中展示，赢得了广泛的关注和好评。

第四部分　研究结论
“433”参与式教学模式在语文课堂教学中的应用策略

模块一　“433”参与式教学操作的程序与策略研究

一、精准定位，贯通“让学归真”的教学理念

（一）变“管制”为“托起”

给孩子的机会越多，精彩的观念越多。教师要敢于把学生托起来，让他们不断地寻找自我目标、自己的优势，建立自信，与大家亲近、合作，把“关注儿童，关注每一个人”的教育理念渗透在学校的每一项活动中、每一个细节中，他们把孩子彻底解放了，即解放了他们的时间和空间，这是利用课堂中的一切资源创建条件，把孩子“托”起来。

（二）变“告诉”为“点燃”

沈启正教授曾说过：“你的手中是许许多多正在成长中的生命，每一个都如此不同，每一个都如此重要，都对未来充满着憧憬和梦想。”在课堂中我们告诉学生什么是对的？什么是错的？应该怎样做？从来没有想过学生是否能接纳？接受了没有？接受的程度如何？其实，越接近孩子的实际，你的决策越正确。如果总不断有孩子跟在你的屁股后面追问，下课时总会告诉你他的发现、见闻、可笑的事，还会不断地指出你的“错误”，告诉你一个小秘密……我想这些孩子已经被点燃了。

（三）变“完善”为“缺憾”

教师要允许学生在课堂上有成长的轨迹，真实的东西总是有缺憾的。有缺憾才会有所改进和进步。教师只有真正关注“学生的错误”才是根本，才会有学生成长的空间。在课堂中进行诊断，宽容、理解他们的成长轨迹，变这些错误的资

源为可利用资源。

（四）变“说教”为“倾听”

最成功的管理者通常是最佳的倾听者。当教师把自己变成一个倾听者时，你会发现许多有趣的现象，你会更接近地气儿——接近孩子们的世界。教师在上课时把整个身心都投入到课堂中去，把目光都集中到每一个学生身上，关注他们表情的变化，倾听他们发言的内容，观察他们讨论的状况，了解他们掌握的程度等，然后该激励的激励，该点拨的点拨，该示范的示范，该调整的调整……做到灵活应变、因势利导，这样的课堂教学才是最有效的。

二、精准施教，过程丰满、效果丰硕

（一）着力互动方式

其实大人和孩子生来就是研究者，关键是我们怎么引导，怎么让他们在体验中有所思考，有所发现。互动方式的转变就让学生有机会体验学习的过程（学习是因为经验发生了变化），而真正学习的过程是发现问题——提出问题——猜想——收集资料——分析——论证——得出结论。在语文课堂中利用课前导学单的任务进行课前检测，对生字词的认读、书写、理解、疑惑之处都可以提前进行自主学习。

（二）调控活动效果

作为教师，要在“433”参与式教学模式下更好地把握课堂的节奏，调控好学生的活动。首先，要在教学设计时想清楚，比如备课时就要考虑为活动留下多长的时间，考虑教师如何引导、控制和收回；其次，在课堂上，学生活动时老师不能站在一边消极等待，而是积极参与和旁观。在积极参与中，要理解活动的效果和进程，思考如何因势利导、顺水推舟地达到学习的目标。

（三）运用适合的教学策略

1.**“直观教学”法**

教学要“以学定教，为学而教”，最优秀的教学法就是让教学变得直观，看不见的让学生看见，明明白白地教给学生。

2.**“半醒半醉”法**

好教师就是不要在课堂上全讲清楚，“留一半清醒留一半醉”，一半是你的教学预设，一半是你的教学生成，一半要让孩子弄清楚、弄明白，一半要让学生自己去发现。

3.**问之切、思之深**

要想使学生能专注、能进行深入思考、能牢固地掌握知识，就要从提问“真问题”开始，拒绝假课堂，而且一定要准确、及时、有深度。当你的提问使学生的思维失去内部平衡，学生就要企图重新恢复这种平衡，思维就展开了。

4.**减少垃圾时间**

减少垃圾时间就能提高课堂效率。在课堂中就是要把可有可无的教学内容、教学语言、教学板书、教学问题、教学活动等方面彻底删除，充分利用最重要的时间做最重要的事。从引课、课堂的设问、课堂高潮、板书到课堂总结，如果去掉废话、无用的事情，看看我们能节约多少时间，剩下的时间就留给了学生。

模块二　“433”参与式教学模式的课堂结构研究

在课堂中，教师善于开放“四个环节”扩大学生活动，促进他们智力活动的发生和发展，让情意受到熏陶和感染，还原真实的学习状态，还原最真实的课堂。

一、让“探学”在激趣发问中引起关注

开课时，激趣很重要，可是如果能渗入问题意识，让学生带着问题去思考，会使读书的目的更明确，能最大化利用时间，能真正地了解学情。因此，质疑是此环节需要引起关注的，当学生争先恐后地提问题时，他们已经掉入“思考的陷阱”中了，许多个问号也悄悄地储存到脑海中了，并且开始筛选，对于还不懂的问题会格外关注。这样，读书就变得有意思多了。

二、让"合学"在交流对话中深入

在语文学习中，学生合作的内容较为丰富。通过对课文的梳理得出结论，或是针对课文中的某一点的不同方面进行比较发现，产生不同的观点，都可以在两人"对学"中完成。教师要寻找到合适的"议题"把"独学"转化成"对学"，让两位同学共同探究，乐于发表自己内心真实的想法和看法，并能找出有利的"证据"，这才能让"对学"的作用发挥到最大。

三、让"内学 "在展示补充中完善

"内学"时，教师就要退居幕后，让"群学"成为主角，每个人都可以发表自己的观点，在"读——说——品——议"中达成共识，取精去糟；在倾听与补充、争论与提问中走近语言文字的最深处。

四、让"延学"在拓展比较中升华

有人说，其实语文课的课堂真正在课外。的确，没有拓展延伸的"文字、文学、人文"的课堂就如一潭死水，学生接收到的知识是有限的，思维是局限的，眼界是狭窄的。而"延学"这一环节就是通过让学生阅读、思考、对比、发现、畅谈、练写等方式对文本中的某一点进行延伸，此为专题性研究。让师生尽情畅游在海洋中，而不仅仅是看到小河流。

模块三　"433"参与式教学模式下组织学生有效学习活动的策略研究

我校的"433"模式就是在顺应教学规律、学生认知发展的基础上，注重学生的交流活动，真正让学习行为发生，让学生在交流中实现"拔节生长"。

一、个人先学——"探学六法"

（一）自学完成"导学单"

《翠鸟》探学片段：完成导学单中第四题课前查阅有关翠鸟的资料。

（二）开课质疑法

《泉水》“探学”片段：①图片导入，引出课题（播放关于泉水的图片，请认真观察画面，并用一句话描述一下你看到的画面，引出课题《泉水》，强调“泉”的写法并扩词）；②质疑问难（齐读课题，你想到了什么？预设，泉水是从哪里来的？泉水要到哪里去？）

（三）旧知引入法

《g k h》“探学”片段：我们已经学过了6个单韵母和10个声母、3个整体认读音节，谁来说？通过昨天的预习，你们从第五课中自己学会了哪些知识呢？还有什么不懂的吗？

（四）情境创设法

综合性实践课《营养午餐》“探学”片段：①播放美食节音乐相册，让学生回忆一下上周快乐的美食节（设计意图：把上周刚刚结束的学校美食节活动中的精彩瞬间制作成音乐相册，引发学生的兴趣，也为本节课奠定基础）。②学生情境表演上周活动的瞬间。

（五）游戏引入法

课外阅读推荐《皮皮鲁外传》“探学”片段：“猜一猜”游戏，引出人物——皮皮鲁。

玩猜一猜的游戏，根据人物特征，猜猜他到底是何方人物呢？出示：×他和妹妹是双胞胎。×他不仅带电，还能放电。×他喜欢创造发明，喜欢和舒克、贝塔、罗克一起冒险。他就是童话大王郑渊洁笔下的男一号——皮皮鲁，喜欢突发奇想，创造奇迹，酷爱发明，想认识他吗？那就走进《皮皮鲁外传》吧！（板书）

（六）谈话激趣法

绘本阅读《疯狂星期二》“探学”片段：

师：同学们，从你记事起，你做过的最疯狂的事情是什么？我觉得这些还不够疯狂，我想更疯狂的事情也许就发生在梦里，你们做过吗？今天想和大家一起分享一个意想不到的疯狂故事？请看大屏幕：……（内容略）。

二、小组对学——“合学四式”

其一，任务式——教师布置任务，提出要求，促使每一位合作者认真关注、参与、交流、合作。同时将评价引入到合作中，极大地调动了学生参与的热情与积极性，使得“对学”更有效。

其二，探究式——对于较有难度的问题，让学生在小组内充分发表自己的想法，在思维和感受的碰撞中，将“一种想法”变成“多种想法”，求同存异，尊重学生的独特体验与感受，有效地发挥每一位学生的自主性。

其三，检查式——学生在个人先学的情况下，到底对于基础性的知识是否掌握，需要检查，及时发现问题并纠正。

其四，交流式——对于一些开放性的文章，在“合学”时就可以让同桌交流心得和想法，为进一步的学习奠定基础。

三、集体群学——“内学四到”

其一，汇报——对于在“对学”时探讨的问题，在这个阶段，通过学生汇报交流。在开放的课堂中，每一组同学互相补充、完善，教师化解、点拨，追寻真理。这是常见的群学方式。

其二，展示——展示的空间越大，氛围越浓，孩子们的表现欲望越强烈，他们的思考会越深入，体验会越深刻，表达能力才会逐渐提升，学习的自信心才会越来越浓。

其三，对话——创设良好的对话氛围，就要给足思考的时间，给足想象的空间，这样的对话交流才更有效。

课外阅读《随风而来的玛丽阿姨》“合学”片段：①这本书中还有很多这样想象力奇特、情节精彩的片段（出示目录，了解每一章的故事名）。②打开目录，选择自己最喜欢的一章用心品读，并用横线勾画出精彩情节——神奇想象的部分，一起分享！（配乐）③交流分享读书感受（设计意图：在课堂上给学生一定的时间进行自主阅读，让学生更深刻地体会童话的特点。同时，学生读书后的交流分享，也会激发其他学生的阅读兴趣）。

其四，争辩——在碰到大家有不同的想法时，教师不要着急去确定答案，而是从中发现“有效的生成资源”，让学生积极大胆地发表看法，在争论中获得重新的认识和理解。

四、师生碰学——“延学五部曲”

其一，互学——对于学生的学习活动，教师必须负起责任来，做或深或浅或全面或大致的指导。在学习的过程中，师生之间就像朋友一样，互相分享所得，交流内心的想法，千万别把自己完全隐藏起来，学生之间需要思想的交锋，师生之间也是如此。

其二，互动——师生之间的有效互动会增进情感，有效的体验将书本中的所学运用到生活中实际中，落实了三维目标。

《胖乎乎的小手》中兰兰的小手为大家做了那么多的事，你的手能做哪些事情呢？老师现在站得好累，你们能帮老师做些什么？(帮老师拿椅子)。

其三，拓展——语文教学贵在积累和阅读，尤其是现在的教师越来越意识到课外知识的补充是语文学习中很重要的一部分，因此，课堂中的某些环节或者课程结束时应进行小练笔、补充空白、教师指导等。

其四，悬念——一堂课已经结束，可是思考还没有结束，课结余，给学生继续探索的方向，会让整节课的外延更广。

出示：《皮皮鲁外传》故事里有这样一则广告，大家来看看，有什么想法吗？

只许男孩看的童话 《皮皮鲁外传》 绝 密 请女孩子自觉！自觉!! 再自觉!!!

难道有什么机密吗？想不想知道？反正书在手里，就当一次好奇的皮皮鲁，想怎么看就怎么看。

其五，留白——课尾，让孩子们安静地读书思索，回味着本节课中交流的点滴，不失为语文味很浓的一堂课。

模块四　“433”参与式教学模式下教师的引导策略研究
——把握好“三点”时机，引领学生走向深处

孔子说：“不愤不启，不悱不问。”在参与式的课堂中，教师一定要把握好以下三个节点：

一、“启点”

在开课时就要开启学生的智慧，吸引学生的眼球。

一个有趣的谜语，一段抒情的文字，一次放松的谈话，一个值得思考的问题，都可以激发学生“探”的欲望。

二、“化点”

在学生最需要解惑时给予引导、点拨、激励、唤醒，让学生敢于说“请先不要告诉我答案，让我试试吧!”

在“合学”“内学”环节中，教师要善于倾听学生的每一次感悟和理解，巧妙地抓住学生的错误点、创新点、补充点、方法点等关键点，做好点拨，化解学生的困惑、疑问，从而使学生思考更深入，品读更有味道。

三、“结点”

在于给学生一个方向和目标，让学生能走进更丰富的语言文字中去感受其魅力。

一堂语文课的精彩就在于“课已尽，意未尽”，给人以思考的余地。教师可以推荐一些优秀作品把学生带入到研究性的阅读之中，或者是故意留一些“多角度思考的问题”，让学生在课后不断地寻找问题的答案，或是让学生书写学后感悟等，让学生带着疑问、兴奋、探究，继续进入到文字的世界中。

模块五 “433”参与式教学模式下三种评价运用策略
——善用“三评价”方式，促进学生参与的广度与深度

善用“三评价”方式，做到人人参与，真正实现学生的话语权。

一、自我评价

让学生对自己的表现及时做出判断，进行评价，在评价中使自己对出现的问题有更进一步的认识和反思，这会极大地促进学生对学习内容的内化。

二、生生互评

在互评中教会孩子要善于发现别人的思考角度，即，“他是这样想的?”“还可以怎样想呢?”这样的评价会更具有指导性，学生之间的交流会更有深度。

三、师生互评

教师要注重评价语言的激励性和明确的指向性。在教师的示范作用下，孩子们也会潜移默化地受影响，因此，教师要在评价时注意鼓励，指给孩子努力的方向和思考的方向，这样才能促使评价成为最好的“学法指导”，学生的参与度会越来越广。学生敢于大胆质疑和反驳，教师及时调整教学策略和教学方式，这样会使学习更有效。

第五部分　研究效益及自我评价

一、显性成果

第一，整理汇编《小学“四环三点三评”参与式课堂教学模式在语文教学中的应用研究》的教学论文集、案例集、随感集、优秀教学设计集等文字性材料，对小学“四环三点三评”参与式课堂教学模式在语文教学中的应用，从理论与实践层面进行了阐述。

第二，“四环三点三评”参与式课堂教学模式的理念与策略的研究、运用孕育了一批教学成果的产生，学校连续三年荣获兰州市、西固区质量优秀奖，《“四环三点三评”参与式教学模式》荣获“西固区优秀教学模式”，《“四环三点三评”参与式教学模式的探索与研究》在《西固教育报》发表。课题负责人及成员在“433”参与式模式下执教的现场课、录像课、“一师一优课”等荣获省、市级一等奖，相关的论文荣获省级一、二等奖并在省级刊物《新课程》上发表。课题负责人及成员主持的有关“433”参与式教学模式的市级规划课题、个人课题立项荣获一等奖。课题研究三年多来，直接受益教师80多人、学生1600多人。参赛教师的课堂教学充分展示了“四环三点三评”教学模式的优势，不仅老师教得轻松，学生学得轻松，而且教学效果特别好。2017年6月我校教师在“一师一优课，一课一名师”活动中，熟练运用“四环三点三评”参与式教学模式，参与的11节课，有5节荣获部级优课。三年多来，在“433”模式下有70多人次在各级各类竞赛中获奖，有30余篇论文在省、市级刊物上发表，论文获奖50余篇。

二、隐性成果

（一）教师的发展

第一，走出困境，渐入佳境。课题研究使受益教师逐步走出了“一言堂”“讲不完”“看不见效果”的困境，逐渐让学于学生，能静下心来更多地关注学生的实际需要。

第二，主动发展自己的专业能力。学会如何更好地调控课堂，发现授课对象的特点，尊重了教育的规律，教学能力、教研能力都得到了提升，初步掌握了教科研的一般方法。同时，一些教师将“433” 教学模式理念与策略转化为自觉行动，并已逐步形成各自的教育理念和教学风格。

（二）学生的发展

第一，课堂效果显见。每节课的学习方法多样，任务变得少而集中，便于学精学透，一课一得或一课两得，所教班级学生的语文学习成绩明显提高。

第二，自主意识凸显。在老师搭建的平台上，学生能自主、独立地发现问题，初步学会通过提出、梳理、整合有价值的问题。

第三，学习能力提高。尤其是自己解决问题的能力有了很大提高，在课堂中体验、想象、理解、分析、综合、评价和积累、运用的能力显著增强。

第四，学生受“433”参与式教学课堂的熏陶，思维能力和表达能力明显高于对比班级。

（三）学校的发展

第一，在“433”模式的推动下，学校的教育质量在逐年攀升，增强了课堂教学改革的力度与步伐，同时，促进了周围的第二片区（区域性联片学校）学校课堂教学的变革，使课堂教学逐步走向高效。

第二，“433”模式的研究与课堂教学的改革促进了教研组内涵式的发展，带动了教师们的科研热情，形成了浓厚的教科研氛围。

（四）建立以课题组为平台的研训模式

第一，将理论学习与教学实践相结合。

第二，将教学实践与教学研究相结合。

第三，将课题研究和校本教研相结合。

第四，搭建更广阔的交流平台，联校举办研训活动的模式。

综上所述，“四环三点三评”参与式教学模式在语文课堂中的应用前景光明，效益显著，值得推广。实验初步完成，但研究和实践还将继续，理念与策略方法也将不断完善、发展。

参考文献

[1]陈华.参与式教学法的原理、形式与应用[J].中山大学学报论丛,2001(6):159-161.

[2]吴伟.浅议参与式教学法[M].江苏高教,2003(4):130-131.

[3]朱式庆.教育技术学[M].北京:中国科学技术大学出版社,2009.

主持人：张燕（兰州市西固区福利路第一小学）

审稿人：单亚玲（甘肃省教育科学研究院）

新课程理念下生成性语文课堂即时评价策略研究

一、选题的研究意义及研究价值

（一）选题的研究意义

第一，本研究通过对语文教师即时评价行为的观察分析，为语文教师如何把握课堂生成、如何实现课堂教学即时性评价提供参考以及可操作性工具。

第二，本研究考察教师能否真正做到“以学生发展为本”，是否重视学生的“学习力”，以及教师是否做到课堂教学优质化，这对建设新课堂有着极其重要的意义。

第三，本研究基于课堂生成的视点对教师即时评价行为进行探讨，期望借此促使教师将新课程理念内化为自身的一种行为自觉，切实提升教育教学艺术，推动新课改向纵深发展。

因此，在课堂教学改革的今天，在新课程背景下，我们开展“新课程理念下生成性语文课堂即时评价策略研究”的课题很有现实意义。

（二）选题的研究价值

1.促进教师评价观念的转变

促使教师由传统的单一评价向多元化的评价发展。诸如激发学生参与评价的兴趣，给予学生参与评价的机会，指导学生的自评与互评等。

2.促进教师课堂教学行为的转变

教师的“即时评价”观念和行为与课堂的“生成性”教学有着紧密的关系。因此，语文课堂中的“即时评价”这一环节可以促进教师课堂教学行为的转变。

3.促进语文教师专业路径的发展

教师教学行为的变革与更新，不仅旨在提高教学质量和效率，更重要的是促进教师实现专业化发展。因此，本课题的研究可以促进语文教师专业路径的发展。

二、研究目标与研究内容

（一）研究目标

教师层面：构建全新的课堂评价观，促进教师教学行为的转变。

学生层面：提升学生的语文素养，使学生成为课堂的主人。

课堂层面：改变传统课堂面貌，建立生成性语文课堂体系。

学校层面：打造具有本校特色的课改推进模式。

（二）研究内容

我校语文课堂教学现状、评价现状调查分析。

我校语文课堂即时评价行为的现状分析。

语文课堂即时评价和课堂生成的关系。

语文课堂即时评价应遵循的原则、方法研究。

生成性语文课堂中即时评价的具体策略。

三、研究思路和技术路线

（一）研究思路

第一，教师通过调查、座谈、访谈、问卷等方法，了解初中语文教师课堂即时评价的现状以及学生在生成性的教育教学环境下的表现，为研究即时评价的有效性策略措施提供原始依据。

第二，通过查阅相关文献资料，了解国内外在研究生成性语文课堂以及即时评价方面的研究成果，并搜集整理相关资料，在教育理论指导下探索生成性语文课堂即时评价的策略。

第三，通过上课、听课、磨课、评课，在动态化的教学实践中边研究边实践，逐步探索出生成性语文课堂中即时评价的方式、策略以及应用原则，为实施有效的课堂评价打下基础。

第四，从教师和学生两个层面对即时评价行为如何促进课堂生成进行总结、探讨，并从中收集、梳理、提取出课堂教学案例中可供参考的即时评价语言范式，为课题的进一步推广提供依据。

第五，选取实验班不同层次的学生进行细致、深入地研究，通过调查、谈话，找出其课堂不良表现的原因。在课堂上有针对性地对其进行即时评价，进一步提高教师语文课堂即时评价的语言艺术。

（二）技术路线

第一，在听课、上课、磨课、评课的过程中，及时整理、提炼课堂生成性资源，为教师采取的即时评价策略提供事实依据。

第二，在课堂教学活动中，我们要以合作式、质疑式、对话式等多种教学方法，促进师生、生生的交流，为课堂评价搭建平等、民主的对话平台。

第三，要重视学生的言语实践活动，让学生在课堂合作互动过程中主动发现、探究，给学生以充分的时间和空间进行自评和互评。

第四，在生成性课堂环境中寻找课堂生成的亮点，充分引导学生展开思考，并逐步走向深刻，在不断反思中研究即时评价的策略。

四、课题研究的具体措施与做法

（一）当前语文课堂教学现状、评价现状调查分析

1. 当前语文课堂教学现状分析

（1）可喜的成绩

第一，语文在学生心目中的地位逐渐提高。学生对学习语文的重视程度不断增强，对学习语文的兴趣也越来越浓。

第二，教师教学观念开始转变。绝大多数教师能够以新课程标准为准绳，注

重学生的智力因素与非智力因素的开发。

（2）存在的问题

第一，部分教师教学理念落后。部分课堂中传统的教学方法模式仍然主宰着课堂，教师独霸课堂话语权，学生的阅读、思考、交流、讨论、书写诸种权利被严重剥夺。

第二，预习方法指导不到位。预习非常重要，掌握正确的预习方法则更加重要，但我们的老师布置课前预习，每次指导的几乎没有，经常指导的更是很少。

第三，教师对新课标不熟悉，目标设定不精准。课堂教学中目标意识不强，教材处理过全，重点难点不突出，教学环节与教学目标错位等问题普遍存在。

第四，教师教学策划与设计的水平不高。课堂情境的营造与教学内容的安排不和谐，教学程序的安排没有起伏，节奏感不强。

第五，激发学生兴趣不够。大部分教师吝啬自己的鼓励，这造成学生敢在课堂表达自己见解的较少，学生参与课堂的积极性遭到一定打击。

2. 当前语文课堂评价现状分析

课堂评价是课堂教学中教师对学生在课堂表现的综合评价，目的在于活跃课堂气氛，提高学生积极性，从而提高课堂的有效性。随着初中语文新课改的推行，课堂评价不断优化，呈现出以下几个特点：

第一，师生关系和谐，为课堂评价打下了良好的基础。随着新课改的推动，大部分教师在课堂注重引导学生学习，教师与学生交流逐渐变成了双向沟通。

第二，课堂评价的方式不再单一。课堂评价已经不只是停留在让教师做评价，也让学生参与进来，师生评价和生生评价相结合。

第三，课堂评价的内容开始呈现多样化。课堂评价表现出关注学生的思考过程，在课文解读中，充分听取学生的思考过程。

3. 对语文课堂教学、评价现状存在问题的思考

第一，不顾错误，盲目鼓励。初中学生处在成长的叛逆期，对于他们来说，错误是经常出现的，而教师这时对于他们的错误就应该指出改正，而不是一味地鼓励迁就。

第二，注重目标，忽视细节。很多教师只注重课堂教学的知识目标，忽略教学细节中对学生思维和想象力的培养。这样只会打击学生的积极性，甚至导致学生的思想“误入歧途”。

第三，语言机械，缺乏感情。课堂评价是教师对学生观点或态度的点评，是在课堂这个环境中教师和学生对教学沟通的一种方式，如果教师语言过于机械，缺乏感情，很容易造成课堂的“冷场”。

第四，评价随意，方式单一。教师在课堂评价中要注意措辞及学生的心理。可能一句无心的话让学生产生自卑感，在课堂评价中，不只是对认知条件进行评价，情感因素也是必不可少的。

（二）语文课堂即时评价行为的现状分析

1.语文课堂中教师即时评价结果的呈现分析

通过调查发现，教师在课堂教学即时评价中存在的错误和教师个人的语文素养有关。

2.教师课堂即时评价频率分析

教师课堂即时评价主要集中在学生探究活动后，这说明教师更重视学生探究知识的结果。

3.教师课堂即时评价方式分析

有的老师在教学中通过口头评价、体态评价和介质评价相结合的评价方式，从而让学生看到了自己的优点，进而增强了学习的信心。

4.语文课堂中以教学实录为依据的即时评价行为分析

在追求生成的优质教学过程中，生成亦不是无向的，因此教师的即时评价起着筛选和引导的作用。

综上所述，对当下语文教师课堂即时评价行为的调查研究和深入分析，我们可将即时评价行为现状特点及其对课堂生成的影响归纳如下：

首先，当下语文教师使用频率最高的即时评价类型是肯定性即时评价——告诉学生言说的正确性，但此种类型的即时评价所对应的课堂生成情状并不理想。

其次，教师使用频率较高的即时评价类型——表扬性即时评价，此种类型所对应的课堂生成情状较为理想。

再次，校正性即时评价实际是教师对学生言说进行引导，这种即时评价的使用有利于促进课堂生成，但相当一部分教师并不能有效利用此类即时评价。

最后，虽然完全缺失即时评价的课堂不存在，但教师在某些情况下会忽视对学生进行即时评价，这也不利于课堂生成的达成。

可见，在当下的语文课堂中，虽然教师几乎不会以消极或批评的方式对学生的言说予以否定，但即时评价行为的现状总的来说不甚理想。

（三）即时评价和课堂生成的关系研究

随着新课程改革的全力推进，学生在课堂上的地位得到了前所未有的重视，老师越来越注重对学生的激励与引导，唤醒学生的求知欲望，激发学生的探究兴趣，关注学生的自主发现，最大限度地发挥学生自身的主体性和创造性，从而实现课堂上的动态生成。老师主导功能的发挥恰好体现在其对学生学习行为与效果的即时评价中。在初中语文教学中，老师通过设计精炼且新颖的评价语言，选择适合的时机进行点拨、评价，可以帮助、引导学生顺利完成语文课堂上的动态生成。课题组在实际的课堂教学实践中，特别关注、研究了即时评价和课堂生成的关系问题，获得了如下认识与成效：

1.运用新颖的即时评价，引导动态生成

毋庸置疑，语文课堂上的即时评价贯穿着整个课堂教学活动的始终，而大多数的即时评价是千篇一律的，没有新意，不能引起学生的注意，自然也就无法达到评价的目的，这极大地减弱了课堂评价对学生学习活动的调控功能。课前要精心预设，在即时评价的语言表达、呈现形式等方面进行不断创新，突破传统的评价方式，带给学生耳目一新的感受，增强学生对老师即时评价的感知。从而更好地引导学生的学习行为，让学生积极主动地进行调节，促进语文课堂学习在动态中得到有效生成。

2.借助客观的即时评价，辅助动态生成

一直以来，课堂评价过度地关注学生的学习结果，而对学生的行为表现没有给予应有的重视，导致对学生的评价不够客观全面，不利于学生知、情、意、行的全面发展。在初中语文课堂中，老师的即时评价对学生的学习活动具有无法估量的引导作用，所以，老师更加需要密切关注学生在课堂上的行为表现，探寻造成学生各种学习行为的深层原因，针对学生的具体行为，给予客观准确的评价，引导学生深入思考，发现自身问题，采取有效的方式进行纠正与弥补，不断完善语文知识网络，提高学习语文的技能，实现课堂的动态生成。

3.利用有效的即时评价，促进动态生成

众所周知，在课堂教学系统中，老师和学生无疑是其中最活跃、最具能动性的要素，老师对学生的情况及时做出反应，给予有效点评，不但体现了老师对学生学习活动的关注，更好地主导课堂学习活动，最重要的是能够迅速激发学生的学习热情，强化学生的语文学习体验。在初中语文课堂上，老师在即时评价时，需要紧密围绕学生这个中心，以学生的全面发展为终极目标，增强即时评价的针对性，对学生的学习行为进行精准而有效的评价，引领学生发现自己的优点和不足，巩固所学的知识和技能，促进语文学习的动态生成。

4.凭借全面的即时评价，优化动态生成

当前，基础教育大力倡导的素质教育，明确提出了学校教育的根本任务是促进学生的全面发展，新课程改革也在原来单一教学目标的基础上进行了完善，制定了三维教学目标。由此看来，课堂教学活动的任何一个环节都需要从学生全面发展的角度实施。老师在初中语文课堂上的即时评价，也需要坚持以促进学生全面发展为实施原则，不只是关注学生的语文知识，更要注重学生的学习方法、能力、学习态度等各个方面的形成与发展，对学生的课堂表现做出全面的评价，注重激发学生真实而愉快的学习体验，开发学生的学习潜能，优化动态生成的效果。

总之，课堂即时评价是师生交流的一种重要方式，也是老师促成课堂生成的一种有效手段。课堂即时评价引发、辅助、促进了课堂生成，课堂生成需要、包含、发展了即时评价，二者是相辅相成、互相促进的关系。评价的即时性与生成的动态性往往是同时呈现、相互促进的。其中，即时评价是手段，课堂生成是核心，促进学生语文素养的提升是课堂教学的终极目的。因此，在初中语文课堂上，为了科学引导学生的学习行为，帮助学生快速高效地生成语文知识、培养语言技能、丰富学习方法，构建一个富有趣味、卓有成效的语文课堂，老师需要在即时评价方面下功夫，课前做好充分的准备，完成课堂学习活动的预设，同时增强自身的应变能力，运用教育机制和教学经验，提升自身对课堂活动的驾驭能力，让学生真正实现知识与方法、情感与能力、思想与态度等全方位的有效生成。

（四）语文课堂即时评价应遵循的原则和方法

1. 语文课堂即时评价的原则

（1）评价的发展性原则。课程评价的动机和终极目标在于促进发展，所以发展性原则是本研究的基本原则。

（2）评价的主体性原则。在评价的对象上，被评价对象对评价活动和过程全程参与。在评价内容上，体现互动和学生的发展。

（3）评价的民主性原则。即组织学生自我评价、相互评价，教师给予适当的点拨、启迪，让学生在评价中受到鼓励、增强信心，明确方向。

2. 语文课堂即时评价的方法

（1）认知评价和情感评价相结合。这样才会让即时性评价变得更加全面科学，学生在课堂上得到的也不仅仅是知识，而是人际交往、协调合作的个性品质的培养，从而更好地促进学生的全面发展。

（2）即时评价和延时评价相结合。教师灵活运用即时评价和延时评价相结合的方式，静观其变，充分重视学生的新异看法，让学生在延时评价的宽泛过程中进行观点的交锋、心灵的沟通和智慧的碰撞。

（3）教师导评和生生互评相结合。教师要理解学生的感受，拓展学生自评和互评的空间，把评价的权利还给学生，突出学生评价的主体地位。在这个过程中，教师要充分发挥“导评”的作用。

（4）口头评价、体态评价和介质评价相结合。这样的评价可以让学生看到自己的优点，知道自己很优秀。让学生在赏识中长大，在尊重中长大，有利于帮助他们形成健全的人格和乐观向上的人生观。

（5）过程性评价和终结性评价相结合。在教学活动中既要重视阶段性的终结性评价，也要重视过程中的知识与技能、过程与方法、情感与价值观方面的变化，充分利用评价中的激励功能调动学生学习的主观能动性，促进学生全面发展和终身的学习与成长。

（五）生成性语文课堂中即时评价的具体策略

语文课堂教学中适时、正确地运用评价手段，促使学生能够自觉、主动参与学习过程，促进学生全面发展，让新课程改革的精神落到实处。那么，在生成性课堂环境下如何优化语文课堂教学中的评价，尤其是做好即时评价呢？本研究从学生与教师两个方面提出生成性语文课堂中即时评价的具体策略和方法：

1. **学生方面的即时评价策略**

课堂生成的内容有资源生成、过程生成、目标生成三个方面。即时评价要促进课堂生成，就需要教师从学生的回答中辨识出有利于促成生成的要素。

（1）学生的认知状态

①学生的回答是否能正确、完整地反映问题所关注的事实、概念等。

②学生对问题是否具有基本的理解或是对问题完全没有理解。

③在教学需要的情况下，能否对自己的回答做出解释和阐述。

（2）学生的思维状态

①学生是否展示了对问题的思考。

②学生能否在适当的时候将言说和先前同学及教师的解说相关联。

③学生能否在学习过程中发现、提出新的问题，或对某些问题进行质疑、批判。

④学生的思维过程中是否有亮点、盲点或误区。

（3）学生的参与状态

①学生是否真正参与到课堂中来。

②教师不仅仅要关注学生在课堂学习中的结果，同时也应关注学生参与课堂教学的过程。

③教师一方面要关注学生是否关注同伴的发言；另一方面要关注学生对他人发言的理解度如何，有无积极回应其他同学的发言。

（4）学生的学习达成状态

教师可从下列几个方面评价学生学习状态达成的角度：

①学生能否在教师或同学引导、提示或启发的情况下形成正确可行的分析思路或言说。

②学生是否能自主地在理解的基础上提出具有挑战性与独创性的问题与见解。

③学生是否对自己本课所得有满意、喜悦以及充满成就感的诸种表现。

总之，面对学生生成的诸多信息，教师要对学生的回答有一定程度的辨识，这是利用即时评价促进有效生成的前提。

2.教师方面的即时评价策略

(1)言语策略

言语策略就是教师用言语表达进行即时评价的策略。通过即时评价来促进生成，教师用言语必须表达出自己所捕捉到的生成物，在组织语言时，需要考虑：一是对学生的智力或认知活动的即时评价；二是对学生感觉、态度和情感的即时评价。具体而言，教师需根据不同的教学情境组织评价语言。

情境一：当学生就某些简单事实进行学习时，就学生言说的正确或错误予以明示，确认答案的正确性与否，并肯定学生参与表达的积极性。必要时引导学生做出正确的理解和反应，如告诉他哪里表述得好，哪里还不够完善等。在某些情况下，判断指明正确与否后，直接或间接地告诉全体学生正确的思路和答案。

情境二：在学习比较复杂的课题时肯定学生的思考和参与。如果学生能清晰完整地表达自己的见解，教师给予清晰、明确的表扬或正面的评价。如果学生回答不准确或不完整，教师给予一定的引导，如提出后续性问题来完善学生答案，或提问另外的学生或选择其他可选择的做法。指出学生思路或策略上的亮点、盲点或误区。对于那些超出预期之外的言说，教师应给予正面的表扬，并陈述、分析学生言说的价值；同时，总结学生的言说，并做出即时性的综述，肯定学生分析解决问题的能力。

情境三：当学生提出某些超出预设之外的问题时，肯定学生的问题意识和质疑能力。反馈给全班同学，引起其他同学的关注。指出问题对整个课堂教学及全班同学的学习具有何种价值。

这里不可能穷尽所有的课堂教学情境，因为每一个课堂都有其独特性，并且课堂本身就是一个动态变化的过程。在此只能列举比较具有普适性的教学情境，并对即时评价的言语策略予以“抛砖引玉”式的提领。当教师的即时评价言语同时展示了学生的认知和情感两个侧面的学情时，即是表现了对学生观点和思考的某种开放性。在这样的课堂上，学生将会对教师和同伴的反馈持有更加开放的学习态度，从而更为积极有效地促进课堂生成。

(2)非言语策略

非言语性质的即时评价，指的是在教师的非言语教学行为中隐含的对学生回答有着一定即时评价指向的态度、情感等因素。即时评价语言的有效表达需要借助一定的非言语表达形式，甚至教师在课堂中的很多非言语行为本身就是另一种形式的即时评价。一个眼神、一个微笑、一个手势……都会无形中给学生一种暗示。当然，做到这些的前提是教师对学生即时的生成和学力的现时发展抱有期望。苏霍姆林斯基认为："如果一个人不相信孩子，认为孩子将一事无成，在学校不会有所作为，那么，他不仅会使孩子痛苦，而且自己也会终身都感到痛苦。"教师同样可以运用这些非言语形式的即时评价来传达对学生答案的兴趣以及表明学生的看法是重要的，具体表现在：

眼神：学生回答时，教师直视学生，并保持眼神的交流。

表情：针对学生的回答运用恰当的面部表情，比如微笑、惊奇、兴奋等等。

体态：恰当运用体态语，比如点头、竖起拇指等。

距离：根据教学调整在课堂中的位置，如走近发言的学生。

沉默：当学生发言的时候，不要急于评价，保持沉默，不打断学生的回答，适当等待等。

板书：在黑板上记下学生回答内容的要点。

3. 生成性课堂中教师即时评价的方法

（1）教师转变评价观念，评价要多元化

①激发学生参与评价的兴趣。采用多媒体演示、小品表演、课堂游戏等方法吸引学生的注意，以这些直观形象的手段创设情境，激发起学生评价的兴趣，调动起他们参与评价的积极性。

②给予学生参与评价的机会。作为教师，我们应该注重学生发展的潜在性、主动性和差异性，在课堂上保证学生有自主表现和发展的空间，为每个学生提供积极参与课堂学习的机会。

③指导学生实现自评与互评。自评与互评相结合既让更多的学生有了充分发表自己见解的机会，发挥了学生的互补作用，做到"培优帮差"，又培养了学生的合作意识，使学生在评价中的主体地位得到充分体现。

（2）课堂实现平等对话，评价要有激励性

根据学生的认知能力，我们将学生大体划分为三类：尖子生、中等生、学困生；根据学生的认知特征，我们将学生分为感性、中性与理性；根据学生的参与热情，我们将学生分为积极型、观望型、消极型。如此一来，一个学生便具有了三个维度。如A同学属于"尖子生""感性""积极型"，B同学属于"学困生""中性""消极型"。若他们都回答了一个问题，对于A我们会重点评价她的语言之美，会点出她答语中的关键词，甚至会让学生记录下来；此外，我们还会引导她打开思路，向问题的更深处拓展。对于后者，我们则重点评价他的参与意识，将他的回答加以提炼、润色，并争取同学们的认同与鼓励。这样，那些学有余力的学生便会勇于选择独特视角，勤于思考、探究，实现个性化学习、探究性学习；中等生们便会见贤思齐，夯实基础，不断提升语文素养；“学困生”，也有了不断进取的愿望，一步步找回自信，获得学习语文的“密码”。

在评价的内容方面，也可以根据不同学生在不同阶段的特点，设计有所侧重的评价目标，如有的学生天生胆小，朗读或发言不够大胆，因此可以把“大胆发言”作为这类学生的主要评价目标。再如女生一般比男生自尊心更强一些，为此在评价中要照顾到性别差异。还有，学习比较差的学生和学习比较好的学生，在教学中的表现也是不同的，教师也应用相同的要求来对他们进行评价，应充分肯定学生的进步。总之，教师要重视差异、尊重差异，这样才有利于学生的发展。

(3) 灵活运用语言，评价融入真情

其一，评价语言应不断丰富。

在课堂教学中，如果老师有着多样、灵活、生动、丰富的评价语，就能使学生如沐春风，课堂总是生机勃勃。教师的评价如果能与教学内容有机地结合起来，那么语言的回旋余地就可超出简单的评语范畴，趋向更生动、更丰富的境地。而生动丰富的评价语言能最大限度地调动学生学习的主动性、积极性，活跃课堂气氛。

其二，评价语言应多样化。

除了有声语言之外，教师还需要适当地运用体态语言。一个充满期望的眼神，一个赞许的点头，一个鼓励的微笑，拍一拍学生的肩膀，甚至充满善意的沉默，都不仅仅传达了一份关爱，还表达了一种尊重、信任和激励，这种“润物细无声”的评价方式更具亲和力，更能产生心与心的互动，其作用远远大于随意的口头表扬。

其三，评价语言要逐渐理性。

不过，我们也不能否认，学生一味接受激励性评价——尤其是缺乏是非评判的激励性评价会产生危害，甚至贻害无穷。所以，身为教师也须兼顾理性，不能一味地讨好学生，盲目依从学生的观点，从而导致他们是非不分，良莠不辨。

其四，评价过程要巧妙点拨。

在课堂交流中，教师最担心的便是发言者回答起问题来结结巴巴、语无伦次，甚至脸一红，索性僵在那里。有的老师会选择等待，会说“再想想!”可孩子们有时就是不给力，你总不能放下其他学生不管，让他“想”一节课吧？所以，老师要学会在这个时候，扶“危”济“困”，巧妙点拨，或许孩子们真的会和你心有灵犀一点就通呢!

（4）做好评价的课后反思

面对学生的差异和成长，教师即时给予的评价可能没有预期那么好。基于这两种特定情形，教师课后对即时评价行为的反思显得更为必要，它可以帮助教师不断积累教学智慧，提醒我们对学生的回答进行有效的即时评价，以促进课堂生成。

总之，在生成性课堂中有效地实施即时评价，为学生提供了开启智慧的钥匙。通过课堂即时评价来促进学生发展，不仅是一种教育的科学，更是一种教育的艺术。在教学中，教师适时地发挥即时评价的魅力，巧妙地运用即时评价，充分激发学生的学习兴趣，使课堂成为学生自主接受知识的快乐殿堂，从而增强学生学习语文的自信，使即时评价真正起到促进学生发展的有效作用。

五、课题研究取得的主要成果与分析

课题自审批立项以来，我们一直以客观、严谨、科学、创新的态度投入研究，努力探索，精心探究，科学总结。实际上，本课题研究通过前期探究，已有较为丰富的材料、经验、成果。本课题以本人主持的市级课题“初中语文课堂即时评价策略探究”为基础，该市级课题于2015年立项，于2017年7月结题，鉴定为优秀。因此，这个课题自市级立项实施结题到省级立项、实施、结题，经历了三年时间，通过几轮探究，螺旋式上升，取得了一系列丰硕的成果。

第一，课题研究的实施，促使语文课堂教学面貌发生了很大变化，在生成性语文课堂的构建与即时评价策略的探究方面取得了显著的成效，这是本课题研究取得的最重要的成果。一是课题研究的实施，促使语文课堂面貌发生了改变，生成性语文课堂的构建，得到了真正落实。二是探索出了一系列借助课堂即时评价促进课堂生成的策略措施。三是在课堂即时评价的原则、策略、方法探究方面取得了突出成效。

第二，课题研究提高了教师的综合素质、专业素质，教科研能力获得了很大提升。一是进一步丰富了教师的课堂教学评价语言。二是提高了教师课堂教学的应变能力。三是课题研究提高了教师的专业素质。

课题实施以来，在课题研究的带动下，我们课题组教师在各级各类报纸杂志发表教育教学论文十多篇并有多篇获奖，多项语文教学方面的省市级课题立项或结题，多人次获得省、市、县级教育教学奖励，并且在县市优质课、观摩研讨课、庄浪县中国传统文化经典诵读大赛、“语文报杯”全国中学生作文大赛等多项大赛中获奖多人次。

第三，课题研究提升了学生的综合素质，学生的语文素养有了很大提升。一是在课堂上我们欣喜地看到：教师与学生积极互动，学生自评、互评，真正实现了高效课堂。二是学生的综合素质也得到进一步提高，听、说、读、写等方面的语文素养也有了长足的进步，学生参加省、市、县级作文比赛、经典诵读等，先后有多人次获奖。三是通过课题研究的实施，学校教育教学质量有了显著提升，近三年来，我校中考语文成绩连续获得全县第一名的优异成绩。

第四，课题研究的实施，进一步丰富和发展了我校“合作共赢，捆绑评价”的教育教学模式。本课题研究的实施，紧紧依托课堂教学这个主阵地，抓住“课堂生成”与“即时评价”这两个核心要素与关键词去开展活动，实施研究。主要依托常态课、教研课、讲赛课三种课型以及听评课、说课、磨课及校内外教学研讨等活动去丰富、充实、发展课题研究。在总结、反思中丰富发展了水洛中学“合作共赢，捆绑评价”的教育教学模式。一是理念内涵。“合作共赢，捆绑评价”教育教学管理模式，其核心是互助，关键是评价，二者缺一不可。二是“互助共赢，捆绑评价”教育教学管理模式是建立在小组合作学习的基础上的，小组学习是该模式的基石。在学习小组之上，一个“包”字将所有的关联点串了起来。从纵的方面来看，它是从校长到教师再到学生的管理链条；从横的方面来看，它是A学生—B学生，A教师—B教师，A分管—B分管之间的合作共赢体。三是教育教学评价。评价要把对学生个人、学习小组和教师的评价相结合，过程性评价和终结性评价相结合，激发学生的团队意识、合作意识和进取精神，促进教师管理学习小组的积极性、主动性。

小组捆绑评价。每节课，教师根据小组相互讨论发言情况及组间提出问题、回答问题等情况，从自主学习、合作探究、交流展示等方面对学生个人和小组及时给予评价，教师对小组的评价表现在个人，但代表着小组。

师生捆绑评价。要求每个教师必须承包至少3个合作学习小组，但不得多于4个。对教师的评价主要体现在两个方面：一是过程性评价，二是终结性评价。

六、研究中存在的问题与反思

第一，本课题的研究虽然在生成性语文课堂教学即时评价的策略研究上有所突破，但对学生的发展性评价，尤其是立足于学生的最近发展区所进行的期待性评价，或针对学生的不同学习基础、不同性格类别进行的分类评语研究虽在调查问卷中有所涉及，但因时间和精力的限制并没有深入研究下去。

第二，在进行问卷调查中，有教师反映繁重的课业负担是影响教师进行艺术性教学的即时评价的重要因素，这一点上仍然需要课题组成员在以后的学习研究中进一步进行分析。

第三，在研究中我们认识到，只有不断更新教育理念，掌握先进的、科学的学习评价策略和方法，并不断完善自己的学习评价实践，才能使课堂评价成为促进学生全面、健康发展的“助推器”，才能真正激发学生的学习兴趣，营造轻松和谐的学习气氛，全面提高学生的语文素养。

参考文献

[1]杨彦利.中学语文教师课堂即时评价行为研究——基于课堂生成的视点[D].上海:华东师范大学,2009.

[2]叶智芬.中学语文教师课堂即时评价的行为研究[J].大东方,2015(10):1-8.

[3]陶西平.教育教学评价辞典[M].北京:北京师范大学出版社,1998.

[4]尹凤芝.新课程理念下如何评价学生[J].河北教育,2003(9):12-13.

[5]郜玉艳.教师课堂即时评价研究[D].重庆:西南大学,2014.

[6]郑金州.生成教学[M].福州:福州教育出版社,2005.

[7]朱丽芳.农村初中语文课堂即时评价语言研究[J].中学语文,2017(33):80-81.

[8]袁振国.当代教育学[M].北京:教育科学出版社,2004.

[9]黄莺.即时评价,促使课堂生成——提高语文教师课堂即时评价有效性研究[J].时代教育,2014(20):192.

[10]吴康宁.课堂教学社会学[M].南京:南京师范大学出版社,2004.

[11]何祥.让语文课堂教学评价充满智慧[J].现代语文(教学研究版),2013(9):49-51.

主持人:朱健(平凉市庄浪县水洛中学)

审稿人:单亚玲(甘肃省教育科学研究院)

思维导图在数学教学中的应用研究

一、问题的提出

英国著名心理学家托尼·博赞于20世纪70年代初期创立了思维导图这一风靡世界的思维工具。托尼·博赞的思维导图是使用图形来组织和表达放射性思维的一种工具，更是一种思维方式，生活、学习、工作都可能用到它，帮你发掘自己的智慧。思维导图像一个伸出很多触手的神经元，自然地反映我们人类思维的形式，它又是一个美丽、简单、有效的思维工具。它依据全脑思维的概念，按照大脑自身的生理和心理规律进行思考，全面调动左脑的条例、文字、逻辑、顺序、数字以及右脑的图像、想象、空间、色彩、符号，使大脑潜能得到最充分的开发，从而极大地发掘人的身体、语言、记忆、社交、创造、精神等各方面的智慧。

时代不断发展，数学教育也不断更新适应，新的课标要求数学教师更关注学生的发展和社会需求，更强调学生的主动学习和探究性学习。当今学生在中学数学学习上普遍存在着“一听就懂、一看就会、一做就错”的现象，这一现象反映出中学数学教学中存在的一些有待解决的问题。很大一部分学生在数学学习中不能清晰地辨别和建构概念与命题框架，只是机械地记忆数学概念、命题与规律，对数学知识与知识之间的逻辑关系缺乏深入的理解和探究。这样，学生所学到的只是一些零散的数学基本知识，没能有效地建构数学知识体系，无法灵活地提取与应用数学知识，从而导致数学思维能力低下，并因此对数学学习缺乏兴趣。在这种严峻的形势下，是否能有效提高课堂教学效率，就成了摆在每一位数学教师面前的首要问题。数学课程基本内容是让学生获得学科基本知识，领悟科学研究的思路和方法，提高发现问题、分析问题、解决问题的能力，养成基本的理性思维方式。学生要掌握好，必须建构起完整的知识体系，不是概念的简单堆砌，而是厘清内在联系。这就需要老师改变教学方式，提供一种使学生可持续发展、终身受益的学习方式，思维导图教育方式就是在这样的形势下应运而生。

本研究收集和整理了大量的国内外对思维导图的研究成果，揭示思维导图在现实生活和工作中的重要地位，厘清其发展脉络。将思维导图在学生知识构建过程中入手，运用、探索、实验思维导图对提高学生数学学习能力，培养学生数学学习的兴趣，锻炼学生创新思维方面都具有一定的可行性，效果比较显著，为此，要探索思维导图在教学过程中对提高中学生数学学习方法的有效性。深入教学实践、实施案例教学、设计教学方式、教学实证研究，通过对相关数据的分析和研究，反思和完善教学方式，努力为思维导图应用成为实用的学习工具和教学工具提供一些参考和借鉴。为我国教育的国际化、现代化做一点点尝试。

将思维导图引入到中学数学教学，不仅为教师的教学工作提供了重要的价值，还为学生的学习提供了巨大的帮助。

首先，培养学生综合运用知识的能力。不断强调思维导图的一个重要作用就是将分散的知识点整合起来，同时将每个知识点的细节都清晰理顺。学生通过学习思维导图，就会对数学知识形成一个完整的印象，任何一个遗漏都会被思维导图中的一个“枝杈”所唤醒。一方面，这减少了学生对知识点的遗忘；另一方面，这极大地提高了学生运用知识综合解决问题的能力。

其次，培养学生的创造性思维。思维导图不仅是一个学习工具，更是一种学习思维。这个思维不仅要求学生能够对已有知识进行梳理和总结，而且需要学生能够发散性地利用已学知识来思考其他数学问题。在这个学习的过程中，学生不自觉地就学会了利用创造性思维对未知数学进行探索，这也是学习数学知识的根本目的。

再次，培养学生的合作能力。最初的思维导图由每一个人单独完成，然而，个人在知识的学习和复习的过程中难免存在遗漏。通过学习小组等形式，学生可以评估自己绘制的思维导图的优缺点，并可以学习其他同学绘制的思维导图的优点，从而不断提高自身对问题的认知能力。在这一过程中，无疑也培养了学生的合作学习能力。这在新课改的背景下显得尤为重要。

本研究介绍了思维导图的制作方法和教学应用方法。希望通过对思维导图在教学中的实际效果进行分析、讨论、调查、研究，试图通过运用思维导图作为教学策略，力求从中发现一些教育学、心理学规律，找到一种较为有效的能提高中学数学教学效果的方法。能为学生学习和教学实践提供具体而有效的操作方式，为应用和推广思维导图，促进其在我校中学数学教学方面发挥应有作用。

二、解决问题的过程与方法

（一）研究思路

依据本研究的主要内容、参考教育、教学研究的基本策略，课题组确定了如下研究思路。

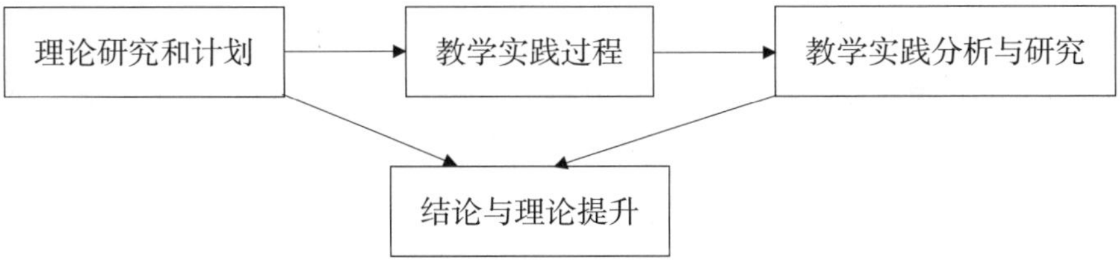

思维导图在数学教学中的应用研究思路图

（二）研究方法

在实践研究和讨论过程中，主要采用了以下研究方法：

1. **文献研究法**

为了更好地验证思维导图在数学教学中的运用意义，在实验前后，课题组查阅了国内外有关思维导图的理论书籍、硕博论文、期刊论文以及关于思维导图的网站并分析其研究成果，深入了解了相关课题的研究领域、内容及其研究深度，扩充了自己的理论基础并提高了实践能力。

2. **问卷调查法**

为了更好地了解思维导图在中学数学教学实践中的意义，在教学实践开展的前后设计相关调查问卷，对学生对思维导图的认识、中学数学的学习兴趣、学习成绩和习惯性的学习方式等方面的情况进行问卷调查。

3.观察法

在实验班授课时，观察学生在听课过程中的肢体动作、面部表情、精神状态、回答问题时的语言等，通过对学生这一系列课堂反应的观察，及时得知思维导图在课堂上对教师教学、学生学习中的效果影响。

4.对比实验法

在实验研究过程中，课题组的研究对象是课题组数学老师授课的10个班级，通过教学成绩的对比分析、教学实施过程的对比试验等方法来求证思维导图在数学教学实践过程中所带来的影响。

三、解决问题的过程

2016年8月至2018年4月，课题组在金昌市第四中学进行了思维导图数学教学中的应用研究。在进行了前期学习状况调查的基础上，将课题研究时间和过程分为五个阶段：

第一阶段：2016年7月至2016年8月。文献资料的准备，信息收集；确立课题计划，制定实施方案；课题组人员的确定和分工。

第二阶段：2016年9月至2016年11月。开展实验班与对比班的实验前期调查，并在实验班开展思维导图认识、绘制和训练，合作学习小组的划分和培训；同时，开展教师与学生的思维导图学习活动，定期组织教师与学生的思维导图学习研讨活动；课题组对思维导图学习进行阶段性总结。

第三阶段：2016年12月至2017年1月。开展课题组专题培训活动，组织教师和学生进行思维导图绘制培训，教师撰写论文或心得，课题组对思维导图绘制进行阶段性总结。

第四阶段：2017年2月至2018年1月。开展教学实践活动，在实验班开展以制作思维导图为主线的教育教学工作；到第二学期时，把思维导图对学习环节的调整和监控融入整个教学过程中，通过教学使学生形成明确的应用思维导图的学习策略；组织课题组内听评课活动，教师撰写论文；课题组对基于思维导图的教学实践进行阶段性总结，撰写并上报课题中期报告。

第五阶段：2018年2月至2018年4月。进行研究后期数学教学中思维导图应用情况学生调查问卷及实验数据分析、总结并得出结论；撰写课题结题报告，汇总各类实证资料，申请成果鉴定。

四、实践过程

课题组将实践过程分为五部分：思维导图系统学习，思维导图专题研讨，思维导图教学方式的设计策略探讨，思维导图教学方式的实施策略探讨，基于思维导图的教学实践听评课研讨。

（一）课题组对思维导图的系统学习

课题组除了要求课题组老师自学托尼·博赞《思维导图》一书外，还要求报名学习长期从事思维导图相关课程研发及培训工作的姬广亮老师“关于思维导图系列课程的网络直播”课程。其中有四节课，课题组老师认为有必要让学生学习，并在各实验班安排了学习。

另外，聘请全脑教育学习能力高级指导师聂丽娟老师、唐洁老师为指导教师，做了思维导图专题讲座，每次培训都让老师们深受启发。后期聂老师和唐老师现场指导老师们绘制思维导图，并对老师们绘制的思维导图给出了指导性改进意见。

（二）课题组对思维导图的专题研讨

为了加深对思维导图的认识和理解，解答每位老师遇到的不同问题，课题组安排了四个相关的教学研讨活动。

1.课题组对思维导图与传统的线性笔记的比较，得出基本结论

思维导图包含线性笔记。思维导图的中心图相当于线性笔记的总标题，思维导图的一级分支相当于线性笔记的一级标题，思维导图的二级分支相当于线性笔记的二级标题，可以以此类推。但思维导图与线性笔记又具有差异性。

（1）思维导图与线性笔记在整体性上存在差异。思维导图整体性较强，各级之间层次清晰，关键词突出。

（2）思维导图与线性笔记在有效性上存在差异。思维导图不同的问题使用不同的颜色，能够对内容进行强调和突出，便于记忆，增加特性，吸引注意。思维导图的有效性在于它多样的形状和形式。

（3）思维导图与线性笔记在发散性上存在差异。思维导图是一种有效使用人脑的发散性思考方法，思维导图瞬间迸发的想法不需要按照整齐规矩的方式排列，思维导图的空间无边界，对新内容可以随意加，在必要的时候画上分支，加到有空位的地方即可。

2.思维导图与传统的线性笔记比较的优势探讨，得出基本结论

思维导图是思维图像化的技巧，也是将知识结构图像化的过程。思维导图顺应了大脑的自然思维模式，使观点自然地在图中表达出来，在创作思维导图时还使用了颜色、形状和丰富的想象力，把关键字、颜色和图案有机地联系起来，使用视觉感官来增强记忆。思维导图较线性笔记有很大的优势。

（1）思维导图在表达方式上占优势。思维导图采用图像表达，关键词清晰，这些词都是名词或重要动词，当读到它们时，能引起一系列的相关联想，从而从不同角度理解各种概念。也就是说，思维导图表达了联想网络。

（2）思维导图在复习效果上占优势。思维导图把图像、色彩和关键词有机地联系起来，思维的脉络浓缩在一张纸上，把内容处理得更有条理、更容易理解，同时调动视觉、维度、想象与联想来增强记忆。

（3）思维导图在思维方式上占优势。思维导图模拟人脑思维过程，思维方式是多维度、发散性思维，整体性较强，各级之间层次清晰，关键词突出，有图像表达，有三种或三种以上的颜色刺激，动用右脑技巧，具有发散性，有助于思考和联想。

3.绘制思维导图常见错误及改进方法的探讨，得出基本结论

（1）使用关键词的优势在于“透视核心”，让你一眼就能看到分支想要表达的核心思想，而且有利于精准记忆。同时，关键词更容易刺激大脑发散思维。

（2）分支垂直，机械化。分支主要用于托住关键词，同时带动大脑发散思维，形成流畅的思维网络。垂直的分支没有办法起到承载作用，从心理学的角度来解读的话，就是没有安全感。所以，我们一般要求分支要由粗到细、自然弯曲，保持适当的倾斜度，不要垂直。

（3）分支主次颜色不统一。主分支和其对应的次级分支颜色要统一，目的是为了达到“主次统一”的目的，即区分（归类）信息。让大脑通过颜色，一下子就可以区分开思维导图中的信息内容。

（4）布局混乱。分支间隔有序是合理布局的关键，非常紧凑的分支结构也会让大脑紧张和有压力。

（5）缺少关键图。关键图在思维导图中主要起到“标签”的作用，用于标注分支中的重要信息内容，同时起到活化思维导图整体视觉表现力的作用。没有关键图的思维导图作品好比一株只长叶子不开花的植物，很显然缺乏生命力。

（6）关键词颜色混乱。关键词的颜色统一使用黑色，这样更容易在分支上凸显出来。毕竟，大家很少会绘制黑色的分支。

4. 课题组对思维导图在数学教学中的作用的总结，得出基本结论

思维导图可视化的图示指导有利于数学知识点的有效组织，有利于教师从全局来布置教学，构建数学知识点间的联系；学生也可以更为直观地感受数学学习环境，促进学习效率的提升。在教学中加入思维导图已经成为辅助教师教学和提高学生学习效率的重要方法，它对提高数学教学有着重要价值。下面从教师、学生和师生互动三个角度来描述思维导图在数学教学过程中所起的作用。

（1）教师角度。思维导图能够加强教师对所教内容的整体把握，能够很好地帮助教师进行教学反思，使教师可以根据实际教学情况对教学过程做出具体合理的调整，从而做到在教学过程中关注整体、关怀个体，实现真正意义上的因材施教。

（2）学生角度。让学生亲自绘制思维导图进行知识整理，激发学生积极思考，巩固所学的知识，加深对知识的理解。随着年级的递增，数学知识点的广度和深度也随之增大。学生有必要将以前学过的知识点与新知识点进行重建和梳理，抓住各知识点的内在联系，把孤立分散的知识点串成线、连成网，使知识系统化、结构化，而且这系统化、结构化、网络化了的知识在运用阶段具有较高的实用价值。

（3）师生互动。思维导图可以创造和谐轻松的学习氛围，能够促进师生间、生生间自由进行课堂讨论与交流。

（三）思维导图教学方式的设计策略探讨

在新课程改革的背景下，中学的数学教学对中学数学教师提出了更高的要求，顺应时代的发展，提升和改进自己的教学方法，并非授之以鱼，而是授之以渔。

1. 利用思维导图来构建知识网络

一个完整的知识网络结构是学生通过对知识内容之间结构的梳理、比较、分析、归纳才能够建立，而思维导图就是一个将知识点联系起来的工具。

2.规划好知识点之间的联系

在学习数学时，很多同学在学习完整本书之后不能够将所有的知识联系在一起。思维导图就能够解决这个问题。但是前提要求思维导图要设置得详略得当，规划良好。合理规划思维导图，能够培养学生良好的数学逻辑思维能力，让学生自主学习。

3.利用思维导图来解决具体的数学问题

数学题有很多共同的特性，有时候一道题可以用很多种方法来解答。但是如果教师利用上课时间来一一解答，就会浪费很多时间，教师可以让学生用思维导图的方式将多种解题方法呈现出来。

（四）思维导图教学方式的实施策略探讨

1.将思维导图运用到学生课前预习当中

课前的预习有利于学生掌握课本的大致内容，而思维导图的应用更有利于学生把握知识的结构，学生能够有一个整体的认识，还能够联想到课本内容以外的内容。学生可以通过建立的思维导图查找出关键词和核心内容，有利于了解各个概念知识点间的联系与区别，从而加深对所学内容的理解。

2.将思维导图应用到教学过程当中

在讲课过程中，图形显得更为直观与简洁，教师利用思维导图授课，能够激发学生的学习兴趣。

3.将思维导图运用到复习计划当中

将思维导图运用到数学复习的计划当中，成果是显而易见的。因为复习并不是简单地加强记忆，更重要的是对知识的系统化梳理与深刻认识。所以绘制思维导图的过程就是对知识进行重新整合、构建系统的知识体系的过程。

（五）课题组基于思维导图的教学实践听评课研讨

课题组安排了12节基于思维导图的公开课并进行集体听评课，经过实践，思维导图在教学中的应用优势逐渐明了。思维导图是教师授课中的得力助手，学生也能通过对思维导图的学习清晰地理解知识的逻辑与要点，使数学教学能有条不紊地进行下去。在数学教育中，应合理地运用思维导图梳理错综复杂的知识点，并引导学生自主对知识导图进行绘制推理，提高自身对问题的表达阐述能力，不断激发大脑逻辑思维的建立。

1.运用思维导图强化基础概念

数学基础概念的学习是学生应该掌握的第一步，它是庞大的数学结构里重要的基础单元，是进行数学学习的重要基石。在此基础上，教师在课堂中，不但要用思维导图梳理出学习的重点与难点，还要强化对基础概念的引导。首先提出对基础知识的重视，在此基础上，探究更深层次的重点、难点，逐渐地加强学生对数学学习的兴趣，使学生具备自己也能解决逻辑问题的信心和魄力。

2.利用思维导图活跃课堂氛围

激发课堂气氛是每一位老师的教学夙愿，通过思维导图的应用，教师可引导学生自主地对思维导图流程进行思考和探究，也可以鼓励学生到黑板上进行流程补充，鼓励学生积极思考与勇于表现的行为，使数学学习氛围更为浓厚。学生在相互讨论中进一步加深对知识点的理解，让学生之间自发进行监督与知识掌握能力的较量，互相查漏补缺，形成良好的互帮互助氛围。

3.利用思维导图自主解决问题

思维导图在绘制过程中，能将散乱的发散思维有效地梳理成了然于胸的答案。这种方式能有效地将自主学习的动力归还于学生，老师不再是主动的灌输者，而是倡导学生运用自身具备的探索能力、思考能力去面对学习中的困难，逐渐发展自身解决课本以及生活中出现的问题的能力。

4.利用思维导图进行课后复习

通过思维导图的复习方式，能将课上接受的大量知识点，从散乱、片段的模式消化吸收，变被动接受为主动吸收。

五、成果的主要内容

课题组通过教学中应用思维导图的探索和实践发现，思维导图有利于培养学生养成良好的学习习惯，有利于提高学生数学学习兴趣，有利于帮助学生建构完整的数学知识体系，有利于提高学生的数学学习成绩等。课题组老师认为在教学实践中，采用基于思维导图的教学方式，对教师自身的发展具有积极有效的促进作用，实验班的老师和学生对基于思维导图的数学教学及作用持积极肯定的态度。

（一）教学方式更科学，能够提高教师的教学效率

思维导图是把有隶属关系的内容逐层向四周分散开去，便于对信息的整理和发散，在这个过程中，实现了内容间相互的一个关联，找到相互间内在关系，让内容在学习者大脑中形成适合自己风格的导图，让内容在横向、纵向的连接过程中，实现内容间的同化和承接。教师结合自己已有的知识体系，更好地引导学生利用思维导图进行辅助学习。教师通过教学方式的改变，激发学生的大脑潜能、拓展学生的思维理解和创新能力，提高了教师的教学效率。

（二）教学方法更灵活，能够提高学生数学思维能力

在学生绘制和完善思维导图的过程中，学生可以通过与教师间、同学间的交流活动，主动愉悦地获得新的数学知识，在交流活动中迸发出思维的火花、体验人的智慧。通过筛选核心知识点、联系新旧知识、分析中学数学知识的结构，进一步发展学生创造性的思维能力。在利用思维导图学习数学的过程中，通过主题与分支、关键词、节点之间的连接和联系，学生把抽象的概念和命题与他们的认知结构同化，进一步发展了学生的逻辑思维能力。

（三）学习方式更自主，能够提高学生的学习效率

通过思维导图的学习和绘制，学生掌握了全新的方法，提高了学习和复习的效率，每一位同学都体验到前所未有的成就感。这种持续不断的愉快体验，促使学生学习兴趣不断发展和巩固。在小组合作探究过程中，思维导图能够更好地发挥每个学生的主动性和参与性。在基于思维导图的教学方式下，每个学生都要绘制思维导图进行交流，学生利用思维导图对知识进行归纳、梳理和整合，进而提高学习效率。

（四）学习更主动，能够提高学生数学学习成绩

学生在收集、整理、绘制思维导图的时候，必须在纷繁复杂的线索中厘清思路，进行总结、归纳和分类，这个过程实际就是将课本知识主动进行信息加工的过程。思维导图的形成过程中，帮助学生联系已有知识，将新知识点进行比较、分析、综合，构建有利于自己知识的识记、保持、再现和提取的认知网络。在思维导图运用过程中，学生可以主动构建知识间的联系，对核心数学知识点进行精炼提纯，次要无关的知识被省略，核心内容得以体现和反复巩固，从而大大提高了记忆的准确性和学习效率。通过实验班和对比班的数学测评成绩对比分析，验证了将思维导图应用在中学数学教学中能够提高学生数学成绩的功效。

六、效果与反思

（一）自我评价

经过两年的努力，思维导图的实践研究得到学生与家长的认可和好评。在丰富教学理论、提高教学质量、培养学生创新精神、推进素质教育方面取得突出的成绩。

1.**优化了教学过程，学生发展得到落实**

（1）有助于学生自主探究能力的提升。基于思维导图的教学方式，注重学生主动学习探索的教学策略，符合学生的认知需求，学生也喜欢这种积极参与学习的学习方式。同时，我们也可以看出学生主动参与的能力日益增强，这种积极的学习心态和主动参与学习的能力正是我们所期望达到的目的。

（2）有助于学习成绩的提高。通过测试成绩统计分析结果表明，实验班成绩优于对比班并存在显著性差异；而在前测成绩统计中，实验班与对比班并无显著性差异可见。结合思维导图进行教学后，实验班的成绩较对比班有所提高，这说明，在初中数学教学中引入思维导图将有助于学生数学成绩的提高。

（3）思维导图的使用有助于学生创造性思维的形成。课题组在研究过程中观察到引入思维导图后，实验班的学生在课堂上比对比班学生更活跃、更积极、更主动。

（4）使用思维导图有助于加强小组间的合作交流。在小组讨论的过程中，全体小组成员都参与进来，然后小组成员在思维导图的绘制过程中对内容进行增增减减，不断讨论，不断修改，一张思维导图制作完成了，那么一个知识点的学习也算结束了。

2.**促进老师专业化成长**

课题组组织对思维导图进行系统学习，老师们的理论水平有了一定的提升；同时，通过课题实践研究，课题组老师业务素质、教育素养和教学能力等有了较大的提高，课题组老师由经验型向科研型、学者型转变。顾武祖老师被聘为甘肃省数学教育研究会常务理事，郭晓梅老师被中国管理科学研究院素质教育研究所聘为副研究员，郭晓梅、蔡发基两位老师被金昌市教育局确定为金昌市市级中小学骨干教师，马静老师被聘为金昌市初中数学学科专家团队成员。

（二）反思

为期两年的课题研究已结束，通过本课题的研究，老师的教育理念得到了更新，老师的教育教学理论水平和业务能力有了较大的提高，教师的教学方式也得到了改进，学生的学习习惯、能力和积极性得以提升，但也存在一些问题需要进一步思考和改进。

其一，思维导图作为一种应用非常广泛的创新思维工具，要求使用者的思维有一定的深度和广度。尽管课题组成员学习了姬广亮老师“关于思维导图的系列直播”课程，也有专业老师进行了相关指导，但由于没有接受系统的、专业的面授课程，理论水平没有达到一定的高度，需要在以后的教学实践中再进行深入的学习与研究。

其二，受课题组人员限制，影响范围也有限，尤其是学生影响范围小，所以实验结论还缺乏普遍性。期望后期有更多老师参与思维导图的研究，继续将思维导图应用于数学教学之中并进行更深入的探索研究。

其三，学生缺乏图像、色彩意识。在完成思维导图的过程中，学生完成的思维导图内容绝大多数以文字和公式的形式出现，对图像、色彩挖掘不够，这还需要老师在教学中注意引导学生利用对图像、色彩应用的意识。

其四，应用思维导图进行教学的过程中，要注意因人而异，不能搞“一刀切”，不能统一标准。老师要及时肯定、鼓励学生的进步，对学生的奇思妙想也要充分包容与欣赏。课题组老师在包容心这方面还需改善。

其五，思维导图对学生思维水平的发展和创新思维培养的作用方面，由于课题组的理论水平有限和时间的限制，未能进行有效评价，需要在以后的实践中进行深入研究。

思维导图是一个不断发展和完善的工具，也是一门在不断精练和提高的技术，如何将基于思维导图的教与学的内容进行整合，更好地促进学生的学习和思维，这也是我们需要以后继续探索和研究的课题。希望更多的同行能关注思维导图，并对此做更多的探讨和实践，不断加深和完善思维导图在数学学科中的应用。

参考文献

[1]中华人民共和国教育部.数学课程标准(2011年版)[M].北京:人民教育出版社,2012.

[2]新课程实施过程中培训问题研究课题组.新课程与教师角色的转变[M].北京:教育科学出版社,2001.

[3]景敏,张波.基于思维导图方法对职前教师极限概念理解的研究[J].数学教育学报,2006(5):61-63.

[4]赵国庆,陆志坚.概念图与思维导图辨析[J].中国电化教育,2004(8):42-45.

[5]石茵.思维导图在生命科学教学中的应用[J].科学教育,2008(6):68.

[6]吴举宏.思维导图及其在生物教学中的应用[J].中学生物教学,2007(12):17-18.

[7]陈欣.概念图、思维导图和生物图表的辨析[J].生物学通报,2008 (43):38-40.

[8]齐伟.与黎加厚教授谈概念图[J].信息技术教育,2003(9):13.

[9]严德稳.运用思维导图策略优化中学生物教学的实践研究[D].苏州:苏州大学,2011.

[10]李美.高中生物学思维导图策略下的教学实践研究[D].杭州:浙江师范大学,2012.

[11]梁小康,廖锐星.思维导图在高一化学教学中的应用研究 [J].化学教育,2007(8):30-32.

[12]郝春香."思维导图"在高中生物教学中的应用研究[D].大连:辽宁师范大学,2007.

[13]韦霞.思维导图的学习方式研究[J].中国现代教育装备,2009(14):109-111.

[14]许孟琴.思维导图在高中生物总复习中的应用[J]. 中国校外教育, 2008(11): 119.

[15]汤铭.促进学生创新思维发展的思维导图教学研究[D].上海:上海师范大学,2006.

[16]孔企平,张维忠,黄荣金.数学新课程与数学学习[M].北京:北京高等教育出版社,2003.

[17]李静雯.思维导图在中学化学教学中应用的研究[D].南京:南京师范大学,2006.

[18]黄甫全.现代课程与教学论学程[M].北京:人民教育出版社,2012.

[19]托尼·博赞.大脑使用说明书[M].北京:外语教学与研究出版社,2005.

[20]吴举宏.思维导图及其在数学教学中的应用[J].中学数学教学,2007(12):17-18.

[21]徐军.给中学物理学习插上思维导图的翅膀[J].中学物理教学参考,2006(5):15-17.

[22]张红因.基于思维导图的教学方式在中学数学教学中的应用研究[D].烟台:鲁东大学,2015.

[23]王飞雁.高中地理教学中思维导图的应用研究[D].大连:辽宁师范大学,2013.

[24]李丁.基于思维导图的数学创新思维培养的研究[D].石家庄:河北师范大学,2013.

[25]王菠在.利用思维导图优化中学数学复习课[D].南京:南京师范大学,2014.

主持人:顾武祖(金昌市第四中学)
审稿人:王春梅(甘肃省教育科学研究院)

核心素养视域下的小学数学教科书呈现方式比较研究

小学数学教材是设计教学活动的重要参考，对小学数学教材进行解构，是落实“用教材教”的理念及实施教学的基本要求，也是提高教师专业素养的基本途径。在“一标多本”的宏观课程管理政策下，小学数学教材实现了多样化，《义务教育数学课程标准（2011年版）》（简称《2011版课标》）颁布实施以后，各版本教材在原实验教材的基础上进行了修订（简称“修订版教材”），甘肃省使用的是人民教育出版社和北京师范大学出版社的教材。立足于我省教育教学实际，从多元视角对小学数学教材进行解构，对不同版本的教材内容呈现形式进行对比分析，厘清教材编写者的意图和教学隐喻，对教学实践有现实意义和实践价值。

一、问题的提出

（一）选题背景

教材的质量和教师对教材的使用直接影响到小学数学课程的整体实施水平和质量。教材研究包括对其内在的质量和外在的质量研究，教材的内容、结构和编排特色是教材质量的生命线。教师在教学中使用教材的过程就是对教材的解构过程，包括对教材的内在质量的分析、感悟和理解教科书的设计意图、选择、研究和实际运营以及评价等环节。①小学数学修订版教材在落实新课程理念精神、揭示学科素养、增强教材的适宜性上均发生了一定改变，在教材结构、内容呈现方式上也发生了重大调整；然而，教师在使用新教材的过程中，仍然存在不能很好地把握教材体系和编写意图的缺陷，抓不住教学建构的精髓，导致课程目标游离等，进而影响到了小学数学教学的有效性。因此，如何破解这些问题，并建构有效的教学，即为本研究的理论及实践选题的依据。

（二）核心概念界定

小学数学教材是根据《2011版课标》编写的教学用书，是教材体系中的主体成分，是教学的主要依据。教材的呈现方式对教师理解编写者的意图、确定教学内容进度、把握教学重点与难点有重要的作用；同时，也是转变学生学习方式、激发学生学习兴趣、增强学生学习体验等的关键要素，不同的呈现方式会影响学生不同的学习效果，教材编写基本原则之一就是要优化其编写体例和呈现方式。本研究所指的教材呈现方式是指小学数学教材内容所涉及的素材及组织形式，就是将小学数学课程内容中的概念、规则、性质、公式等基本知识和基本技能、基本数学思想和基本的活动体验，以什么样的方式传达给学生，包括概念呈现、编排体例、栏目设计、问题情境创设及练习设计等。

（三）研究的主要问题

第一，教师在对修订版教材使用中存在的问题，分析研讨日常教研中观察到的表象化、碎片化问题，提炼梳理形成真问题。

第二，立足教学、为了教学，开展小学数学教材对比研究是对小学数学教材进行解构，其核心是确立解构的基本框架或维度有哪些？

第三，在上述教材解构框架下，人教版、北师大版修订版教材的特点是什么？对教学实践有什么启示？教学中如何创造性地使用教材？其基本遵循和路径是什么？

①孔凡哲、史宁中:《教科书质量及其影响因素》,载《教育发展研究》2007年第6B期,第13～17页。

二、解决问题的过程与方法

（一）研究过程

1.问题梳理、分析与形成

自2012年秋季开始，我省一至六年级全面使用了修订版小学数学教材。通过参与教材培训和学校教研活动，课题组成员发现不同版本的教材在呈现方式上存在差异，这种差异影响到了学生数学学习的成效和过程。

2.理论思考及教学实践探索

2016年北京师范大学研究团队发布中国学生发展核心素养体系。核心素养被称为“课程发展的DNA”，这是对全面实施素质教育、落实立德树人根本任务这些上位的、宏观的教育目标的具体化、显性化。小学数学教材修订中已经渗透了核心素养的理念，课堂教学探索应成为学生数学核心素养培养和发展的基本追求。

3.提炼成果，拓展应用

2016年秋季开始，形成对教材解构的基本框架，并对两个版本的教材进行了文本分析和对比分析，实现教材使用效益的最大化。

（二）研究方法

1.文献研究法

通过学习相关理论著作和研究文章，分析和对比人教版、北师大版小学数学教材呈现方式及数学核心素养等方面的研究文献，确定研究主题及方向等。

2.文本比较法

主要从小学数学教材的编排体例、概念呈现方式、教学活动、练习设计、数学文化及基本活动体验等方面进行比较分析，从而利用不同的呈现方式所折射的教材编写理念和教学预期来提高教师使用教材的水平。

3.问卷调查及访谈法

通过对城乡、不同年级教师和学生对小学数学教材使用情况的访谈及问卷调查，了解小学数学教材的使用效果。本次调查学校包括县城、乡镇、农村学校中小学教师，共发放问卷400份，有效回收391份，无效问卷9份，主要原因是教师个人的基本信息回答不完整。然后采用SPSS21.0统计软件对数据进行处理，统计显示：使用北师大版教材的310人，占调查总人数的79.3%；使用人教版教材的81人，占调查总人数的20.7%。29.7%的教师非常满意目前使用的教材，65.5%的教师为比较满意，4.1%的教师对教材的满意度为一般，0.8%的教师不太满意所使用的教材。同时，通过访谈和问卷主观题统计分析，教师认为目前所使用的小学数学教材的优点有：图文并茂，比较直观，学生容易理解；有利于培养学生的思维发展；具有趣味性、知识性、开放性，充分强调学生是学习的主体。教材的不足有：学生的练习题较少，不利于知识的巩固；培养学生技能、解题、做试卷方面有所欠缺；教材内容呈现较少，但需要讲给学生的较多，开放度不够，需要教师在教学中进一步挖掘；知识点及一些概念、定律不够明确，有些知识点与学生的实际生活结合得不是很紧密，以至于学生掌握起来有些困难。

三、成果的主要内容

（一）厘清小学数学核心素养

核心素养是学生与基础教育的“双基”“三维目标”“创新意识和实践能力”等的一脉相承，是对教育目标赋予了更加广阔的时代意义和实践内涵，是学生应具备的必备品格和关键能力。核心素养是关于学生知识、技能、情感、态度、价值观等方面要求的结合体，它指向过程，关注学生在其培养过程中的体悟，而非结果导向①。数学核心素养不是“数学+核心素养”，而是学生通过数学学习获得的，是具有数学特征的必备品格和关键能力。曹培英研究认为，小学数学学科核心素养体系由两个层面（数学思想方法、数学内容领域）、六项素养（抽象、推理、模型思想、运算能力、空间观念和数据分析观念）构成②，显示出数学教学从知识立意、能力立意到素养立意的基本诉求。

①辛涛、姜宇、林崇德等:《论学生发展核心素养的内涵特征及框架定位》,载《中国教育学刊》2016年第6期,第3~7页。

②曹培英:《小学数学学科核心素养及其培育的基本路径》,载《小学数学教与学》2017年第4期,第3~6页。

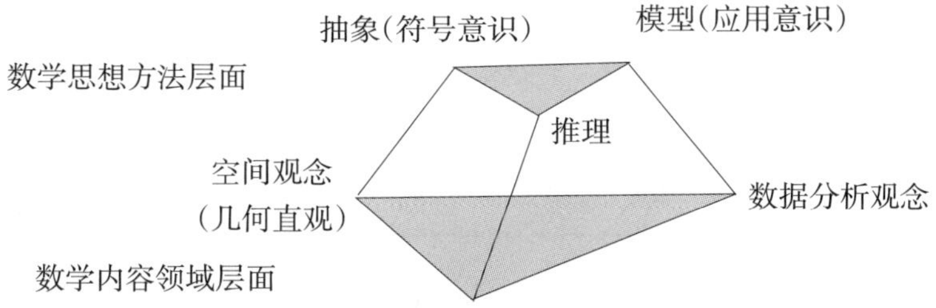

图1　运算能力(数感)图

人教版小学数学教材主编王永春研究指出，小学数学核心素养应该具有全局性、综合性、阶段性、动态性、持久性等特点。从全面落实中国学生核心素养体系的宏大视野出发，小学数学核心素养是学生在理解数学核心概念、掌握和运用数学规律和关系的基础上形成的，具有可持续学习数学和交流、表达、解决现实世界实际问题的思想和能力。因此，小学数学核心素养体系应由数学认知、数学思想、个人发展三个维度构建①。陈六一、刘晓萍从数学中如何落实核心素养的角度进行了内涵与外延的分析，研究认为，对小学数学核心素养的界定既要关注核心素养的生成过程，又要注重核心素养的外显，体现"课程标准"中课程目标的要求，强调在真实情景中的表现，其构成要素包括数学人文、数学意识和数学思想三个维度②。普通高中课程标准修订组组长史宁中教授研究指出，数学核心素养就是"三会"，即要培养学生会用数学的眼光观察世界，会用数学的思维思考现实世界，会用数学的语言表达现实世界。为了教师能够在数学教育的过程中有机地融入数学核心素养，这"三会"是超越具体数学内容的

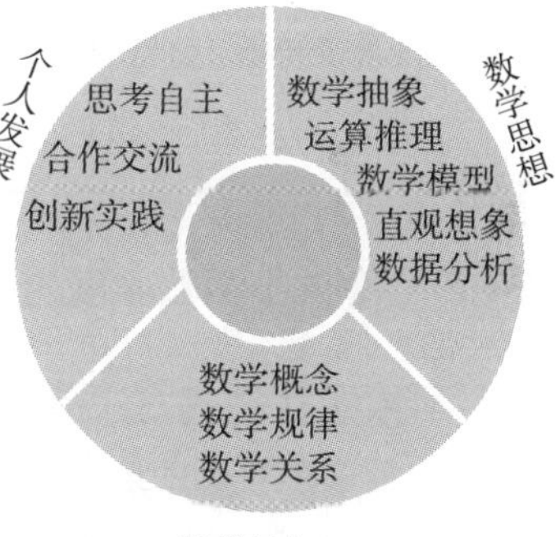

图2　小学数学核心素养

①王永春:《学生发展核心素养视域下的小学数学核心素养》,载《小学数学教育》2016年第12期,第3～5页。

②陈六一、刘晓萍:《小学数学核心素养要素分析与界定反思》,载《中小学教师培训》2016年第5期,第57～60页。

数学教学目标。[①]

基于上述分析，小学数学学科核心素养应当包括学会数学（数学核心概念、数学思想方法）、会用数学（“三会”）和热爱数学（数学的人文指标）三个层级。

表1　小学数学核心素养二级指标表

一级指标	二级指标
数学人文	对数学的持久兴趣与好奇
	对数学美有追求
	会用数学交流
数学意识	数学运算
	空间观念
	符号意识
	解决问题的策略
教学思想	抽象
	推理
	建模

（二）确立小学数学教材解构的框架

小学数学教材编写主要依据数学学科的本质特征及小学生数学学习特点和社会发展的需要[②]。决定教学成败的因素不是教材本身，而在于教师对教材的理解和解释，教材必须经由教师个性化的解释才起到作用。从解释与构成的视点看，唯有教师与学生，才是赋予数学教材以生命活力的关键要素。[③]

①史宁中、林玉慈、陶剑、郭民:《关于高中数学教育中的数学核心素养》,载《课程·教材·教法》2017年第4期,第8～14页。

②郜舒竹:《小学数学教学基础》,中国人民大学出版社2015年版,第62页。

③张定强、曹春燕、张炳意:《数学教科书建构和解构:理论与方法》,中国科技出版社2014年版,第156页。

本研究中对教材解构采取内容分析法和比较分析法相结合，不考虑教材的装帧设计、插图表格、语言文字、版面等因素，按照课程教学评价一体化实施的策略，从教师的“教”和学生的“学”的角度，将静态的文本分析和动态的教学评价相结合，构建教材解构的四个基本维度：

教材结构体例分析，就是研究教材通过什么样的体例（情境、问题、数学活动、栏目等），将数学知识建构起来。

内容呈现方式分析，就是研究教材为数学知识赋予了什么样的载体，是否有助于引导学生主动建构新知识，能否从多个方面来强化学生感知知识发生过程的能力。

教材习题分析，就是研究教材中的习题与所学内容的匹配性，练习的针对性、实效性、难易程度，是否通过新题型的创设进一步激发了师生更多的教学灵感和智慧，帮助学生走进数学，培养学生核心素养。

数学文化分析，就是研究教材中一些文化素材栏目所映射的数学文化内涵，让学生从数学材料、故事或叙事中发展其文化素养，培养其科学精神。

（三）解构视野下的小学数学教材特点

1. 创新设计教材的结构体例

自20世纪后半叶以来，我国中小学教材的组织结构一般采用螺旋式上升与直线式编写两种基本形式。螺旋式组织结构成为新课程教材编写的主要追求，且小学的数学教材也宜采取螺旋式上升的编写风格，但螺旋式上升的教材编排风格未必就意味着课程难度小。

人教版、北师大版教材编写在具体的特色方面：人教版教材关注内容的呈现顺序和教学节奏，突出基本思想和基本活动经验的学习，为培养“四能”提供清晰的线索，精心设计学习内容的呈现形式及案例，注重促进学生自我反思与评价。北师大版教材则以“情境+问题串”为有效教学提供脉络，有机整合多维度的学习目标，指向学生核心素养的发展，以多样的情境激发学生对新知的探索，习题的形式多样而又有层次性，为学生提供个性化的学习机会。

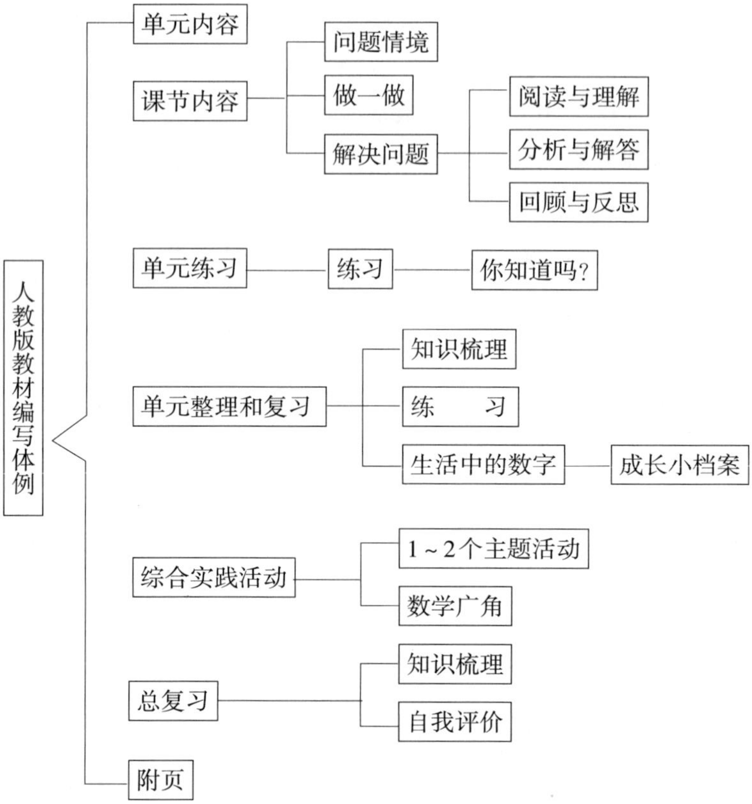

图3　人教版教材编写体例图

注：尚有部分栏目未涉及。

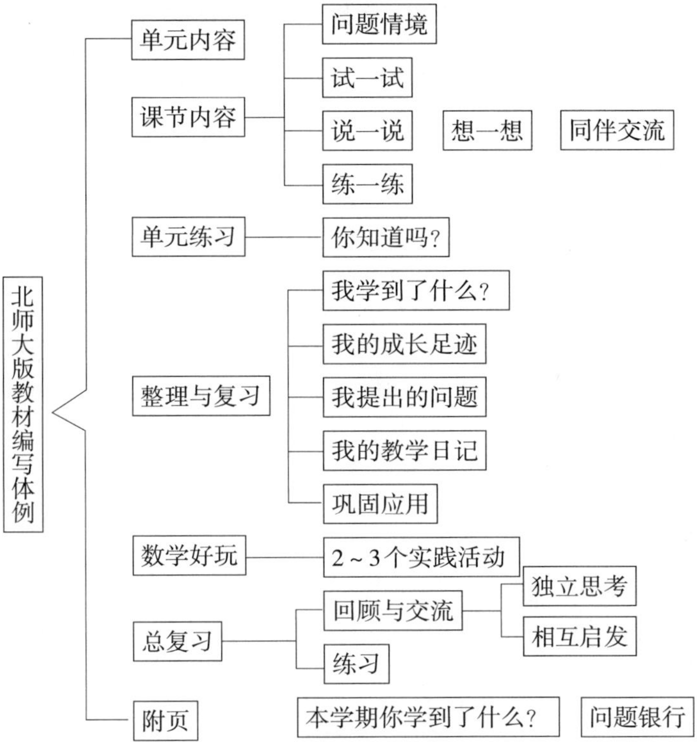

图4　北师大版教材编写体例图

注：尚有部分栏目未涉及。

2.透过教材栏目，与教材编写者进行“文本对话”

教材的呈现风格是教材内容特征的重要方面，也是儿童身心发展规律在教材编写中的具体体现，更是教材编写者独具匠心的结晶。通过研究教材的内容呈现方式，有助于教师更深刻地领悟教材的深刻含义和教材编写者的意图。

人教版教材的栏目主要有生活中的数学、你知道吗？阅读与理解、生活中的数学、数学广角、知识梳理、自我评价、成长小档案等栏目。

北师大教材的栏目主要有你知道吗？我学到了什么？我的成长足迹、我提出的问题、我的数学日记、数学好玩、本学期你学到了什么？问题银行等栏目。

表2　人教版小学数学教材栏目数量统计表

栏目名称	一年级		二年级		三年级		四年级		五年级		六年级		总计
	上	下	上	下	上	下	上	下	上	下	上	下	
生活中的数学	2	0	2	1	1	1	0	2	2	3	1	2	17
无标题	4	7	4	5	5	3	1	5	3	3	1	0	41
你知道吗?	2	3	3	4	1	7	7	2	4	14	6	6	59
阅读与理解	0	0	0	0	0	0	0	1	0	0	0	0	1
数学游戏	2	3	3	1	0	0	2	1	1	0	0	1	14
数学乐园	1	0	1	1	1	2	1	1	1	2	2	1	14
数学广角	0	0	1	1	1	1	1	1	1	1	1	1	10
自我评价	1	1	1	1	1	1	1	1	1	1	1	1	12
成长小档案	7	8	8	9	9	9	8	9	7	8	8	5	95
合计	19	22	23	23	19	24	21	23	20	32	20	17	

表3　北师大版小学数学教材栏目数量统计表

栏目名称	一年级		二年级		三年级		四年级		五年级		六年级		总计
	上	下	上	下	上	下	上	下	上	下	上	下	
你知道吗?	0	0	0	0	3	4	2	3	4	3	3	5	27
我学到了什么?	1	1	1	1	1	1	1	1	1	1	1	1	12
我的成长足迹	1	1	1	1	1	1	1	1	1	1	1	1	12
我提出的问题	1	1	1	1	1	1	1	1	1	1	1	1	12
我的数学日记	0	0	0	0	0	0	1	1	1	1	1	1	6
数学游戏	0	0	1	1	1	0	0	0	1	0	1	0	5
数学好玩	1	1	1	1	1	1	1	1	1	1	1	1	12
本学期你学到了什么?	1	1	1	1	1	1	1	1	1	1	1	1	12
问题银行	1	1	1	1	1	1	1	1	1	1	1	1	12
合计	6	6	7	7	10	10	9	10	12	11	11	12	

对比发现，人教版和北师大版教材编写都图文并茂，主题图和习题的插图都很关注学生在数学学习过程中的体验，充分考虑学生已有的知识和经验，都注重加强对学生学习策略的培养。两版本在呈现方式上的不同点在于[①]：一是框架结构和栏目设置存在差异。人教版教材结构版块分明、逻辑清晰，从单元标题到每一节的标题再到最后的整理和复习，一目了然，栏目设置的知识线索外显，便于教师更好地把握教学内容。北师大版教材每一节的标题，都是采取生活化的语言命名，在一定程度上冲淡了内容的数学味，知识线索内隐，教学的开放性较大。二是教材呈现的问题性不同。北师大版教材在呈现数学知识时，大多是在问题情境中解决问题，引导学生体验问题解决的过程；同时，教材通过“小人物”的形式设计了明确的提示语，可以帮助学生修正和反思自己的思维过程，形成良好的数学素养。人教版教材只是用一道例题来呈现出问题解决的过程和结果。

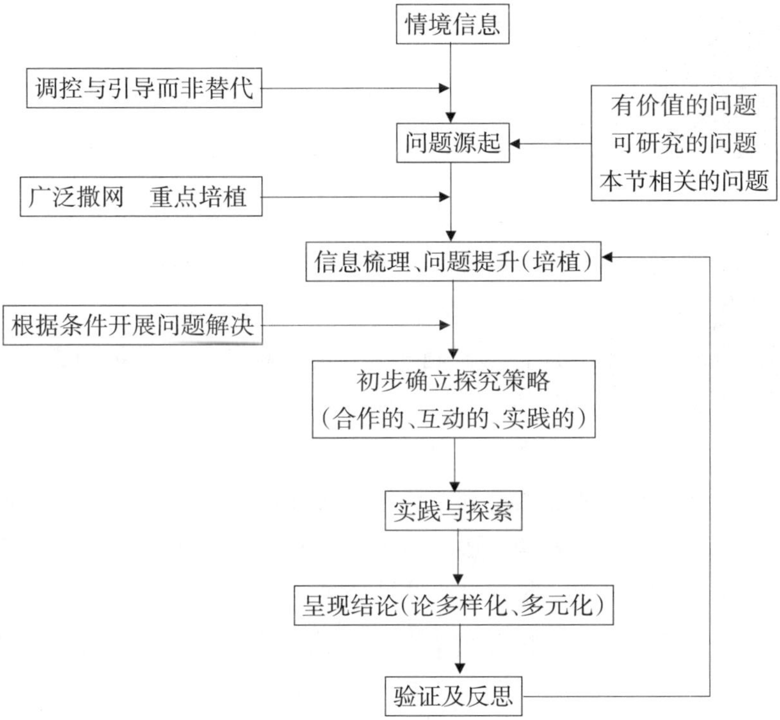

图5　问题解决流程图

①桑帆:《小学数学教材呈现方式比较研究》,华中师范大学2015年硕士论文。

3. **凸显教材习（例）题特色与功能**

（1）例题在各学习领域分布情况统计

在小学数学教材组成中，例题是十分重要的因素，例题就像一张网，把数学知识串联起来，置于连线中的关键节点处，它对数学知识的展开起到承前启后的作用。例题作为“有影响力的老师”，对于问题解决的重要性远远胜过其他方面。这些例题是教材编写者精心挑选的，渗透着编写者对数学以及学习数学等问题的认识，有编写者探索这些问题的足迹，也有深刻的文化背景和深远的意境。[①]为了统计方便，下面以人教版和北师大版四年级上册为例进行文本统计分析。

表4　四年级上册小学数学教材例题统计表

版别	数与代数	图形与几何	统计与概率	合计
人教版	30	13	3	46
北师大版	29	9	2	40

注：以2014年6月第1版教材中有题号的题目为准进行统计，实践与综合领域未统计。

例题是由问题和解组成的，小学数学教材的例题以问题情境的方式呈现，以“情境+问题串”的形式层层展开，让学生从中体会问题解决的全过程。人教版教材除了以例1、例2等形式表达外，还有一些例题以阅读材料或主题图的形式呈现，起到概念引入的作用；且例题在呈现的过程中，问题情境更倾向于数学化，例题以留白的形式让学生完成。北师大版教材中并不是以例1、例2等显性呈现，问题情境更倾向于生活化，有些例题没有给出具体的解决过程，只给出思维的方向，留下了更多的思维空间，让学生在交流、分享、讨论、质疑的过程中学会条理性思考、多角度思考，形成解决问题的能力。

（2）习题（含练习、复习题）统计分析

习题可以看作是例题的近变式与远变式，人教社蔡上鹤先生认为：“教科书由正文、例题和习题三部分有机组成”，用好习题，用够、用透习题，教师需要深入钻研教材，弄清教材内容，把握正确的教学目标以及相应的教学重点、难

①张定强、曹春艳、张炳意：《数学教科书建构和解构：理论与方法》，中国科学技术出版社2014年版，第73页。

点，才能明确每道习题的意图。通过习题的练习，使学生对相应的知识有所了解，从而掌握技能，发展能力。

表5　四年级上册小学数学教材练习题统计表

版别	练习(随堂)	习题(课后)	复习题	合计
人教版	63	186	46	295
北师大版	155	49	43	247

注：以2014年6月第1版教材中有题号的题目为准进行统计，实践与综合领域未统计。

人教版教材的练习设计以知识点为设计单元，每个大的知识点设计一个练习。在教学过程中，需要教师根据教学内容（例题）重新调整，学习的内容与练习的对应性不好。

按照义务教育课程设置方案课时要求，四年级上册数与代数、图形与几何、统计与概率三个领域的学习时间：北师大版为59课时、人教版为53课时。这样可以计算出平均每课时的习题量分别为：北师大版4.186题，人教版为5.566题。人教版的习题量要大一些。

（3）习题类型分析

习题由于分类方法不同而有不同的类别，如按照学生做作业时间划分为课堂作业和家庭作业，按照作业内容分为基础型练习、迁移型练习、综合型练习、尝试型练习等14种练习。[①]按照常规的计算（口算、估算）题、判断题、应用题、探索规律等题型外，教材习题中设计了大量的数学游戏、探究类、开放类、实践操作类、非形式化等新型题目，这些题目对提高学生发现问题、提出问题、分析问题和解决问题的能力均有很大的帮助，教学中应当予以重视。

4.从数学文化的视角实践数学教学

数学文化是数学知识、数学精神、数学思想、数学方法、数学思维、数学意识、数学事件等的总和，其内容大致可分为两个方面：一是关于数学自身发生、发展和特质的内容，如数学史、数学美学、数学符号学等；二是关于数学与其他

①刘显国：《小学数学练习设计艺术》，中国林业出版社2003年版，第13～20页。

文化领域相交融的内容，如数学与自然、生活、环境、艺术、经济、建筑等。[①]修订版小学数学教材中以文字、图片或连环画等形式，在引文、例题、习题和阅读材料等栏目中渗透了数学文化，内容涉及数学史料、数学与现实生活、数学与科学技术、数学与人文艺术四个方面，具体分布和表现为：

表6　小学数学教材文化栏目分布情况表

版别	引文	例题	习题	阅读材料
人教版	24	104	353	85
北师大版	8	110	502	47

表7　小学数学教材文化内容分布情况表

版别	数学史料	数学与生活	数学与科技	数学与人文	总计
人教版	55	341	110	60	566
北师大版	45	493	66	63	667

统计表明，在栏目分布上，数学文化的内容主要出现在习题部分，这与教材的习题量大有关，但同时表明以数学文化为习题背景，有助于学生更好地理解题意。在内容分布上看，教材都注重加强数学与生活的联系，凸显数学知识的应用价值和教育价值。北师大版教材的数学文化选材更为广泛，更加关注数学在现代生活及未来发展的阐释。从整体上看，内容的呈现仍然以文字和图片的形式出现，且大多为分离型、附加式的，[②]这在教学中未能引起教师足够的重视，文化与教学的融合不足，还需要在今后的教学中予以升华和创新应用。

（四）核心素养视野下的小学数学教学实践策略

1.聚焦核心素养，发挥学生的主观能动性

核心素养是学生应具备的必备品格和关键能力。数学教学是以师生在课堂为载体的多边活动，教学中发挥学生的主体性，这就要求充分关注学生的学习体

①裴昌根、宋乃庆：《基于数学文化培养数学核心素养的课堂教学原则初探》，载《小学教学·数学版》2017年第3期，第12~13页。

②吴骏、徐锦野：《不同版本小学数学教材中数学文化的比较》，载《教学与管理》2017年第10期，第53~55页。

验，凸显学生在学习中的自主性、主动性和创造性；要在对学生学情科学分析和合理预设的前提下，通过创设适合学生探究的问题情境，激发学生数学学习的欲望，自主学习新知、探究结论，经历数学知识的发生过程；要在知识技能的学习中建构新的知识体系，体会数学的基本思想方法，获得基本的数学活动经验，进而发展学生的核心素养。

2.儿童立场，引领学生体验知识的发生过程

小学数学不仅要让学生掌握数学基础知识和基本技能，而且要让学生掌握一些学习数学的方法和规律，解决一些数学问题。以小数除法为例，我们知道小数除法是整数除法的自然延续，本质就在于如何记录把余数1放大10倍后再除产生的商，而这个记录方法就是用小数点把整数部分和小数部分隔开。这是除数是整数的小数除法教学设计的逻辑起点，就是引导学生在对余数一分再分的体验中，寻找合理简洁的运算途径，掌握从有余数的除法到小数除法（余数必须继续分下去）的算理内涵，体会小数运算的本质。学习的难点是在除不尽时就要模仿有单位时的具体情况，把“角”换成“分”，把“米”换成“厘米”，把“1”换成“10个0.1”等，就是要按照除法的意义继续平均分下去。为突破教学难点，设置了4个教学环节，一是创设问题情境，提出问题。“四位同学花了97元聚餐，现以AA制的方式交钱，每人应该支付多少钱呢?”。二是在问题解决中感悟算理。当出现了余1元无法整除的时候怎么办呢？三是逐步抽象，建立小数除法模型。四是学生自由提问，让“问题链”延伸。

3.摈弃形式，还原学生真正的“主体性”

（1）让学生获得真实的数学活动经验

教学的基本出发点是促进学生的发展，学生是数学学习的主人，教师的作用在于激发学生的学习积极性，向学生提供充分从事数学活动的机会，帮助他们在自主探索和合作交流的过程中真正理解和掌握基本的数学知识与技能、数学思想和方法，获得真实的数学活动经验。如，在教学“平方米”这个面积单位时，为了让学生建立对面积大小的直观体验，教师设计了这样的活动：教师在地板上画了一块“$1m^2$”区域，让学生估测“上面能站多少个人?”先让学生根据自己的生活经验进行估测，再组织学生亲自站一站。学生站立后的结果发现：“上面能站11个人”，从而得出“$1m^2$就相当于11个人所站的地方”。显见，在这个教学活动中，学生会盲目地将“$1m^2$”与“11个人”画上了等号。事实上，$1m^2$所对应的并非11个人全身所站的空间大小（体积），而是11个人双脚所站立的占地大小(面积)。这样就会让学生对“面积的意义”的核心观念产生影响。

（2）用学生的“学”检视教师的“教”

“没有学生的自觉性和积极性，再好的教师，再优越的教育条件，都不能使教育活动获得预期的结果。”①在教学中要关注学生的学习，要立足学生的“学”从而展开教师的“教”。还原学生学习的主体性，教师要深入了解和研究学生的学情，做好教学内容分析，寻找到内容相对学生的重点、难点以及突破点，选择合适学生的学习方式；要研读教材的呈现方式和编写体例，通过教材文本实现与教材编写者的对话；要在教学目标的导向下，确定教学活动中学生的“主体角色”，让学生明确主体作用的着力点；要及时调控学生在学习活动中的自主度和参与度，加强主体性学习活动设计的科学性、价值性。

（3）在学生思维的关键点设置数学活动

教学活动的设计要时刻紧扣学生知识学习的困惑点、转折点，激发学生的学习热情和兴趣。如在学习“厘米和米的认识”时，学生已经学习了长短的比较，但只是对物体长度的感性认识，如何精确刻画物体的长度？用什么测量工具来测量物体的长度？测量工具的原理是什么？学生会不会用？有多少人会用直尺等测量工具进行测量？均需要做学情分析。本节课的课程目标之一是让学生体会到统一度量单位的必要性，建立对长度单位的感性认识。因此，各版本的小学数学教材都创设了让学生用不同的工具测量相同物体的数学活动，如课桌、书本长度(必须测量同样的物体，消除测量误差）等，让学生在自主寻找发现当“同样的物体用不同的测量工具所测的结果不同”时怎么办？学生在自主交流探讨中会发现，用统一的直尺可以解决这一问题。

4.**回归本质，让深度学习在真实的体验中发生**

（1）引领学生体会知识的本质

学生的学习是主动建构的过程，真正的学习应该发生在学习的主体——学生身上，要让学生能够理解所学的知识，并能融会贯通，学以致用。深度学习的先决条件是教师的自觉引导，是学生基于教师预设的专业方案，经历有指导、有挑

①胡德海：《教育学原理》，甘肃教育出版社2006年版，第351～353页。

战、高投入、高认知的学习过程，并获得有意义的学习结果。[①]教学要指向学科的本质，让学生在真实的情境体验中引发认知冲突，有效参与并深度思考，体验知识的发生过程。

（2）创设促进深度学习的真实情境[②]

深度学习要求学生不仅要理解学习内容，还要深入理解学习情境。基于深度学习的教学，首先要从学生学习的角度考虑如何指导高效学习，发展学生思维品质和思维能力，唤起学生的问题意识，培养学生解决问题的能力。要重视习题使用的质量，而不仅仅是数量，要重视反思总结，而不仅仅是解题。要理解题目中的思想方法，而不仅仅是寻求答案，要对教材的习题进行适当改编，提升习题的思维附加值。要在传统的应用题练习基础上，加强对新题型的开发与利用，通过设计一些开放、探究性问题，强化对学生发现问题、提出问题能力的培养，引导学生经历“数学化”的过程。体会数学知识的发生过程，也就是让学生从自己的数学现实出发，经过自己的思考，得出有关数学结论的过程。

四、进一步研究的问题

对小学数学教材的解构是一个在实践中不断深化的过程，不同的研究者有不同的解构框架和视角。从问题出发，为了学生更好地理解和深度化学习教材，解构是实现教材功能最大化的基本策略。本研究中抓住教材内容中的关键要素，即教材的结构体例、问题情境、习（例）题设计、数学文化这些显性的线索进行了教学化分析，当然还可以从教材在问题解决能力的培养、数学思想方法的渗透、基本活动体验的隐形线索等方面进行实践解读。数学的核心素养不是直接能传授给学生的，它要求对数学学习保有积极情感。“综合与实践”的目的在于引导学生综合运用相关知识与方法解决实际问题，以核心的数学问题、知识、思想方法为载体。从教学目标看，学生能通过在“综合与实践”活动中的自主学习 、内化而获得。当前，随着学科核心素养的建立，基于核心素养的视角，如何对教材进行文本化的解释，又当成为研究的新取向；但究其根本，如何将每种解读的成

①尤小平:《学历案与深度学习》,华东师范大学出版社2017年版,第6页。

②安富海:《促进深度学习的课堂教学策略研究》,载《课程·教材·教法》2014年第11期,第57～62页。

果转化为教学实践，尤其基于综合实践活动开展教材分析，当为进一步研究的基本旨趣和成果深化的核心要义。

参考文献

[1]张定强,曹春艳,张炳意.数学教科书建构和解构:理论与方法[M].北京:中国科学技术出版社,2014.

[2]郜舒竹.小学数学教学基础[M].北京:中国人民大学出版社,2015.

[3]刘显国.小学数学练习设计艺术[M].北京:中国林业出版社,2003.

主持人：张炳意（甘肃省教育厅基础教育课程教材中心）

审稿人：王春梅（甘肃省教育科学研究院）

“班班通”环境下农村初中数学“学困生”转化策略研究

一、课题研究的背景

随着标准化学校建设进程的推进，武威市凉州区农村学校全部配备了“班班通”设施设备。借甘肃省义务教育均衡验收的“东风”，我校在2015年后陆续完成了“班班通”设备的配置，为学校信息化建设的发展奠定了坚实的基础。但信息化设备的配置也为教师教学方式、学生学习方式的改变提出了一个重大课题，那就是如何有效地利用好设备和资源，彻底改变教师“一支粉笔、一块黑板”的陈旧教学模式。为此，我校课题组结合形势发展和全面提高教育教学质量的需要，为使“班班通”设备发挥更大作用，更有效地利用“班班通”，将存在于各班的“学困生”的学习成绩提高，经学校、课题组充分酝酿后决定申报“‘班班通’环境下农村初中数学‘学困生’转化策略研究”这一课题，研究农村数学“学困生”在“班班通”环境下学习效果转化的途径和方法。

《数学课程标准》的基本理念中讲：“数学课程应致力于实现义务教育阶段的培养目标，要面向全体学生，适应学生个性发展的需要，使得人人都能获得良好的数学教育，不同的人在数学上得到不同的发展。”“信息技术的发展对数学教育的价值、目标、内容以及教学方式产生了很大的影响。数学课程的设计与实施应根据实际情况合理地运用现代信息技术，要注意信息技术与课程内容的整合，注重实效。要充分考虑信息技术对数学学习内容和方式的影响，开发并向学生提供丰富的学习资源，把现代信息技术作为学生学习数学和解决问题的有力工具，有效地改进教与学的方式，使学生乐意并有可能投入到现实的、探索性的数学活动中去。”

二、课题研究的目标与内容

（一）课题研究的目标

其一，形成学校、教师、家长、学生等共同参与的系统转化体系。

其二，形成在“班班通”教学环境下转化“学困生”的一些基本规律和行之有效的转化方法。

其三，形成在农村学校网络环境下针对数学“学困生”的评价机制。

其四，运用交互式电子白板进行分层教学，使“学困生”的主体地位凸显。

（二）课题研究的主要内容

其一，开展对农村初中数学“学困生”的心理分析，包括研究导致“学困生”学习困难的个人、学校、家庭以及社会因素。

其二，研究“班班通”数学课堂教学中如何关注“学困生”、适应“学困生”，研究“学困生”在“班班通”教学活动中的转化策略。

其三，研究如何利用“班班通”开展有效的课内外辅导转变“学困生”。

其四，研究“班班通”环境下农村初中数学“学困生”学习兴趣培养的途径与方法研究。

其五，研究“班班通”教学中分层教学的实施策略。

三、课题研究的方法

（一）问卷调查法

在课题实施阶段，对家长、教师、学生、本人等采取问卷调查方式进行调查研究，掌握“学困生”的心理特征、家庭环境、学校影响、学习现状等情况。通过分析研究有针对性地采取相应的策略进行转化，并形成调查分析报告，建立课题研究的现实基础。在课题研究阶段发放“学困生”调查表992份，收回992份(二次调查)，完成了“‘班班通’环境下农村初中数学“学困生”转化策略研究”的调查分析研究报告2份。

（二）文献资料法

通过对国内外有关文献资料的收集、学习和研究，使课题研究的内涵和外延更丰富、更明确、更科学。利用现代信息技术设备“班班通”来实现信息技术下的“学困生”转化策略，更具现实性和实用性。经过多次理论学习和技能培训，收集了研究教师的理论学习与培训心得体会共计46份。

（三）行动研究法

“学困生”的转化本身是一个动态的过程，课题组在实施阶段坚持“实践中提升理论，在理论指导下完善实践”的方法。采取跟踪调查法、量化分析法、心理辅导法、激励促进法及教学实践等行动，通过“计划—行动—反思—改进”等循环研究模式，进行整理、描述、分析，形成研究策略。对“学困生”进行心理辅导讲座2次，个别辅导268人次。课题组成员撰写教学随笔33份，教学案例36份。开展策略研讨总结32次，形成策略研讨总结12份。收到“学困生”在“班班通”环境下学习的成长记录54份。

四、课题研究的策略

（一）广泛收集资料，科学制定计划

对各阶段的各类研究资料进行收集、归类，对影响“学困生”学习的因素进行全面分析，制定科学的转化计划。

（二）广泛开展问卷调查，制定转化措施

通过对“学困生”、教师、家长等的问卷调查，对“学困生”家庭进行全面家访，掌握每一位“学困生”的家庭状况，制定转化措施。

（三）组织学习培训，掌握“班班通”的应用技术

其一，积极参加并组织课题组成员进行“班班通”应用技能的培训。

其二，组织“学困生”进行“班班通”操作能力的培训。

其三，在课堂教学中运用“班班通”，挖掘“班班通”的多重功能。

其四，探索“班班通”与课堂转化“学困生”的有效策略。

其五，以家长、学校为依托，更新家长的教育观念。

其六，加强对“学困生”的综合评价。

其七，验证课堂教学的转化策略。

策略一：展示亮点，增强学生的自信心。每个人都有自己的长处，“学困生”在学习、生活中也能表现出自己的亮点。所以在平时的教育教学活动中，我们应多关注“学困生”的表现，用手机抓拍他们在各类活动中的照片和视频。如：“学困生”在运动会和其他活动中的精彩瞬间图片，活动中授奖的图片，公开课中积极举手回答问题的图片，课堂上积极参与小组讨论的图片，课余时间请教同学问题或请教老师问题的图片，早晨在操场上读书的图片等。把这些图片制作成电子相册，课前几分钟在“班班通”上播放，让“学困生”能感受到老师在经常关注他们的学习和生活，没有忘记他们的成长，增强和老师的亲近感。用这些策略调动“学困生”学习的积极性，鼓励他们能主动参与到课堂小组讨论中来，有问题能主动请教老师和同学，也增强了他们的自信心。

策略二：充分发挥“畅言教学通”资源丰富的特征，创设情景，激发学生的求知欲。“畅言教学通”中的资源非常丰富，我们利用其新颖、生动、直观、有趣的动画效果，创设学习情境，适应了学生的心理特点，对学生的吸引力很大，激发了“学困生”的积极心理因素，引起他们的好奇与联想，对学习产生了兴趣，增强了求知欲。

策略三：在数学教学中发挥“鸿合备授课软件”的学科教学工具，培养数学“学困生”的做图能力。教师在授课时，用学科教学工具和智能笔规范地进行做图。鸿合的智能笔对于常用几何图形的输入，提供了简单有效的画图功能，这从教学的严谨性来看，是一个非常好的工具。我们老师经常埋怨学生不用直尺、圆规做图，殊不知学生往往就是受老师徒手做图的影响，该圆不圆，该直不直。有了智能笔，自然会给学生一个正确的导向，使老师的板书更为规范、严谨而且美观，从而培养数学“学困生”的做图能力。

策略四：坚持励志教育，增强学生的意志力。我们坚持每节课结束时，在“班班通”上播放一句励志语言，让“学困生”学习体会，以此培养他们增强自信、勇往直前的精神。

策略五：时时鼓励，激发学习热情。教师在课件中插入音频，有"掌声""你真棒"等。每当"学困生"回答问题成功时，用这个插件及时鼓励他们，可以极大地调动"学困生"学习的热情。

策略六：设计梯度作业，循序渐进，提高成绩。给"学困生"布置学习任务应有梯度，每次学习任务都应适当安排基础题、扩展题、思维训练题等，让不同的学生得到不同的发展。"班班通"上课时，课堂容量大、题型多，可以分层设计习题。同时，课堂中把学生分成若干个学习小组，每个小组6人，把学生按"好、中、差"放在一个小组。教师提出问题后，学生分小组讨论，讨论完后，把讨论的结果尽量让那些"学困生"来回答。回答正确后，教师要及时给予他们肯定和赞许，让他们也能获得成功的体验，从而激发他们的学习兴趣，调动他们的学习积极性。

策略七：利用"畅言教学通"资源优势，培养学生自主学习的习惯。甘肃省公共教育资源服务平台上，每位学生和教师都有账号和密码，老师在该平台上可以个性化布置作业、在线组卷，可以预设答案的发布时间。同学们可以利用课余时间在该平台上完成老师发布的在线作业和在线组卷。作业中不会做的题可以在班级互动圈中和同学、老师在线交流。同时，老师可以实时查看已提交、延迟提交、未提交作业的同学名单，并查看已提交的作业详情并点赞、评论和批阅，并能通过作业分析了解作业总体情况，做到有针对性的教学。我们老师应多关注那些数学"学困生"，在二次备课和课堂教学当中不能忽视这部分"学困生"的存在，对于他们在作业中的个性化问题，尽量让他们能够在课堂中过关。这一策略解决了农村学生在家做作业时没人辅导的困难，极大地调动了数学"学困生"学习数学的积极性。由于农村家庭条件的限制，还有不少学生家中没有接入网络，学生要想在网络上自主学习只能利用学校的计算机教室。

策略八：用好资源平台、打通家校渠道。"学困生"的转化工作是一项极其复杂的系统工程，光靠学校、老师是不行的，必须取得家庭的配合，使教师、家长合为一股力量才能达到预期效果。为此。我们采取了以下措施实现家校联系：

利用"班班通"召开家长会时，在家长会上，借助"班班通"播放"学困生"在学校参加各类活动的精彩图片，改变学生在家长心目中的形象，增强家长对学生的信心。

各班学生家长都加入班级微信群。学生家庭作业的完成情况、背诵数学概念的情况、相互讨论问题的次数、上课举手回答问题的情况，这几方面让各个口算负责的小组长每天进行统计，一周汇总一次。教师在每周星期五把统计结果通过班级微信群或“畅言教学通”发布到所在班级群。这样，家长不论在家或是在遥远的地方打工、出差，都能了解到自己孩子在校的表现（阅读了消息和没有阅读消息的家长，在“畅言教学通”的消息必答栏中都能看到，对于没有阅读消息的家长，教师可以通过电话通知）。由此，让家长来督促孩子的学习，参与到转化工作中来。从而让“学困生”逐渐养成良好的学习习惯（按时完成作业的习惯、主动请教问题的习惯、上课积极回答问题的习惯等），培养其自主学习的习惯和能力。

策略九：发挥“微课”优势，实现学习的个性化。微课能更好地满足学生对学科知识点的个性化学习需求。微课的出现，打破了课堂的框框，打通了课内与课外学习的联系，其可重复性、可选择性的特点让教师的“教”和学生的“学”变得更加灵活，给传统的班级授课制带来了颠覆性的变革，让教学活动顾及班级的每一名学生成为可能。微课短小精悍，一个议题、一个重点、一项活动，都是针对学生学习中的疑难问题设计，非常适合学生自学。学生在学习时，时间和地点可以选择，有很大的自主空间，学习的针对性和有效性得到了极大提高。我们用软件或手机制作微课，把某个概念、某个知识点、学生在练习册或课本中遇到的难题制作成微课，通过“畅言教学通”的班级互动环节发送到“班班通”，让学生可以利用中午或课余时间在“班班通”上或手机上反复播放学习，以此来帮助学生对知识的理解和掌握。

策略十：帮助“学困生”树立正确的学习观。在学生取得进步后，不仅要让学生体验到成功；还要让学生体会到要想获得更大的成功，就需要不断努力。利用周会课在“班班通”播放名人励志视频和心理教育讲座视频，帮助“学困生”树立信心，解决心理、学习中的困惑，树立起正确的学习观。

五、课题研究取得的价值

（一）理论价值

第一，利用交互式电子白板探索现代信息技术下的教学方法和教学模式，从而丰富了基础教育教学理论。

第二，利用交互式电子白板，整合教学资源，提高了“教”的效率，提升了“学”的质量，加速了“转”的效果，发挥了教师和“学困生”的良好互动作用，从而为更好地处理“教”和“学”的关系提供新的理论依据。中小学通过实验教学，证明教师掌握了“班班通”环境下转化“学困生”的一些策略，“学困生”在学习中能够展示自我、主动学习、合作交流、学习兴趣浓厚，转化模式日趋完善，研究成效日渐凸显。

（二）实践价值

1.教师在研究中转变了教学观念

课题组在研究过程中不断加强对研究教师的理论培训，以新的理念武装教师头脑，使教师的教学行为发生了很大的变化。课题开展以来，课题组成员不仅积极参加学区、学校组织的“三通二平台”培训，而且多次组织课题研究教师及“学困生”对白板的使用技能进行了培训。教师现在能够基本熟练运用“畅言教学通”、白板功能等，使“班班通”在转化“学困生”上起到了应有的作用，使教师预设的各项转化策略得到了落实，使教师的教学观念适应了新时代的需要，实现了教师教学方式、学生学习方式的根本性转变，为现代教育信息化的推进奠定了基础。

2.“学困生”掌握了初步的学习数学的策略，学习成绩明显提高

学习策略的教学，最大的成效是学生掌握有效的学习策略。课题组在研究过程中不断地探讨转化“学困生”的策略，让学生掌握了在“班班通”环境下从预习到学业检测的一系列学习方法。通过课题组持久的强化训练，大部分“学困生”都能够使用策略学习，学习成绩有了明显提高。

3.使教师使用信息技术的能力明显提高，促进教师专业发展

其一，“班班通”整合教学资源，优化了课堂教学。教师利用“班班通”实现了资源的整合，并根据具体需要对资源进行加工。提高了学生的学习兴趣，拓展了学生学习的空间，优化了课堂教学，发挥了教学资源的实用效果。

其二，“班班通”使用技术促进了师生互动，提高了教师素质。“班班通”为师生互动、生生互动提供了技术支持，真正体现了“教”为主导、“学”为主体的理念。“班班通”的技术要求对教师的课堂驾驭能力提出了更高的要求，迫使教师不断加强学习，提高自己的应用能力，促进了教师专业素养的发展。

其三，提高了教师教学的技能。教师在高频率的“班班通”使用和培训中，提升了驾驭“班班通”的能力。在“班班通”环境下转化“学困生”的过程中，掌握了利用“班班通”转化“学困生”的策略，促进了学生的全面发展，提升了教育教学质量，推进了教育信息技术现代化的进程。2016年11月，我校承担了片区内联片教研活动，课题组负责人宋明权在课堂上展示了我们的研究成果，受到了联片中学和平镇九年制学校、柏树镇九年制学校、松树镇中学、怀安镇九年制学校、金沙镇九年制学校领导和听课教师的一致好评。2017年3月在本学区进行了策略推广，在课题组宋明权、陈琼基两位老师的指导下，参与上示范课的教师均取得了较好的教学效果。

课题组成员共计在省、市、区级获得各类相关荣誉或奖励34人次。其中，省级获奖14人次，市级获奖8人次，区级获奖12人次。

4.初步实现了农村学校与家庭联系的渠道

本乡镇大部分学生的家长为了生计都在外地打工，真正意义上的家校联系难以全面实现。为解决这种现状，课题组发挥“畅言教学通”、班级微信群等交流平台的功能，把学生、家长和任课教师联系起来，实现了教师、学生、家长在这个平台上的互动，打通了家校联系的渠道。

5.推动了片区中小学教学与科研的深入开展

随着课题研究的开展，课题组坚持每周一次的教科研活动，组织全体老师参与调查统计、分析、座谈讨论、专题研究等各项活动，增强了全组教师，特别是青年教师的教研意识和教研能力，涌现出一批能够积极承担教研任务，并能出色完成调查统计和分析、撰写专题教研论文的中青年教师，提升了我校数学组老师的整体教研水平。课题组边研究、边总结、边探索，将研究成果通过多种形式及时推广。2017年、2018年在学区中学、四所小学、两所教学点进行了策略推广，在课题组宋明权、陈琼基两位老师的指导下，取得了较好的教学效果。中小学通过实验教学，证明教师掌握了“班班通”环境下转化“学困生”的一些策略，“学困生”在学习中能够展示自我、主动学习、合作交流、学习兴趣深厚，转化模式日趋完善，研究成效日渐凸显。

六、课题研究的理性思考及今后设想

在课题的研究过程中，我们也有很多困惑，遇到过很多问题，将在以后的研究中改进突破。

第一，个别教师参与课题研究缺乏积极主动性，理论素养也有待进一步提高，运用"班班通"的技能还有待提升。在策略实践上，有部分老师缺乏持久性，缺乏个人的技能与素养的支撑。

第二，部分研究教师对拟采取的策略的实施缺乏有效的运用与创新，方式比较呆板，成效不够显著。

第三，在课题研究中，我们发现少数"学困生"缺乏一定的学习主动性，学习的个体差异较大，不能形成科学有效的学习方法。

第四，由于农村经济条件的限制，大多数农村家庭没有计算机，更无网络。学生虽然注册了"畅言通"账号，要实现家校网络互通还存在一定的困难，为此，家校互通上不能做到完全畅通。

今后设想：

第一，继续深入开展课题研究，规范课题研究实验工作的管理，及时收集课题研究资料，总结研究成果。

第二，以课题研究引领我校教师现代信息技能和理论知识的学习。

第三，定期举办课题研究交流、展示活动，及时总结成功经验，发挥课题研究的示范辐射作用，促进研究成果的推广。

第四，"学困生"的转化是一个长期坚持的过程，课题组将以此为基础，不断拓展转化策略，利用现代教学媒介，提升教师转化"学困生"的技能。深入研究"学困生"转化过程中出现的新情况、新问题，完善各项转化策略，形成科学的转化方法。

第五，继续探究"学困生"在学习中的各项评价机制。把"学困生"在学校、家庭中的各种表现通过细化，形成一定形式的评价标准，使教师在教学、辅导、活动中对照标准对"学困生"进行适度的评价，形成常规性的评价体系，促进"学困生"各方面的发展。

参考文献

[1]吕卓义.如何做好"学困生"转变工作[J].教育教学论坛,2013(45):132-133.

[2]段国勇.对学困生转变方法的探究[J].中国农村教育,2011(10):63.

[3]戴斌荣.学习困难学生的心理障碍与教育[J].教育理论与实践,1999(06):47-50.

[4]刘繁华,张瑜.协同教育"班班通"解决方案及应用策略研究[J].中国电化教育,2010(12):24-27.

[5]刘志波,齐媛."班班通":从校园信息化建设走向课堂信息化应用[J].中国电化教育,2010(08):64-68.

主持人：宋明权（武威市凉州区金塔镇九年制学校）

审稿人：王春梅（甘肃省教育科学研究院）

西部少数民族地区英语词汇教学策略研究

——肃北蒙古族自治县个案研究

一、课题研究的背景和意义

《国家中长期教育改革和发展规划纲要》提出："把改革创新作为教育发展的强大动力。教育要发展，根本靠改革。要以体制机制改革为重点，鼓励地方和学校大胆探索和试验，加快重要领域和关键环节改革步伐。创新人才培养体制、办学体制、教育管理体制，改革质量评价和考试招生制度，改革教学内容、方法、手段，建设现代学校制度，构建中国特色社会主义现代教育体系"。《义务教育英语课程标准》中提到："考虑到我国地域辽阔、民族众多。经济和教育发展不平衡的实际情况，各地可根据师资条件、资源配置等情况，制定本地区的课程实施方案，确定小学开设英语的起始年级及小学和初中毕业时应达到的级别要求，特别是小学英语课程的开设，要充分考虑师资力量的配备和教学条件等因素。各地教学研究部门应加强对教学的分类、分层指导和评价，帮助学校因地制宜地落实本地课程实施方案，并注意做好学段之间的协调和衔接，尤其要做好小学与初中阶段的平稳过渡，促进地区英语教育的均衡发展"。

少数民族地区的语言成分比较复杂，肃北蒙古族自治县是一个以蒙古族为主体的少数民族自治县，蒙古族有自己的语言和文字，民族语言是蒙语。针对学生的语言环境和教学现实的复杂性，从中找出难点、焦点，有针对性地探索适合肃北县学生的英语教学方法，特别是英语教学的重要环节——词汇教学的方式方法和策略，改变目前英语词汇教学中普遍存在着的“学生怕、困难大、效果差”的局面，有效提高词汇教学的高效性，全面提高英语教学的质量和水平。根据《国家中长期教育改革和发展规划纲要》的指导思想和《义务教育英语课程标准》的要求，结合肃北蒙古族自治县各校学生的英语学习实际情况，课题组成员围绕课题的研究目标，充分利用各种有利因素，努力探索西部少数民族地区——肃北蒙古族自治县英语词汇教学研究策略，经过课题组成员近两年的研究和实践，积累了一定经验，获得了一些启示，引发了一些思考。

二、核心概念界定

（一）西部少数民族地区——肃北蒙古族自治县

西部少数民族地区地广人稀，肃北蒙古族自治县又地处河西走廊最西端，分为南北两片，是蒙古族和汉族的杂居地区，同时还居住着极少数藏族和回族。乡镇内少数民族群众居住地偏僻、信息闭塞、经济不发达、交通不便并且居住比较分散。肃北县中小学以农村、牧区、边远乡镇的少数民族学生为主要生源对象，这种地域条件和人口区域分布，制约了教育的发展，给该地区中小学教育的发展带来了很大的困难。少数民族地区的英语教与学，相对于东中部地区来说，各方面条件都相差甚远，而且由于其独特的民族文化背景、教育、生活环境和语言思维模式，使得本县的英语教学步履维艰。

（二）英语词汇教学现状

少数民族地区的语言成分比较复杂，肃北蒙古族自治县是一个以蒙古族为主体的少数民族自治县，蒙古族有自己的语言和文字，民族语言是蒙语。蒙古族一般都能兼用蒙语和汉语，在家庭内主要使用蒙语进行交际，与汉族交际时使用汉语。在实行英语教学的过程中，当很多汉族学生还处在汉语、英语教学适应的缓冲阶段时，民族生则需要在母语（蒙语）、汉语、英语这三种语境中进行转换适应，这种语言教学环境状况决定了在少数民族地区英语教学过程中不能采取单一的教学方法和手段。又加之信息闭塞、交通不便等客观因素，本县的学生很难直接接触到优秀学生学习外语的成功经验。从英语发音的模仿到语法现象的理解，乃至英语词汇的记忆，都得靠自己去摸索、感悟、找规律；有益学生口语交际的环境基本空白，学生很少有用英语进行交流表达的机会，比起其他地区的学生学习英语的困难和压力较大。针对学生的语言环境、教学现实的复杂性，从中找出难点、焦点，有针对性地探索适合本县学生的英语教学方法，须提高词汇教学的高效性，全面提高英语教学的质量和水平。

三、课题研究的基本概况

（一）研究的主要思路

从基础理论研究入手，充分认识和把握词汇教学的理论策略在英语词汇教学中的地位和作用，坚持在实践中将英语词汇教学策略有机地应用到少数民族地区学校的英语词汇教学中去，积极探索并努力构建具有西部少数民族地区英语词汇教学策略——肃北蒙古族自治县个案的模式与策略，探寻营造有利于学生心理发展的良好环境，建设具有少数民族地区英语词汇教学策略的校本课程，注重实践少数民族地区个案的积累和分析，丰富与提升本课题研究的内涵及整体效果。

（二）研究的主要方法

1.调查研究法

设计摸底调查肃北中学学生、肃北蒙古族学校学生、肃北县城小学学生、家长、英语教师的三种类型的调查表。学生调查表调查内容主要涉及以下几个方面：单词音、形、义的遗忘情况，词形变化的掌握情况，词性变化规律的掌握情况，词组或固定搭配的运用情况等。教师问卷针对教师教学英语词汇的25个方式方法提出5个选择来调查。家长问卷从家长的知识背景、对孩子的英语学习重视程度等15个方面进行问卷调查。

2.个案研究法

对汉族不同层次的学生做好个案记录，对蒙古族不同层次的学生做好个案记录。同时又对同层次的蒙、汉学生做好个案记录，并做比较。

3.抽样分析法

对肃北中学学生、肃北蒙古族学校学生、肃北县城小学学生进行抽样对比分析。

4.**行动研究法**

在经过访谈、问卷、测试后，整理出学生在英语词汇学习方面和教师教学方面存在的困惑和困难，采用一定的方法和策略设计相关的实践活动，经过一段时间的实践，就实践的效果进行比较分析。

5.**总结法**

主要采用文献法、经验总结法，积累原始资料，按研究内容写出阶段性总结和研究报告及系列论文。在整个研究过程中，多种方法灵活运用，边实践、边探索、边修改、边完善、边总结。

（三）研究步骤

1.**研究准备阶段**（2015年11月至2016年3月）

选定课题，初步把握课题的基本内涵、研究价值，成立“西部少数民族地区英语词汇教学策略研究——肃北蒙古族自治县个案研究”课题研究小组，做好课题的设计工作，主要完成了以下四个方面的工作：

第一，课题主持人成立课题实验小组。召集课题组成员进行少数民族地区词汇教学的研究和探讨，落实好课题组成员的分工。

第二，课题组全体成员学习本课题的有关理论知识和本课题研究方案，筹备开题报告，制订研究方案和实施计划。

第三，设计学生、家长、英语教师的三种类型的调查表，课题组全体成员在确定好的各学校的实验班级进行问卷试测，修订调查问卷。

第四，课题组全体成员做好实验前期的学生在“词汇学习”方面现状的调查工作，并做好实验前的调查小结，制定具体可行的实施措施。

2.**实施研究阶段**（2016年3月至2017年10月）

第一，做好调查问卷工作。课题组全体成员运用实地观察法、学生座谈法、家访调查法、测试问卷法等开展调查问卷，调研学生在“词汇学习”方面的现状，评估本县英语词汇教学的具体实际，充分认识词汇教学策略在教学中的重要性。

第二，课题组全体成员完成问卷调研分析后，从学生的“词汇学习”方面的现状入手，由校内研究逐步过渡到校外，由相同层次的学生过渡到不同层次的学生，由同民族的学生过渡到不同民族的学生，开展实验，形成学生、家长、教师问卷调查报告。

第三，各校成立英语实验课题兴趣活动小组，开展实验活动。

第四，收集理论、报纸杂志和网上资料，根据学生实际，组织学生编办英语小报。

第五，不断研究课堂词汇教学中的问题与对策，并不断调整方法、改进策略，做好研究过程的词汇教案、学案、个案记录、教师日志、学生日志的编写工作。

第六，对学生进行跟踪调查，做好数据的统计、分析、整理，形成阶段性总结，整理评价资料，形成评价报告，在此基础上写出本课题中期报告。

第七，做好实验班的研究和后测工作，写出研究报告，开展西北少数民族地区词汇教学的校本培训工作。

第八，编写《西部少数民族地区英语词汇学习》与《肃北蒙古族自治县英语教学》两本校本教材。

第九，课题组全体成员边实践边总结，边学习边总结，不断反思，主持人适时召开课题指导小组会议，交流汇总实验情况，进行研讨分析，撰写论文，整理工作台账，积累个案材料和发表相关研究论文。

3.**总结验收阶段（2017年10月至2018年4月）**

反思、总结整个研究过程和整体建构研究的成果框架，形成课题研究总报告，并申请和组织课题结题工作。

第一，课题组全体成员收集整理课题研究过程资料。

第二，主持人对课题研究进行全面总结，分析、处理各种实验数据，构建少数民族地区词汇教学模式；撰写研究报告，整理和编撰论文集；出版校本教材。

第三，撰写结题报告，请上级领导和专家对课题研究进行鉴定，迎接结题验收。

四、研究内容

（一）研究少数民族地区英语词汇教学中存在的问题

经过访谈、问卷、测试后，总结出少数民族地区英语词汇教学中存在的问题，针对上述问题开展研究的内容和采取的策略。

（二）语音理论知识研究，探索“语音教学策略”

其一，通过研究发音器官图、元音发音图、词的语音形式和书写形式，研究音素包括汉语音素、英语音素、蒙语音素以及音素与音标的关系，探索研究“音素、字母、音标”三位一体教学策略，形成三者“分散—集中—分散—又集中”的教学方法，用以解决少数民族地区学生学音素、音标的问题。

其二，通过研究音节、重音的功能意义，掌握划分音节、重音的方法，形成教学音节、重音的策略。

其三， 用对比的方法研究。对比英语语音和汉语语音，对比英语和蒙语语音，包括：①英语、蒙语的音位对比。②英语、蒙语的音节、重音对比。③英语、蒙语在教学中的对比应用。

其四，研究英、汉、蒙三语的语音特点。

（三）英语、蒙语的词类、词法研究，探索“词汇教学策略”

其一，英语、蒙语的词汇特点。

其二，对比英语、蒙语的构词方法。

①对比英、蒙构词法类型，找出它们之间的相似点。②研究英语词汇和蒙语词汇对比法、联想法、拆分法，提升词汇教学的效率。③研究采用其他一些教学策略，提升词汇教学的效率。

（四）开展教学法理论学习，在词汇教学中实施“任务型教学法”

其一，学习与词汇教学相关的教学法知识，广泛收集、整理有效词汇的教学方法，丰富和充实教师有效词汇教学的理念、策略。在重新审视词汇教学现状，反思词汇教学行为的基础上，厘清思路、科学借鉴、重新创新、实践比较，逐步形成适应少数民族地区英语词汇教学实际的较为系统的有效教学策略。

其二，系统地研究词汇教学的有效性原理，努力形成有效教学策略体系，用以指导少数民族地区学生进行有效学习，最终达到词汇教学效果的最优化。

其三，深入研究“任务型教学法”教学理论，借鉴“任务型教学法”教学模式，在准确理解“任务型教学法”理论的实质以及把握“任务型教学法”模式要点的基础上，通过移植、整合、改进、优化等方式，在少数民族地区词汇教学中实施“任务型教学法”，提升词汇教学的效果。

五、理论依据

通过研究以下词汇教学理论书籍，从中获取初中英语词汇教学研究的第一手资料，为构建少数民族地区英语词汇教学模式提供必要的数据、依据和理论支撑。胡春洞的《英语教学法》，周娣的《初中英语词汇教学之我见》，张维友的《英语词汇学教程》，蒯振华的《英语词汇学课程的研究型教学》，张韵斐的《现代英语词汇学概论》，程烨的《论英语词汇教学》《任务型教学法》《蒙语语音基本理论知识》，郎文的《如何教词汇?》，章兼中和俞红珍的《中小学英语学习策略的研究》，方建移和邵瑞珍的《中学生英语词汇记忆的策略训练研究》。

六、研究成果概述

（一）进一步研究语音基本知识，着力提升少数民族地区教师语音知识素养，提高学生语音水平

1. 发音器官

在发音器官中，会活动的发音器官有舌、唇、软腭、声带、牙床。舌、唇、牙床在发音时有关联，双唇收圆并突出时，后舌会自然抬高。舌位低时，牙床是开的；相反，舌位高时，牙床也必然合拢起来。

2. 元音发音

例如，/iː/的发音位置，就是舌尖马上要抵住下牙但还有一点小缝隙，舌背离上牙堂最近，几乎就留一条小缝，这样位置摆好后，肺部送气，声带振动，就发出/iː/音。以此类推，/I/的音，发音位置要比/iː/向下而且向后一点，舌尖离开下牙，舌背也离上牙堂远了一些，在嘴里把舌位摆好后，肺部送气，声带振动，就发出/I/音了。/ɔː/这个音要嘴圆，舌头完全缩到后面，舌背的位置离上牙堂的位置更大些，就发出/ɔː/音了。顺势保持这个舌位不动，把嘴闭小些，就发/uː/音了。

3. 词的语音形式和书写形式

每一个英语单词均有语音形式和书写形式两种。词的语音形式是音标，是用来标记每一个词或字母的读音的书面符号。但语音的最小单位是音素。

（1）音素

依据音节里的发音动作来分析，一个动作构成一个音素。音素是根据语音的

自然属性划分出来的最小语音单位。从声学性质来看，音素是从音质角度划分出来的最小语音单位。从生理性质来看，一个发音动作形成一个音素。如/ma/包含/m:/，/a:/两个发音动作，是两个音素。相同发音动作发出的音就是同一音素，不同发音动作发出的音就是不同音素。如/ma-mi/中，两个/m/发音动作相同，是相同音素；/a/，/i/发音动作不同，是不同音素。

1）汉语音素

包括6个元音：a，o，e，i，u，ü；23个辅音：b，p，m，f，d，t，n，l，g，k，h，j，q，x，zh，ch，sh，r，z，c，s，y，w。总共有29个。1个音节，至少有1个音素，至多有4个音素。如普通话，由3个音节组成，可以分析成p，u，t，o，ng，h，u，a，8个音素。

2）英语音素

英语国际音标共有48个音素，其中元音音素20个，辅音音素28个。20个元音音素，分为单元音和双元音。

①12个单元音。按发音部位，把单元音分为前元音：/i:/，/ɪ/，/e/，/æ/；中元音：/ɜ:/，/ə/；后元音：/ɑ:/，/ʌ/，/ɔ:/，/ɒ/，/u:/，/ʊ/。元音可以根据元音高度（即舌面与上腭的距离）及大小程度依次学习，如后元音：/ɑ:/，/ɒ/，/ʌ/，/ɔ:/，/ʊ/，/u:/，这些元音高度依次由低到高。

②8个双元音。合口双元音：/aɪ/，/eɪ/，/aʊ/，/əʊ/，/ɔɪ/；集中双元音：/ɪə/，/eə/，/ʊə/。28个辅音音素，分为清辅音和浊辅音，其中10个清辅音与10个浊辅音恰好成对。

清辅音：/p/，/t/，/k/，/f/，/s/，/θ/，/ʃ/，/tʃ/，/ts/，/tr/

浊辅音：/b/，/d/，/g/，/v/，/z/，/ð/，/ʒ/，/dʒ/，/dz/，/dr/

剩下的几个辅音：/m/，/n/，/l/，/ŋ/，/h/，/r/，/j/，/w/

（2）词的书写形式

字母是语言的书写形式。英语中有26个字母，其中，有5个元音字母和21个辅音字母（有时也分为辅音字母19个、半元音字母2个）。一个字母有好几种读法，字母比音素少。蒙语中有24个基本字母和7个借词辅音。在蒙语的31个字母中，共有5个字母（ve，ng，zhi，chi，shi）采用了双字母形式。

4.研究的意义和成效

课题成员通过进一步深层学习发音器官图及喉头、口腔、鼻腔三个部分的主要发音器官及其功能，唇、齿、舌、颚等发音器官在发音时的正确部位，词的语音形式，汉、英、蒙音素，音素与音标的关系，以及字母是词的书写形式等一系列基础知识，研究熟悉了英语语音体系的特点，为教师指导少数民族地区学生学习音素的标准发音奠定了坚实的理论基础知识，保证了在语音方面词汇教学的质量。

第一，具备了帮助学生纠正错误的能力，还具备了预见可能发生错误的能力。通过必要的语音对比、适时归纳、恰当利用语音单项训练，给学生以充分引导。第二，做一个语言丰富、词汇量大、口语良好、语音标准的老师，成为少数民族地区学生模仿的对象，为学生提供良好的听力素材，吸引学生的兴趣，激发学生学习的热情，以教师标准的语音来提升少数民族地区学生的听、说水平的上升。第三，展示给学生们自然的、标准的交流式的英语，让少数民族地区学生以老师为目标，力争将自己的口语向标准、娴熟的程度靠拢。第四，教师及时纠正少数民族地区学生的发音。少数民族地区学生在一开始学习英语时，难免发音不准，比如元音发音不饱满，部分单元音和双元音的发音混淆，升、降调不分，出现汉语式、蒙语式发音等等情况，要及时纠正，帮助他们点滴进步。第五，教给少数民族地区学生方法，授人以鱼不如授人以渔。一是教给学生掌握发每一个音的发音口腔部位，除此之外还要让学生模仿和不断练习。二是听觉对学习发音也很重要，让学生预备大量的听力训练的素材，多多训练听觉，正确地区别各个音之间的差别，有利于发出正确、标准的音。三是对比练习，英语中有一些音与普通话中的某些音、蒙语中的某些音几乎相同。对于这些音，可以用与普通话的发音、蒙语发音对照的方法来学习。有一些与普通话、蒙语不同的音，尤其是一些相似而并不相同的音，通过了解发音的口腔部位，并通过与普通话、蒙语的不同点做比较的方法，让学生学会发标准的音。

（二）研究读音规则，实施“音素、字母、音标”三位一体教学策略

1.研究读音规则

首先，学习辅音字母的读音规则。辅音字母的读音规则比较简单，既容易记住，又能保持学习兴趣。可以记住一些较简单的读音规则，如：sh读/ʃ/，tch和ch读/tʃ/，dr读/dr/等。其次，学习元音字母的读音规则。英语单词中的字母和单词读音中的各个音素并不都存在着对应关系。有时1个字母对应1个音素，有时

2个或3个字母对应1个音素。2个或2个以上字母在一起，发1个音素，就是字组。1个字组能很好地体现出单词的拼写和读音之间的对应关系，1个字组对应着1个音素。

辅、元音字母的读音规则

1） 辅音字母的读音规则

Bb，Cc，Dd，Ff，Gg，Hh，Jj，Kk，Ll，Mm，Nn，Pp，Qq，Rr，Ss，Tt，Vv，Ww，Xx，Yy，Zz。其中，Yy，Ww经常被当作元音字母来用。辅音音素和字母有直接拼写相对应性的有：(b) in bat，(k) in cat and kite，(d) in dog，(f) in fan，(g) in goat，(h) in hat，(j) in jam，(l) in lip，(m) in map，(n) in nest，(p) in pig，(r) in rat，(s) in sun，(t) in top，(v) in van，(w) in wig，(y) in yell，(z) in zip，共18个；剩余3个：q，x，c，没有直接相对应的拼写。

2）5个元音字母的读音规则

元音字母共有5个：Aa，Ee，Ii，Oo，Uu。Yy和Ww也可以当作元音字母来用，当这两个字母出现在单词（或音节）的开头时，通常被当作辅音字母来用：Yy相当于元音字母Ii，Ww相当于元音字母Uu。元音字母出现在重读音节时的读音：a在相对开音节词中一般读字母音/eɪ/，如gate，kate，date，face；在闭音节词中一般读/æ/，如bad，map，cat，bag等。e在相对开音节词中一般读字母音/iː/，如he，me，we。she在闭音节词中一般读/e/，如pen，bet，fed，bed，set。i/y在相对开音节词中一般读字母音/aɪ/，如kite，bike，fine，mine；在闭音节词中一般读/i/，如big，pig，fit，did等。o在相对开音节词中读/əʊ/，如home，nose；在闭音节词中一般读 /ɔ/，如not，pot，doctor，mom。u可以读字母音/juː/，如you；也可以读/uː/，如blue，ruler；可以读/ʊ/，如put；或可以读/ʌ/，如but，cut，truck。

2.研究字组名与字组音

名与字组的名称叫“字组名”，如，th就叫“th字母组合”，ar就叫“ ar字母组合”；字组在单词中所发的音素叫“字组读音”，简称“字组音”。字组分为元字组和辅字组两类。如chick一词，字母数是5个：c-h-i-c-k，而字组数是3个：ch-i-ck；分别对应/tʃ/，/i/和/k/音。3个字组对应3个音素，很好地体现了英语单词“音形一体”的特点以及词形与读音之间的对应关系。

（1）辅音字组

指由2个或2个以上的辅音字母组合而成，有：ch，-ck，-dge，dr-，-ds，-ps，-gh，gu-，kn-，-mn，-ng，ph，qu-，sh，-tch，th，tr-，-ts wh-，wr-。其中，组合起来发1个辅音的有：ch，-ck -dge，dr，gh，gu-，-gue，kn-，-mn，-ng，ph，qu-，sc-，sh，-tch，th，tr-，wh-，wr-；发2个音的辅音字组有：gu-，qu-，sc-。有的辅音字组经常出现在音节的开头部分，如：dr-，gu-，kn-，qu-，sc-，tr-，wh-，wr-；有的辅音字组经常出现在音节的末尾，如：-gue，-mn，-ng，-tch；还有的辅音字组在单词中的位置比较灵活。

（2）元音字组

元音字组数量多，只有少数几个元音字组出现的频率不高。由2个或3个元音字母组合而成，少数几个辅音字母（r，l，w，y）也可以和元音字母一起组成元音字组。

其一，ar，er，ir，or，ur，are，ere，ire，ore，ure，ai/ay，air，al，au/aw，ea，ear，ee，eer，ei/ey，eu/ew，ie，oa，oar/oor，oi/oy，oo，ou/ow，our，ui元音字组。

其二，-r音节元音字组，有5个：ar，er，ir，or，ur。

其三，-re音节元音字组，也有5个：are，ere，ire，ore，ure。

其四，普通元音字组常用的有：ai/ay，air，al，au/aw，ea，ear，ee，eer，ei/ey，eu/ew，ie，oa，oar/oor，oi/oy，oo，ou/ow，our等。

其五，oul（could，would），ier（fierce），eir（their，weird）等不常用的元音字组。

3. 实施“音素、字母、音标”三位一体教学策略

“音素、字母、音标”三位一体教学，就是将三者“分散—集中—分散—又集中”的教学方法用于解决少数民族地区学生学音素、音标的问题。

充分利用英语单词拼写与读音之间的对应关系，将单词的读音和拼写作为一个整体来掌握，降低识记英语单词的难度。字母是构成单词的基本单位，反过来说，单词是由字母构成的，但是单词的各个字母与各个音素之间并不是一一对应关系，字组与音素之间存在着“一对一”的关系，即1个字组对应1个音素，可以在单词的“音”与“形”之间建立起“一对一”的关系 。“音”指的是单词读音中的各个音素，是字组而不仅仅是字母，在掌握 26 个字母的基础上熟记一部分元字组和辅字组，可降低记忆单词的难度。

4.研究音节、重音的功能意义，掌握划分音节、重音的方法，形成教学音节、重音的策略

(1）学习音节、重音的功能意义

音节。以元音为主体构成的发音单位，元音发音响亮，可以构成音节；辅音发音不响亮，不能单独构成音节。音节可分为开音节、闭音节。开音节又可分为绝对开音节，即单个元音字母后面没有辅字组的重读音节；相对开音节，即单个元音字母后面加单个辅音字母，单个元音字母再加一个不发音字母 e 构成的重读音节。闭音节，即单个元音字母后面有辅字组（r，w，y 除外)，且以辅字组结尾的重读音节。例如：bag，egg，fish，not，cup。重音是单词中读音特别响亮的音节，用音标标记双音节、多音节词的读音时应使用重读符号。单音节词多数是重读音节，标记读音时不需要使用重读符号。

(2）通过划分音节，掌握重音的教学策略

一是从单词拼写形式上看有几个元字组就有几个音节。

其一，以元字组为核心，如果词中某个字组读音不规则，或词的重音位置不规则，那么这个词以整个词为单位，就属于读音不规则的词。

其二，以音节为单位，如果词中某个音节读音不规则，那么这个音节就属于读音不规则的音节；以字组为单位，如果词中某个字组读音不规则，那么这个字组就属于读音不规则的字组。

二是不管是元字组还是辅字组都具有不可分割性。在给一个词划分音节时，不管是元字组还是辅字组，不把字组拆分到两个音节中去。如：daugh-ter。

其一，在两个音节的相邻处有两个辅字组时，一个辅字组属于前面的音节，一个属于后面的音节。如：let-ter。

其二，在两个音节的相邻处只有一个辅字组时：如果前面音节里的元音是长音，则辅字组属于后面一个音节；如果前面一个音节里的元音是短音，则辅字组属于前面一个音，如：长音 pa-per，短音 sev-en 。

三是重读音节。

其一，单音节词都是重读音节。

其二，双音节词有重读规则，双音节词的第一个音节通常是重读音节。在含有 a-，be-，de-，re-，in-，ex-等前缀的双音节词往往是在第二个音节上重读。

其三，多音节词也有重读规则。多音节词通常在倒数第三个音节上重读。在词尾有-ic 或-tion，-sion 的词，在-ic 或-sion，-tion 前的一个音节上重读。

其四，元音字母出现在非重读音节里时弱读。

（三）培养少数民族地区学生见词能读、见标能拼的能力，并提高其听音能写的能力

一是总结单词里每个字母的读音规律，把单词的拼写形式与其读音联系在一起，在单词的拼写形式和读音之间建立一种对应关系，记词形、词音、词义。二是掌握一定的拼读知识，把单词的拼写和读音作为一个整体来掌握，见到一个单词就可以根据其拼写形式读其音；反过来，听到一个单词的发音，就能够根据读音正确地拼写出这个单词。把拼写和拼读当成一个整体来对待，记住词形也就记住了词音，记住了词音也就记住了该词的拼写形式。三是记忆词形、词音、词义，用“一一对应”式的记词方法。“一一对应”或就是将“读音”和“拼写”看作一个整体，即“音形一体”，只记住“音形一体 ”对应的词义。四是“记词形、词音、词义”改为“记音形、词义”。五是元音音素的读音规则要联系元音字母、元音字母组合、元音字母和辅音字母的组合与元音音标一起教，并进行分组教学，同时，音标和单词合在一起学习。六是辅音音素与元音音素合为一体的学习，将绝大部分辅音与元音音素进行拼读训练，可以熟悉拼读方法；进行音标词拼读训练，从浅入深、从易到难，可以循序渐进地拼读音标。

（四）应用对比法策略，提升语音教学效果

将英语、蒙语两种语言中相同或相近的语音特点进行对比，使蒙古族学生更好地掌握英语的发音，进而促进其词汇的拼写和掌握以及听说能力的提高。在蒙古族学生的英语教学中，通过对蒙语及其英语的语音的对比，可以明确英语中的哪些音对蒙古族学生来说掌握起来相对容易些，教学过程中在时间的安排、练习量的大小方面可以适当少些。同时，英语中的哪些音对蒙古族学生掌握起来困难大些，在教学中要做到突出重点、难点，使教学的目的性更强，做到有的放矢，从而提高英语词汇教学的效果。

1. 英语语音和汉语语音的对比

汉语的声母都是由辅音充当的。英语的辅音与汉语的声母相比，具有以下特点：一是英语辅音在汉语中没有相应的声母。二是英语中辅音连缀现象是汉语中所没有的。所谓辅音连缀就是两个或两个以上的辅音连在一起读。学生初学辅音连缀时，常在两个辅音之间加上一个元音。三是汉字中除了用/n/和/R/构成鼻韵母之外，不用声母和声母群结尾；而英语中的许多单词都是以辅音或辅音连缀结尾的，学生常常在尾辅音或尾辅音连缀后添加元音。

2.**英语和蒙语语音的对比**

一是英语、蒙语的音位对比。英语和蒙语都有元音、辅音，单音节、双音节、多音节词，重音、弱化等语音现象，元音都具有区别词义的特征。英语有20个元音，即7个短元音、5个长元音和8个双元音。蒙语有23个元音，短、长元音各有7个、双元音9个。两种语言的元音数量接近，短元音的发音大部分基本相同；蒙语中的长元音包含了5个相同的英语长元音；英语双元音，有一半与蒙语中的复合发音是一样的。英语有28个辅音，分为清辅音和浊辅音；蒙语的辅音是18个，不区别清辅音和浊辅音，分为送气和不送气。二是英语、蒙语的音节、重音对比。英语和蒙语都有着很多的单音节词、双音节词、多音节词，两种语言的每个音节都应包含1个元音或近似元音的音。音节主要有开音节、闭音节，多数辅音可以出现在音节末尾。字母V代表元音（Vowel），字母C代表辅音(Constent)。在这两种语言中都有VC，CVC音节，末尾出现1个辅音的闭音节类型。在英语中还有CCV，CCVC，CCCVC辅音连缀出现在音节之首的以及2个或3个辅音连缀的情况，而在蒙语中就没有2个或3个辅音连缀开头的音节。英语双音节的词或多音节的词均有重读音节和非重读音节。蒙语重音基本都固定在第一音节上（包括双音节和多音节词），而英语词的重音不是固定在某一个音节上，双音节和多音节词的重音发音有一定的规律。

3.**在教学中的应用策略**

通过对比研究两种语言的语音系统（短元音、长元音、双元音、辅音、音节、重音等），发现既有相同之处，也有差别。从教学实践中看到，在蒙古族学生学习英语的过程中，两种语言之间相同或相近的语音掌握起来比较容易，而两种语言不同的或在蒙古语中没有的英语语音，是掌握时困难较大的部分，要下功夫去掌握。第一，英语中的长短元音的区别掌握起来比较容易。蒙古族学生在学习英语的长元音时，从发音上基本无障碍，蒙古语的长元音的数量、发音方法和特征与短元音一样，只是时间长短的区别； 而英语的长元音的发音部位与短元音不同，分别属于不同的音位。第二，英语双元音与蒙古语的双元音近似，学生在这些语音的发音方面不会有大的困难。第三，蒙古族学生在学习英语语音的过程中，辅音困难最大，尽管英语的多数辅音与蒙古语的辅音对应或相近，但是在英语词汇中出现频率比较高的辅音，在蒙古语中却没有。蒙古语中没有浊辅音，蒙古族学生往往会把英语的浊辅音读成清辅音。第四，在音节方面，与蒙古语的发音规律相似的英语的等元音，其结尾的开音节和单辅音结尾的闭音节，蒙古族学生比较容易学习和掌握。蒙古语中的双辅音结尾的音节并不是稳定的音节，但对蒙古族学生来讲，双辅音结尾的音节并不陌生，他们通过学习将会顺利地掌握英语中的音节。对蒙古族学生来说，比较难掌握的是英语的辅音连缀开头的音节。由于在蒙古语中没有双辅音或多辅音开头的音节，蒙古族学生在学习类似音节的过程中，往往会出现以母语的习惯错读，即在辅音之间加元音读的现象。所以，在蒙生班英语语音教学中，多音节是难点之一，需要加强这方面的训练。第五，重音的位置对于蒙古族学生学习英语也需要注意。由于蒙古语的重音固定在第一音节，所以蒙古族学生在学习中，对英语的双音节词、多音节词的第一音节的重音比较容易掌握，但对英语的非第一音节出现的重音掌握起来较困难，往往发不对音。

（五）英、汉、蒙三语的语音特点

汉语音节一般是将音节分为声母和韵母两个部分，而英语、蒙语则是将音节分为元音和辅音两个部分。声母和韵母以及元音和辅音区分音节的角度不一样，声母和韵母是根据音节的结构来分析的，而元音和辅音则是根据音素本身的性质来分析的。汉语一共有26个字母，普通话里所有的音节都是由这26个字母构成的，而声母表和韵母表则是根据普通话语音的结构特点制成的，并用26个字母配成21个声母和38个韵母。在汉语的音节结构中，元音占据主导地位，在音节里面，一般是声母在前韵母在后，不管是在什么音节里，都会有元音，元音可以单独构成音节，而辅音则不行。英语也有26个字母，用26个字母配成20个元音和28个辅音。在英语的音节结构中，也是元音占据主导地位。在音节里面，可以是元音在前，也可以是辅音在前，不管是在什么音节里，都会有元音，元音可以单独构成音节，而辅音则不行。在蒙语音节里面，是用元音和辅音来分析音节的，蒙语字母有30个，元音字母有7个，辅音字母23个。不管是汉语、英语还是蒙语，元音都可以单独构成音节，而辅音则不能单独构成音节。不过在蒙语里，两个辅音是可以连用的。蒙语最大的特点是音律十分和谐，在一个词里面，元音之间是相互影响、相互制约的，这种特点在汉语、英语中是不会存在的。而蒙语语音同汉语形成了鲜明的对照，蒙语音节结构变化多端、长短不一。汉语用声调，英语和蒙语用语调。

（六）通过研究词汇理论知识，构建“词汇教学策略”

1.**英语词汇**

词是能独立运用的最小的、有语义的语言单位。根据其句法功能，词可分为功能词（function word）和定义词（content word）两类。英语单词是由字母拼写而成的，可以由一个字母组成一个单词，也可以有很多字母组成一个单词。词的组成部分是词素，是语言中语音和语义的最小结合体，可分为词根和词缀。词根是词的核心部分，是体现词的词汇意义的词素。单独成词的词根叫自由词根，如look等。不可以单独成词的叫粘着词根，它是隐藏于单词之中的，如graph等等。粘着于词根的词素叫词缀，其只构成词汇意义的次要组成部分，又可分为屈折词缀和派生词缀。屈折词缀是语法意义的标记，只表示一定的语法范畴，如表示过去时的-ed、比较级的-er、被动语态的-ed等。派生词缀通常决定了词的词性，同时也表达了一定的意义。根据其与词干的相对位置又可分为前缀、中缀与后缀三种。如work（工作），workable（价格、做得开的），unworkable （价格、做不开的）。自由词根在英语词汇中使用频率很高。自由词根与自由词根可以相互结合，构成各式各样的复合词（compound word）；自由词根也可以跟各种粘附形式，特别是与派生词缀广泛结合，构成为数众多的派生词（dervational word）。自由词根是英语词汇的基本组成部分。粘着词根绝大多数源自希腊语、拉丁语。英语派生词缀有两个来源——古英语和外来语。前缀具有一定的含义，加缀在词根上可以改变、限制或加强这个词的意义，但不改变词类。可见，同一词根由于加了不同的前缀，词义起了变化，但词类没有改变。后缀是加在词根后面的词缀，后缀一般不改变词根的含义，只转变其词类，作用与前缀恰好相反。前缀与后缀从其本身的含义来讲，都具有自己的特殊意义。比如后缀-less，有缺少某种性质、特征的意义，前缀re-有行为重复的意义等。中缀与前缀、后缀不同，它只起连接两个构词成分的作用。本身有形、有音，但没有含义。比如元音字母-i-，把词根un和后缀-fy连接起来，构成单词unify，-i-就是一个中缀。中缀是根据发音的需要添加的，一般是元音字母，但也可能是辅音或元辅字母组合，但极少见。连接元音的，有单元音-o-，-i-，-a-，-e-和双元音-ae-，-eo-，-io-等。

2.通过对比英语、蒙语的构词方法，形成词汇教学的特殊策略和方法

对比英语、蒙语的构词方法，找出它们之间的相似点，强化蒙语对蒙古族学生学习英语的正迁移作用，并采用词汇教学的技巧和策略提升蒙古族学生词汇教学的效果，形成一定的策略和方法，并同时强化和应用英语词汇教学的其他策略和技巧，进一步提升蒙古族学生的词汇教学效果。

（1）英、蒙构词法类型的对比

英语的构词法主要是复合法、派生法和其他三大类构词法。蒙语构词法，可以分单词构词法和复合词构词法两大类方法。单词构词法可以分为词法构词法、语音学构词法、其他构词法等；复合词构词法可以分为句法构词法、修辞学构词法和其他构词法。蒙语的词按构造可以分为根词、派生词和合成词三类。英语和蒙语在构词法上有一些相似点。英语构词法中的复合法和句法构词法相似，派生法和词法构词法相似。

（2）构词法的教学策略

其一，对比法。采用英语词汇和蒙语词汇对比的方式，对于蒙古族学生来说，可以形成母语与目标语之间的正迁移，从而能更快、更准确地记忆单词。

其二，联想法。蒙古族学生在学习英语词汇的时候，可以进行词汇的联想，通过这种方法，可以扩大学生的词汇量并且能够准确记忆单词的词性。

其三，拆分法。在讲解一个可以拆分的单词的时候，可以尝试将单词拆分开来。让学生们了解这个单词的构造，从而有利于他们对单词的掌握和记忆 。

（3）其他教学策略

对蒙古族学生教英语词汇时可采用的上述构词法的比较，还可以用以下策略和技巧提升词汇教学的效率：

1）对比法

①语音拼读规律的对比。通过归纳英语的语音拼读规律，掌握英语字母、字母组合之间的规律，以及字母与字母组合之间的发音规律，以此来培养学生见词

能读、听音能写的能力。②各类词的对比。在教学中，教师可对英语中的各类词运用比较法找出异同点，帮助学生弄清词汇含义，加深理解，增强记忆。如同义词与反义词、同音异形异义词、形近音近词、同义异形异音词、同形异义异音词、一词多性、一词多义、同类词（基数词和序数词）等等的比较，加以区别，巩固词汇学习的效果。

2）归类法

把英语中同一类的单词总结起来记忆。如身体器官、颜色、数字、服装、动物、植物、职业、水果、蔬菜、食物、时间、会议、学科、院校、专业、运动项目、亲属、动物、植物、文化用品、蔬菜、水果等同一类的单词；还有同一词性的单词，如名词、动词、形容词、副词、介词、连词等等总结起来并对比异同点，加强记忆效果。

3）联想法

联想词群形式关联词的方法就是通过介绍语法范围、语义、种属、时空等相关的词来分类教单词。如对英语动词的现在分词、过去分词、过去式，形容词、副词的比较级、最高级，名词复数等等变化规则加以总结后进行教学和记忆。

4）语境法

将英语的词汇与语境结合起来进行词汇教学，就是引导学生通过对上下文的理解，用学生已有的构词法知识去猜测新词基本含义、特定语境中的意义、词汇的文化内涵。学生通过创设的语境，不仅能从语境中猜出单词的意思、词性，而且还能深刻地理解单词的用法和多种意义，牢固地记忆单词；更能增加学生的语言输入，使学生获得学习英语词汇的策略和技能。

5）游戏法

游戏教学集智力、活动和竞争于一身，起到调动学生的非智力因素和潜意识的作用，也是组织课堂、模拟实际教学活动的有效辅助手段，如“Bingo，Big words，Little Words，Charades，Crossword，Puzzles，Word martch，What’s missing，Touching game”等等游戏均可用来巩固所学各种词汇，包括名词、动词、介词、形容词等。

6）搭配法

英语中的一个单词极少孤立存在，常与其他词搭配在一起使用。要使学生真正准确、得体地使用某个单词，教师必须尽可能地以词汇搭配的形式向学生呈现词汇。一个词汇搭配由两个或更多的词组成，如：形容词+名词、名词+名词、动词+形容词+名词、动词+副词、副词+动词、副词+形容词、动词+介词+名词的词汇搭配形式，强调以名词、动词、形容词、副词为中心词的搭配，在巩固中心词用法的同时，还可以对这些词的搭配关系继续展开，词汇量就会不断扩大。为此，单词放在固定搭配里记忆的效果要比孤立地去记好得多。

3.通过词性分类的策略，提升教学词汇的效果

（1）掌握词性分类的名称及数量

词类又叫词性，英语单词根据其在句子中的功用，可以分成十个大类：名词n.（noun），代词pron.（pronoun），形容词adj.（adjective），副词adv.（adverb），动词v.（verb），数词num.（numeral），冠词art.（article），介词prep.（preposition），连词conj.（conjunction），感叹词interj.（interjection）。前六类叫实词，后四类叫虚词。

（2）扩大词汇量的策略

1）转换法

①转化类型：v.→n.动词转化成名词，v.→n.→a.动词转化成名词、形容词，v.→a.→ad.→n.动词转化成形容词、副词、名词，n.→a.名词转化成形容词，a.→ad.形容词转化成副词，a.→ad.→n.形容词转化成副词、名词。②转换方法：名词变形容词，在名词后面加-y，-ful，-ese，-ish，-n，-ous，-ly，-less，-ence，把ence改为ent变成形容词。动词变名词，一是词形不变，词性改变；二是在动词后面加-er，-or，-ing。形容词变副词，是在形容词后面加-ly。

2）词缀法策略

在一个单词的前面加上前缀或在后面加上后缀，可以改变一个单词的词性与意义。①前缀一般只改变词的意思而不改变其词性。有un-，im-，in-，dis-，mis-，re-，kilo-，micro-。②后缀多数改变词性而不改变词义。有动词或形容词+er/or→名词，动词+（t）ion/sion→名词，动词+ing/ed→名词或形容词，名词+ese→名词和形容词，名词或动词+ful→形容词，动词+able→形容词，名词+en→形容词，名词+y→形容词，形容词+ly→副词，形容词+ness→名词，名词+ly→形容词，名词+less→形容词，名词+al→形容词，名词+ist→名词，动词+ment→名词，形容词+ity→名词，名词+ous→形容词，名词+ish→形容词，形容词或名词+en→动词，名词或形容词+ify→动词，形容词+

ize →动词，动词 +tive →形容词，动词 +ess →名词。

(3) 复合法

名词+名词→名词，形容词+名词→名词，介词+名词→名词（或形容词），名词+过去分词→形容词，名词（形容词）+名词+ed→形容词，副词+名词→介词。

(4) 掌握词义的比较法、反义词、同义词、同音异义词

(5) 加强记忆的归类法

人体部位（body parts），颜色（colour），数字（number），月份（month），星期（week），季节（season），服装（clothes ），动物（animal），植物（plants），职业（jobs），水果（fruit），蔬菜（vegetable），科目（subject），运动（sport），家庭成员（Family member）。

(6) 激发兴趣的游戏法、口诀法

1）游戏法

如“Bingo，Big words，Little Words，Charades，Crossword，Puzzles，Word martch，What's missing，Touching game”等游戏。

2）口诀法

语音口诀、语音拼读口诀、英语词类口诀、基数词变序数词口诀、定冠词的用法口诀、动词变化口诀、be的用法口诀、可数名词变复数口诀及介词速记歌。

4. 多种教学手段并用，提升词汇教学的效果

教学中使外语词汇与其所表达的概念联系起来，可采用如下方法：第一，直观法。可以借助实物或图片、简笔画、教学挂图、形体动作、多媒体等较为形象的方法，把外语词汇与所代表的实物联系起来。第二，翻译法。用本族语翻译外语词汇，有时还补以解释，指出两种词汇的异同。第三，利用构词法的分析阐明词义。利用英语中常用的派生法、转化法、合成法、逆生法、缩写法、拟声法等构词方法，特别是运用好词根、前缀、后缀扩大词汇量的三把“钥匙”。例如 waterproof 一词，根据构词法，water 为词根，proof 是加在名词后的后缀，表示“防……的”“不透……的”，waterproof 是“防水的”意思，由此可知由名词加后缀 proof 构成的单词的意思，如可知 fireproof，rainproof，lightproof 等词的意思；又如 re 前缀代表“又、再”，于是就可以猜到 rebuild，rewrite，reread，reunite 这些词的含义分别是“重建、重写、重读、重聚”。第四，利用同义词与反

义词说明词义。第五，根据上下文或前言后语，引导学生推知新词意义。第六，利用已学的外语注释新词。第七，问答法。即教师提问，学生回答，让学生反复多听多说。第八，利用构词法分析前缀、词根、后缀、词尾等部分，以增加记忆的理解成分。第九，接近联想或对比联想，对语音、词形等方面的相同或相似点进行分析比较以帮助记忆。如将改变一个元音的词ball，bell，bill，boll，bull等集中列出；将改变一个辅音的词fight，night，might，right，sight等集中列出并做分析比较，从而进行对比记忆。第十，用直观法、翻译法、根据上下文推知词义法和“翻译—解释法”四种方法。第十一，根据词形、词性、同义词、反义词等集中记忆。相同词根、前缀、后缀、合成、转化、派生等构词法相同的，要了解其不同的词性、词义，掌握其固定搭配与习惯用法。第十二，例句法。用英语谚语和格言。如Practice makes perfect（熟能生巧），Failure is the motherof success（失败乃成功之母）。第十三，文化呈现。如peacock（孔雀）代表吉祥，孔雀开屏是祥瑞降临；而在英语中peacock的延伸含义常带有贬义。如the young peacock（年轻狂妄的家伙）等用法。第十四，运用“艾宾浩斯的遗忘曲线”记忆规则减少遗忘。脑海中对刚学过的词汇不断重现，不断加深对词汇的进一步理解，并在运用中强化记忆。

5.利用归纳、总结词类语法属性的方法和策略，提升词汇教学效果

（1）名词的数、格、性

其一，名词的数。一般情况，直接加－s；以s，x，ch，sh结尾的词，加-es；辅音字母+y，变y为i，加－es；以o结尾的词，加-es；以f或fe结尾的，变f或fe为v，再加-es；不规则变化，需一一记忆。

其二，名词的格。名词的所有格通常在词后加's构成，用于表示所属关系。译为“……的”。

其三，名词的性，分为阳性、阴性、中性、通性。father阳性、mother阴性、friendship中性、parents通性。

（2）定冠词、不定冠词、零冠词

其一，定冠词the与指示代词this，that同源，特指双方都明白的人或物。上文提到过的人或事，指世上独一无二的事物。用在形容词only，very，same等前面，相当于物主代词。

其二，不定冠词a（an）与数词one同源。

其三，零冠词。在三餐、四季前，球类运动、职位或表示头衔的名词前，没有特指的、不可数，抽象名词、固定词组一般不加冠词。

(3) 代词的类

有人称代词、物主代词、指示代词、反身代词、相互代词、疑问代词、关系代词、连接代词和不定代词九类。

(4) 形容词的级别

原级、比较级、最高级三个级别。比较级，是两个人或物之间的比较。最高级，是三个或三个以上的人或物之间的比较。

1) 规则

单音节和少数多音节的形容词规则变化，一般在词尾加-er/-est，以e结尾的形容词加-r/-st；重读闭音节结尾的词，词尾只有一个辅音字母，应先双写该字母，再加-er/-est；以辅音字母加-y结尾的词，变y为i，再加-er/-est；不规则变化需一一记忆。双音节或多音节形容词的规则变化，在原级前加more构成比较级，在原级前加most构成最高级。

2) 用法

①原级与“as…as”连用表示肯定意思，是“和……一样”的意思；与“not as/ so …as”连用，表示否定意义，是“不如”或“不一样”的含义；②“…than… ”，“much + 形容词的比较级”，是“……得多”的意思；“a little + 形容词的比较级”，是“……一点”的意思；“形容词的比较级 + and + 形容词的比较级”，表示“越来 ……越……”；“the+形容词的比较级 + …+ the +形容词的比较级 ”，表示“ 越……，就越……”；“The + 形容词比较级 + of 短语 ”，表示“两者中比较……的一个”；③形容词最高级的用法（…in…，…of…）。

(5) 副词的类和级

其一，副词的类。有普通副词、疑问副词、连接副词、关系副词。

其二，副词的级。副词的比较等级的构成和形容词一样。

(6) 动词的类、形、时、语态

第一，“类”。有实义动词、系动词、情态动词和助动词。

其一，系动词有be（是），seem（似乎），look（看起来），become（变成），appear（显得），get（变得），feel（感到），turn（变成），remain（仍然是）等。

其二，情态动词主要有can（能够），may（可以、也许），must（必须）及其过去形式could，might等。

其三，助动词主要有shall，will，have，be，should，would，do等。

第二，“形”。动词有四种基本形式，动词原形、过去式、过去分词和现在分词。动词过去式和过去分词的构成有规则和不规则两种。规则动词（regular verb）的过去式和过去分词，在原形动词后面加词尾-ed或-d构成。不规则动词（irregular verb）的过去式和过去分词的形式是不规则的，但都是比较常用的，需熟记。现在分词在动词原形后面加-ing构成。

第三，“态”。有时态和语态。语态有被动和主动，时态有一般、进行、过去、将来、完成。

（7）介词的类

分为简单介词、复合介词、双重介词、短语介词，如from among（从……当中），according to（根据）。分词介词，如regarding（关于），considering（考虑到），including（包括）。

（8）连词的类

可分为并列连词和从属连词。并列连词有and（和），or（或者、否则），but（但是），for（为），not only… but also（不仅……而且），neither…nor（既不……也不）。从属连词有that（这，这个），if（如果），whether（是否），when（当……时候），although（然而），because（因为），so that（结果）。

（七）开展教学法理论学习，在词汇教学中实施“任务型教学法”

1.“任务型教学法”的概念

以“完成具体任务”的欲望为动力，以“用语言做事”为完成任务的过程，以“展示任务成果”来体现教学的成效。“任务型教学法”是以一项项实际生活中可能发生的任务和交流活动组成教学的主要部分。任务活动是教学的中心，是主体，语言是任务引发的，也是完成任务所必需的。语言讲解和学习都是在任务的基础上进行的。这种方法在向学生提供真实自然的语言任务和环境，提供使用语言的机会的同时，给学生更多自由认识语言的空间，让学生在有意义的语言任务的活动和交往中借助教师的帮助直接使用语言，认识语言规律并且使语言规律内在化。

2.任务型词汇教学定义

任务型词汇教学就是在进行词汇教学时，设计一系列与词汇相关的任务和活动，学生通过完成任务，理解和记忆词汇，从而掌握词汇的意义和用法。在任务型词汇教学的课堂中，学生是活动的中心，教师是监督者、组织者和引导者。在课堂中，每一个学生都能练习英语，发表自己的意见，参与多种多样的活动，如配对活动和小组活动等。通过这些活动，在情景中学习词汇，加深了词汇记忆，并且灵活掌握词汇的意义和用法，同时提高了运用语言的技能。任务型词汇教学要求教师在设计任务时，注重设计真实的活动。学生在完成任务活动的过程中不断运用已经学过的词汇，培养了在真实的语境中应用英语的能力。任务型词汇教学注重学生的参与，学生是课堂活动的主体。其目标不仅仅是机械的语言训练，还重视学生实际的语言运用能力的培养。任务型词汇教学的主要理念是人本主义理念，它强调学生的个人情感和个人需要，主张真实的个人意义的学习。任务型词汇教学与其他词汇教学相比，更符合新课标所提倡的理念，能更有效地完成新课标规定的课程任务。

3.在课题词汇教学中的任务型设计

(1）根据课标对任务的设计要求，设计任务型的类型

依据教材，实施教学计划，根据少数民族地区学生的特点，灵活运用教材，不拘泥于教材，为少数民族地区学生创设生动的、与其生活相关的任务型活动。如，设计英语词汇墙的互动任务，学生在教室内的黑板报处空一块足够大的空间作为英语词汇板，学生每天轮流在黑板的右下角写2个生词，每周更换内容。内容可以涉及生活的各个层面和学生想了解的词汇，如交通工具、爱好、体育、职业、天气、动物等；呈现的词汇还可以根据词汇出现的频率，精心筛选课堂用语、教学活动、教学媒体及真实语言中的常用词汇。为了激发学生运用词汇墙学习的兴趣，词汇墙的内容还可以采用句子、段落、文章、故事、谜语等多种形式，以丰富多样的形式提升学生的学习兴趣。设计能提高学生的词汇能力、英语水平，能让学生从任务中得到启发，是对解决学生的现实问题有所帮助的实用型任务。设计促进学生全面发展的综合型任务，在英语词汇教学过程中，不仅要使学生的听、说、读、写四种语言技能得到发展，而且要使学生的学习能力，如想象力、思维能力、创新能力、合作能力和协调能力等都得到发展。

(2）词汇任务型教学的任务设计要求

在设计教学任务时，根据不同的情况设计不同的学习任务，面向全体学生，使所有的学生都能进步。设计任务时，应站在学生的立场，考虑少数民族地区学生兴趣和经验的实际情况，如果将英语与美术、音乐等其他学科有效结合，更能产生举一反三的效果。能够促进学生对英语语言知识的学习，提高学生运用英语进行交际的能力。

（3）词汇任务型教学的实施步骤

其一，任务前的提出任务和准备任务。语言知识的准备，包括词汇、句型和一些语法现象，词汇范围限于与任务内容相关的部分。如，设计“厨艺比赛任务”，就会出现核心的词汇（食物）、相关边缘的词汇（餐具、做饭的程序等）。

其二，任务中，执行任务和汇报任务。词汇学习的最终目的是在真实的语境中运用词汇，在加强对词汇知识的系统化学习后，让学生在尽可能真实的任务中输出运用词汇，进行交际；让学生执行任务和汇报任务，为学生运用词汇提供机会。学生语言输出任务，实现了词汇知识输入到词汇使用能力的有效转换。在教学过程中，为学生提供了在真实情境中运用单词的机会，引导学生进行语言实践，将知识“输入” 转化为“ 输出”。

其三，任务后，评价任务和语言聚焦。任务型教学中，任务的结果不能一味地采取总结性评价，要尽量采用形成性评价。在任务的总结中，若发现学生在语言知识方面的问题，根据问题的实际情况，可以加强语言聚焦，引起学生对词汇、短语句型或语法现象的注意。可以使用多种形式设计练习，如填空练习，让学生记下有用的语言点等；活动也可以对语言分析阶段所关注的词汇、短语、句型进行练习，进行语言聚焦。

4.**任务型教学法在少数民族地区词汇教学中的优势**

经过长期的实验，无论从测试成绩来看，还是从问卷调查分析来看，合理设计的任务型教学应用于少数民族地区英语词汇的教学过程中取得了明显效果。

第一，任务型教学应用于英语词汇学习中，提高了少数民族地区学生学习英语词汇的效率，解决了一直困扰学生的词汇学习和记忆问题。根据任务型教学设计原则设计一系列生动有趣、贴近生活的活动，提高了少数民族地区学生灵活运用词汇的能力，强化了词汇学习的效果。与传统词汇教学相比，任务型词汇教学有更大的优势。

第二，任务型词汇教学提高了少数民族地区学生学习英语词汇的主动性和积极性，激发了少数民族地区学生学习英语的兴趣。教师是教学的主体，极大地限制了学生在课堂上发挥的空间，让学生逐渐丧失了学习英语的兴趣，最终导致学生在英语词汇学习中只能被动地学习。而任务型教学改变了这一点，学生成为课堂的主体，成为课堂真正的主人。少数民族地区学生们可以相互讨论和交流，可以辩论，甚至唱歌。只要这些活动是围绕课堂任务展开的，对完成课堂任务有帮助的，少数民族地区学生基本上可以各展所能，这样的课堂使得学生们的心情得到了放松，不但极大地提高了学生学习英语的热情，而且让学生开始积极主动地学习。

第三，大大提高了学习的效率，将被动学习转变为主动学习。让少数民族地区教师更好地了解学生的需求，根据学生需要进行词汇教学，大大改善了教学效果。在传统词汇教学中，教师单纯地讲授，其方法单一，而任务型词汇教学则注重开展多样化的活动，引导学生在完成活动的过程中学习词汇，提升自身对英语词汇学习的兴趣和热情，进而变被动学习为主动学习。

第四，任务型词汇教学改变了传统意义的词汇教学。传统意义中的词汇教学重语言形式轻语言意义，任务型词汇教学改变了教学中以知识传授为主，缺乏语言实践，单纯传授、讲解语言知识的状况。任务型词汇教学强调语言意义，设计贴近学生实际生活的丰富有趣的活动，让学生在“做中学”，在“学中做”。

第五，任务型教学细化了词汇教学目标，把教学想要达到的目标转化成了一个个比较小且容易完成的任务。这样转化之后，不但提升了课堂的趣味性，充分激发了少数民族地区学生的学习动力，而且教师的教学目标也变得更加具体、实际，更加容易实现。少数民族地区教师在这些教学任务的指引下，教学过程更加容易开展。而对于少数民族地区学生来说，教学任务就是一个个比较有趣的小游戏，学生们可以在游戏的过程中完成这些任务，学习过程变得有意思得多，学生应用英语词汇的能力有所提高。

第六，在任务型教学中，提升了少数民族地区学生的团结协作能力。教学的内容不再是课本上的那些和学生生活严重脱离的死例子，而是一些鲜活的、和学生生活密切相关的任务。教师通过设置这些任务，把学生们带到了他们熟悉的生活场景中，让学生对这些内容不再感到突兀，增加了学习内容的实际参与感。在完成某项任务时，学生之间合作、交流、讨论，提升了学生的团结协作能力；通过参加课堂任务活动，学生也提高了自身交际能力和合作能力。在完成任务的过程中，学生要与其他人分享自己的意见，还要接受不同的观点，既有独立思考的空间，又发展了合作、互助的能力。

第七，任务型教学促进了少数民族地区学生的词汇学习行为，促成了词汇知识的内化，学生附带学习了词汇。如小组活动任务，按任务要求，将全班学生分成若干小组，分配给各组相关小任务，各组为任务开始准备。与此同时，伴随着任务，学生也开始了词汇输入和输出的各种词汇的学习行为。各组学生对任务的完成过程也是学生词汇学习行为的发展过程，无论是学生实现词汇知识系统学习还是词汇使用能力的转换，都体现了“任务”中词汇学习行为的发展。另一方面，学生词汇学习的行为，也促进了词汇知识在深度和广度方面的内化，学生在任务前、任务中、任务后均实现了词汇的附带学习。

七、课题取得的实践成果

（一）通过不断实践与总结，探索出了有效措施

通过不断实践与总结，探索出了“西部少数民族地区英语词汇教学策略研究——肃北蒙古族自治县个案研究”的英语词汇教学的有效措施，也使学生掌握了有效的学习词汇的方法，使学生的学习主动性与自觉性得到了充分的发挥，自信心与学生的创新能力得到了进一步的发展。

（二）课题组成员结合课题确立的依据和要求，汇编了校本教材

在总结经验的基础上，根据肃北县学生学习英语的现状和特点，汇编了两套课题研究的校本教材，《西部少数民族地区英语词汇学习》和《肃北蒙古族自治县英语教学》，目前已经投入使用。《西部少数民族地区英语词汇学习》内容包括：蒙语字母表、蒙语发音方法、英语国际音标、英语发音方法、字母表、字母发音表、发音规则、辅音字母的发音技巧、蒙古语特点、学习英语单词的策略、连词的分类及用法、代词的分类、特殊名词复数、不规则形容词的比较级和最高级、词汇的文化内涵，English sayings 和 English idiom 等内容。《肃北蒙古族自治县英语教学》内容包括三个单元：第一单元介绍了 Mongolian， Mongolian food and drink，Mongolian，clothes，The Nadam Fair， Mongolianyurts；第二单元介绍了 My county，Towns and villages，Our neighbourhood，The weather，Places of interest，Wild animals，Plants，Minerals；第三单元介绍了Culture and Customs，Warmly welcome，guests和Keep Mongolian culture alive。

（三）校本课程的定位

课题研究组在国家课程的框架外开发校本课程，以肃北县为基准，编写校本教材，开发的幅度和范围、方式和策略等都以肃北县自身的性质、条件和特点以及可利用的地方资源为依据。教材中用英语编写了肃北县的历史发展，家乡得天独厚的自然资源、深厚的文化底蕴，让学生在学习英语的过程中感受家乡的巨大变化，领略家乡的美丽，并懂得怎样去欣赏美、维护美、创造美，培养学生热爱家乡的情感。充分体现了本县文化生成的自主性和创造性，使教材具有鲜明的、独特的校本特色。通过这一次教材的编写，使我们的老师、学生能有一套属于自己的、适合自己的指导学习词汇的材料外，更重要的是要求教师们树立课程资源意识，认识到教材仅仅是课程实施的一种文本性资源，是可以超越、可以选择、可以自主建构的；认识到课程资源是无处不在的，学校、教师可以根据特定的自然环境、人文环境，以多途径、多方式、多渠道进行开发与利用。我们正是利用了肃北县的地域特色开发出肃北英语校本教材，让学生通过英语的视角走近肃北，激发学生学习英语的兴趣。

（四）课题研究的开展极大地促进了课题组成员自身的专业成长

通过开展课题研究，课题组成员教育教学观念得到了新的转变，科研能力的发展也进一步提升，能够确立科学的育人观、教育观、质量观，从思想上重视学生的学习方法和策略，使英语学科的实际应用性得以实现，为学生的终身可持续发展打下了良好的基础。

1.课题组成员结合课题研究，积极撰写论文

在省级刊物上发表与课题有关的论文4篇，获奖论文7篇。课题组负责人丁晓萍撰写的论文《西部少数民族地区英语词汇教学策略研究——肃北蒙古族自治县个案研究》发表在《校园英语》2018年第11期；于殿忠撰写的论文《少数民族地区英语词汇教学策略的研究》发表在《校园英语》2018年第11期；张建红撰写的论文《小学词汇教学现状及策略》发表在《甘肃省职业与成人教育》2016年第9期；赵淑芳撰写的论文《初中英语词汇意义的特点与词汇教学》发表在《教学与研究》2016年第10期，并荣获“全国科教成果”一等奖；丁晓萍撰写的论文《初中英语词汇语境教学略谈》和《少数民族地区初中英语词汇教学现状探析》在第十届全国初中英语教师教学基本功大赛暨教学观摩研讨会中分获二等奖和三等奖。在第十二届全国初中英语教师教学基本功大赛暨教学观摩研讨会中，丁晓萍撰写的论文《蒙古族学生的词汇教学策略研究》，赵淑芳撰写的论文《浅谈英语创新教学》均获二等奖；丁晓萍撰写的论文《在词汇教学中的任务型设计》，赵淑芳撰写的论文《提高小学英语课堂教学活动的有效方法》均获三等奖。丁晓萍撰写的论文《任务型教学法在初中英语词汇教学中的应用》在2017年“甘肃省第二届中小学优秀教学法（模式）”评选中获二等奖。

2.课题实施以来，课题组成员教育、教学、教研成果丰硕

主持人丁晓萍和成员赵淑芳合著出版了专著《任务型教学法在英语教学中的应用》，在全国中学生英语能力竞赛中分别荣获“全国优秀指导教师”“甘肃省优秀指导教师”荣誉称号；课例《Lesson 34：Modern Olypics》在甘肃省2017年“希沃杯”中小学教师交互式电子平板教学公开课大赛酒泉市评选中荣获二等奖，同时，在第十二届全国初中英语课堂教学优秀课展评中获优秀指导教师奖。

成员于殿中撰写发表了多篇论文，《九年级初中英语话题式复习教学策略探讨》在《甘肃教育》2017年第15期发表；《初中英语课堂提问的技巧探讨》发表在《校园英语》2016年第3期；《初中英语默写教学有效性的提高办法》发表在《中华少年》2016年第7期；2017年在酒泉市教师教学技能大赛中荣获初中英语学科三等奖；《希沃白板5——让教学更容易》在甘肃省教育科学研究所举办的学前教育及中小学、高等教育教学优秀论文（教学设计、案例）评选活动中荣获一等奖；在肃北县2017年“互联网+”课堂教学达标创优中，达标并创优；2016年荣获肃北县优秀教师称号；2016年至2017年间，在全国中学生英语能力竞赛中分别荣获“全国优秀指导教师”“甘肃省优秀指导教师”荣誉称号。

成员张建红撰写的论文《微信平台在小学四年级英语口语教学中的应用与实践》在2016年12月获得省级二等奖；教学设计《Skirt and Trousers》在甘肃省教育科学研究所举办的学前教育及中小学、高等教育教学优秀论文（教学设计、案例）评选活动中荣获三等奖；2015年至2016年期间，在全国中学生英语能力竞赛中分别荣获“全国优秀指导教师”“甘肃省优秀指导教师”荣誉称号；2016年8月被评为肃北县第九批小学英语骨干教师。

成员赵淑芳编写的教学设计《Unit 5 Lesson 25：A Phone Friend》在2017年学前教育及中小学、高等教育教学优秀论文（教学设计、案例）评选活动中荣获二等奖；“对‘后进生’学习的心理激励”在全国教育科学“十二五”规划教育部规划课题——“‘少教多学’在中小学语文教学的策略与方法研究”课题第四届年会上的优秀科研成果评选中，荣获教学反思类一等奖；在酒泉市教师教学技能大赛小学英语优质课评选中荣获优秀教师指导教师奖（指导秀仁花老师荣获二等奖）。

成员张瑞玲撰写的二十余篇论文发表在市、省、国家级教育教学刊物上；课堂教学被酒泉市教育局评为创优课；参与省、市级课题三项；微课获省、市级奖项；“高效课堂‘五步三查’教学法”“浅谈提升少数民族县学生语文核心素养的方法”两篇课题，分别荣获甘肃省教育科学研究所二等奖；2017年被聘为全市教师教学技能大赛语文优质课评委；在全市第二节“互联网+教学创新”大赛中荣获优秀指导老师奖；课例《Lesson 34：Modern Olypics》在甘肃省2017年“希沃杯”中小学教师交互式电子平板教学公开课大赛酒泉市评选中荣获二等奖。

成员昝朋在全国中学生英语能力竞赛中荣获“全国优秀指导教师”荣誉称号。

成员张妍燕在2016年至2017年期间全国中学生英语能力竞赛中荣获“全国优秀指导教师”荣誉称号，在2017年全县电子书包教学研讨展示课中获优秀教学观摩课奖。

3.学生的英语素养大大提升

近三年来，在课题研究的推动下，我县三校学生的英语成绩不断提高，特别是兴趣活动小组在两年多的课题实践中发展了少数民族地区学生的学习兴趣，扩展了语言实践的深度和广度，培养了学生的学习能力和语言综合运用的能力，使课堂教学活动不仅限于课堂教学，而且延伸到了课堂之外的学习和生活之中。巩固、扩大、加深了学生在课堂上所学到的语言知识，并通过语言实践提高了学生听、说、读、写的能力，举办的英语角、编写的英语小报、英语竞赛等活动全面提高了学生的整体素质。主要表现在全国中学生英语能力竞赛中，近三年有10人次获得国家级和省级奖项。在2015年至2018年期间全国中小学生英语竞赛中，指导的薛晓羽、梁婧同学，杜易蔚、赵双扬、于晓晔、宁佳莹、牛海若等同学分别荣获国家、省级三等奖。

八、课题研究存在的主要问题及今后的设想

首先，由于教学任务繁重，在科研上投入的时间和精力是有限的，一些研究还不够深入，教师对课题研究的认识和研究水平仍不均衡，不少有价值的东西还只停留在反思或案例的层面上，上升不到理论的高度，特别是要加强提高对实验过程中的点滴收获进行记录及撰写经验性文字的能力。其次，在结合课题进行探索词汇教学的过程中，理论水平及专业知识有待进一步加强，来拓展课题研究的深度和广度。再次，没有把课题研究成果有效地扩大到教学实践中，在研究的过程中，部分词汇教学的有效策略得到了总结和提炼，但没有在其他班级和非实验班中进一步试用和实验推广，没有成型的本课题的教学设计和教学案例等等。

今后要立足课堂，推进日常化研究和后续研究，大力推广和应用校本课程《西部少数民族地区英语词汇学习》《肃北蒙古族自治县英语教学》，制定后续校本教材的实施方案，设计相关的专题教学设计和教学案例。由课题组教师组织在兴趣活动课上实施，也可根据教学实际在课堂上有选择性地使用校本教材，特别是广泛、充分地将研究报告中的少数民族地区的词汇教学策略应用到教学课堂实际中，加强对少数民族地区学生英语词汇学习学法的指导。进一步关注和研究少数民族地区英语词汇学习的反应动态，反复实践，对比分析，在实践中探索，及时反思调整自己的教学能力，及时调整教学策略，不断改进教学方法，撰写教学反思，培养学生独立解析、扩展词汇的能力以及观察、记忆、思维、想象和创造学习的能力，使少数民族地区学生在初中阶段为今后的英语学习打下坚实的基础。研究永远在路上，全体课题组成员将会进一步增强创新意识，提高教研能力，加强学习，大胆实践，不断总结，使研究工作向纵深发展。

参考文献

[1]哈斯额尔敦.汉语与蒙古语语音比较[J].中央民族大学学报(社会科学版),1994(4):95-99.

[2]乌云斯日古楞.蒙古语语音对英语语音习得的负迁移[J].语文学刊(外语教育教学),2011(6):15-17.

[3]乌云娜.英语、蒙古语语音对比及其在教学中的应用[J].内蒙古师范大学

学报(教育科学版),2003,16(1):51-53.

[4]陈双莲.英语与蒙古语中元音对比以及其元音和辅音之间的发音关系[J].内蒙古师范大学学报(教育科学版),2007,33(6):32-34.

[5]陈林华.语言学导论[M].长春:吉林大学出版社,1989.

[6]Stuart C. Poole, An Introduction to Linguistics[M].Foreign Lan-guage Teaching and Research Press & Macmillan Publishers Ltd,2000.

[7]韦红.初中英语任务型教学的研究与实验[D].桂林:广西师范大学,2004.

[8]廖兆慧.初中英语教学中的任务型教学设计[D].武汉:华中师范大学,2008.

[9]刘晓丽.任务型教学在初中英语词汇教学中的应用[D].呼和浩特:内蒙古师范大学,2008.

[10]道布.蒙古语简志[M].北京:民族出版社,1993年.

主持人：丁晓萍（酒泉肃北蒙古族自治县中学）

审稿人：蔺平（甘肃省教育科学研究院）

高中思想政治课融入社会主义核心价值观教育的策略研究

课题“高中思想政治课融入社会主义核心价值观教育的策略研究”于2016年9月经甘肃省教育科学规划领导小组批准，立项为甘肃省教育科学“十三五”规划课题。经过课题组全体成员两年的努力，课题按预期的研究计划顺利结题，取得了超出预计的研究成果。现将课题的研究过程、取得的成果及成果的应用成效总结如下：

一、选题背景

（一）基于对华亭一中及平凉市思想政治课堂教学现状的反思

“高中思想政治课融入社会主义核心价值观教育的策略研究”主持人刘蕊老师曾担任两届平凉市高中思想政治课堂教学技能大赛评委，观摩了全市多所学校政治课教师的课堂教学案例，总结出平凉市高中思想政治课堂教学中存在的问题，突出表现在：

一是不重视思想政治学科的育人功能，核心价值观教育缺失。

二是教学目标定位不当，评价标准单一。课堂教学“重知识能力、轻过程方法”，忽视学生情感体验和价值观培育；衡量学生的学习水平与质量仍以单一的分数为标准；把丰富的理论知识和深刻的内涵变为简单的分数，违背了教学目的，与素质教育的要求背道而驰。

三是课堂教学“假大空”，不与学生的实际和生活相联系，枯燥无味，扼杀了学生学习的兴趣。

四是教学理念陈旧，师生角色定位不当，教学方式陈旧，对学生学习习惯的培养、学习方法的指导重视不够。

五是教学素材选用追求“高大上”，忽视“三贴近”，贪多求新，深度挖掘不够。

这些问题是目前政治课课堂教学中普遍存在的问题，为解决这些问题，我校于2016年9月成立“高中思想政治课突出价值引领的教学策略和实践研究”课题组，开展问卷调查、教师访谈、学生座谈、课堂观察等活动，就学生对政治课的学习兴趣、学习动机、学科价值、教材内容、教师教学、学习评价、学习效果等问题，对我校190名学生进行了较为全面、广泛的问卷调查，从中获得了大量具体生动的感性材料。

结论是：我校政治课教师和学生都有各自的苦恼，教师感到难教，学生十分厌学。在功利观念盛行的社会大背景和高考应试压力下，功利心驱使学生并不重视政治这一学科，有相当一部分学生认为自己对思想政治课是否有兴趣上的最主要因素在于教师教学本身。因此，教师必须不断地探索并采用符合中学生实际的教学方式，重视师生共同活动，以学生为主体，激发学生的情感和兴趣，变封闭型教学为开放型教学，努力构建高效课堂教学模式。时代呼唤愉快教学，我们需要高效快乐的政治课教学。

（二）基于当前新课程改革的形势及思想政治学科使命

2010年我省全面实行新课程，贯彻新课程“以人为本、关注人的全面发展和有个性的发展”这一理念，迫切要求师生在教学策略和学习策略等方面发生革命性变革。《基础教育课程改革纲要（试行）》中提出，要“改变课程实施过于强调接受学习、死记硬背、机械训练的现状，倡导学生主动参与、乐于探究、勤于动手，培养学生搜集和处理信息的能力、获取新知识的能力、分析和解决问题的能力以及交流与合作的能力”。《国家中长期教育改革和发展规划纲要（2010—2020年）》中提出，要“把教育资源配置和学校工作重点集中到强化教学环节、提高教育质量上来”。

《中国学生发展核心素养》的正式颁布，意味着任何一门学科的目标定位和教学活动都要从素养的高度来进行；价值引领、思维启迪、品格塑造是学校和教师的三大核心任务；坚持素养立意、彰显价值引领已成为当前及今后各类考试命题的基本遵循；以培育学生学科核心素养为依据的新课标的出台，以及思想政治学科特殊的学科使命和学科功能，迫使我们必须反思自身教学中存在的问题，寻求突围的路径。

二、选题意义及研究价值

世界观、人生观、价值观一经形成，就具有确定的方向性，对人的综合素质和终身发展会产生深远持久的影响。价值观对人生道路的选择有重要的导向作用，支配着人的追求、思维、行为和情感，是价值判断和价值选择的重要依据。社会主义核心价值观是社会主义价值体系中最基础、最核心的价值观念，是马克思主义指导思想和中国特色社会主义共同理想的价值内核；是对以爱国主义为核心的民族精神、以改革创新为核心的时代精神和社会主义荣辱观的价值升华和高度概括；是社会主义意识形态的本质体现，是全国各族人民团结奋斗的共同思想道德基础，能够引领社会思潮、凝聚社会共识，不断增强社会主义意识形态的吸引力和凝聚力。

党的十八大以来，中央高度重视培育和践行社会主义核心价值观。习近平总书记多次做出重要论述，提出明确要求。因此，高中思想政治课要义不容辞地发挥其德育主渠道的作用，在教学中融入社会主义核心价值观教育。本课题在找准中学生认同社会主义核心价值观理论依据的基础上，探索和寻求了通过思想政治课融入社会主义核心价值观教育的总体思路和切实可行的方法，形成了一些支撑思想政治课融入社会主义核心价值观教育的新理念及新教学模式，对高中思想政治课融入社会主义核心价值观教育提供了可行的思路、策略和方法。

三、课题的研究思路、研究方法和研究过程

（一）研究思路

第一，针对每一学期所使用的教材，分阶段进行集中研究。秋季学期研究《经济生活》与《文化生活》融入社会主义核心价值观教育的做法，春季学期研究《政治生活》与《生活与哲学》融入社会主义核心价值观教育的做法。通过集体备课、教学观摩、专家指导、个案研究等措施，分析总结思想政治课教学融入

社会主义核心价值观的方法和规律。通过问卷调查、效果对比等方法，掌握课题实施的效果，调整研究方法。

第二，每一阶段的研究完成后，及时进行较为系统的总结，包括对研究方法、教学课件、音像资料的审查和整理，组织研究人员进行相关论文的写作。在此基础上，全面总结分析，写出研究性报告，形成一些支撑思想政治课融入社会主义核心价值观教育的新理念及新教学模式。

（二）主要研究方法

研究组主要采用文献研究法、调查研究法、教育实验法、经验总结法等方法。其中以调查研究法、教育实验法为主。

1. **文献研究法**

以科学的精神和求实的态度，通过对文献资料的搜集与整理、分析与研究，对本课题进行科学认识。在此基础上，不断学习相关理论与专著，掌握研究方法，拓宽研究思维，并综合教育调查研究成果，互为参照，综合分析，形成心理层面和操作层面的失误行为分类与控制的方法途径，构建实验假设。

2. **调查研究法**

通过问卷、听课、调研、座谈、教研活动等形式，观察了解、调查分析教学中存在的各种失误，归纳整理，从中分析比较，筛选出具有决定性、代表性的失误行为。

3. **教育实验法**

运用科学实验的原理和方法，选择实验对象，确定实验教师，有目的地控制和操纵某些教育因素和教育条件，通过观测与所控制的条件相伴随的教育要素和教育现象变化的结果，来揭示教育活动规律。

4. **经验总结法**

要求小组成员每学年对其自身的教改活动加以回顾、反省、总结，通过分析和思考，将对教育措施、教育现象与教学效果之间的关系的感性认识上升到理性认识，形成阶段总结提交研究小组讨论。

（三）研究过程

本课题研究自2016年5月至2018年5月，共分为四个研究阶段：

1.第一阶段：提出问题、调研分析阶段（2016年5月至2016年9月）

第一，成立“高中思想政治课融入社会主义核心价值观教育的策略研究”课题小组，开展问卷调查、教师访谈、学生座谈、课堂观察等活动，掌握我校课堂教学中存在的问题，特别是价值观培育中的问题。

第二，组织课题成员学习新课改理论及高考动态，结合自身教学实际，话教改，谈困惑。

第三，制定研究方案。

2.第二阶段：实践探索阶段（2016年10月至2017年4月）

第一，加强理论学习和实践研究。课题组成员在课堂教学中改革实践，上研讨课，不断实践、反思、学习、探讨、改进、再实践。

第二，学校组织实施“走出去”与“引进来”相结合的教师培训活动。学校先后组织教师外出考察学习、听取专家讲学活动，又先后邀请著名教育家魏书生、李长健、李凤遐、干国祥及兰州一中校长王文槐等来我校讲学、上示范课，引领教师进行教学改革。

第三，变革课堂教学评价方式，初步制定出能指导课堂教学改革总体方向的“课堂教学评价表”。

第四，完成阶段性研究报告。

3.第三阶段：全面实施阶段（2017年5月至2018年1月）

第一，全面、深入地开展课改研究。主持人带头上融入核心价值观培育的研讨课、示范课，小组成员相互听课、及时评课，总结、改进、调整。

第二，分年级设三个教改实验班，对实验班的学生进行纵向跟踪对比研究，对实验班和非实验班学生学习状况进行横向定期对比研究。

第三，小组成员通过参加课堂教学比赛、经验交流会、专家讲座、专题培训等多种形式的研讨活动，不断提高教师的研究水平，改进核心价值观培育中存在的问题，力求实现思想政治课的育人功能。

第四，撰写并发表教育教学论文，使研究成果在更大范围内得到推广。

4.第四阶段：总结深化阶段（2018年2月至2018年5月）

第一，进行评价反思。及时总结核心价值观培育中的成果，反思存在的问题，深化研究，特别是对突出价值引领的具体路径做深入研究。

第二，总结推广课堂教学改革中的突出价值引领的成功经验。以专题讲座、研讨会、学习简报等形式在全校范围内交流推广思想政治高效课堂模式，供其他学科教师学习借鉴。

第三，对照实施目标收集有关研究材料进行归纳汇总，构建课程教学资源库，推出优化课堂教学、突出价值引领的教学案例、实录、论文等研究成果。

四、研究成果的应用成效

通过公开发表论文、参加各级各类讲赛课、课题负责人做专题报告、出成果公报等形式，使研究成果在省内外、校内外得到了广泛推广和应用，对高中思想政治课融入社会主义核心价值观教育提供了可行的思路、策略和方法，不仅对高中思想政治教师转变教学观念、改变教学方式、优化课堂教学模式、提高课堂教学效率具有重要的指导作用，而且对其他学科改进课堂教学的方式方法也具有重要的借鉴意义。

（一）探索出多角度培育社会主义核心价值观的思路、策略和方法

1.让教师认识到核心价值观培育要与核心素养培育相融合

2016年9月13日《中国学生发展核心素养》总体框架正式发布，这标志着我国基础教育进入核心素养时代。认同和践行社会主义核心价值观是政治认同的重要内容，也成为高中思想政治学科核心素养的重要内容。

要在思想政治课教学中融入社会主义核心价值观教育，让学生树立正确的世界观、人生观、价值观，必须与培育思想政治学科核心素养相融合。在教学实践中，我们探索出了使核心价值观教育融入学科核心素养的多种途径和方法，如，通过创新作业设计、开展课堂辩论、 改进教学设计、正确定位教学目标、精心设计教学活动、重视学生习惯养成等途径提升学科核心素养，进而认同并践行社会主义核心价值观。研究成果形成教研论文五篇：

其一，《创新作业设计　实现学科功能》发表在《教学月刊·中学版》（政治教学）2017年第12期。（北大中文核心）

其二，《有效开展课堂辩论　提升学科核心素养》发表在《思想政治课教学》2017年第2期。（北大中文核心）

其三，《基于学科核心素养的教学策略》发表在《课程教学研究》2017年第4期。

其四，《培育学科核心素养　从改进教学设计做起》发表在《教学月刊·中学版》（政治教学）2017年第11期。（北大中文核心）

其五，《落实课改精神　当从教学细节做起》发表在《教育文汇》2018年第3期。

2.让教师认识到核心价值观培育要与模块教学相融合

高中思想政治课四个模块蕴涵着丰富的社会主义核心价值观教育资源，将各个模块中蕴含的社会主义核心价值观内容及学习目标梳理出来，有利于教师在每一堂课的教学中自觉融入社会主义核心价值观教育，以增强学生的政治认同，培育学生学科核心素养。总结核心价值观培育与模块教学相融合的实践，形成教研论文两篇：

其一，《〈政治生活〉与社会主义核心价值观培育的融合》发表在《中学政治教学参考》（上旬）2018年第1期。（北大中文核心）

其二，《在〈经济生活〉教学中培育社会主义核心价值观的路径探索》发表在《基础教育参考》2018年第6期。

下面是《政治生活》中蕴涵的核心价值观内容与学习目标，以及在《政治生活》中培育核心价值观的策略与做法，与同行共鉴共勉。

（1）《政治生活》蕴含的核心价值观内容及学习目标

《政治生活》蕴含的核心价值观内容及学习目标一览表

教材内容	蕴含的核心价值观	融入社会主义核心价值的学习目标
人民民主专政	爱国、民主	提高坚持人民民主专政必要性的认识，坚定走中国特色社会主义道路的信念，初步树立民主观念。
公民的政治权利与义务	法治、平等、自由	树立依法行使政治权利和自由、依法履行政治义务的法治观念，正确认识自由和法律的关系，树立公民在法律面前一律平等的意识。
公民的政治参与	民主、法治、诚信、公正、爱国	教育学生珍惜选举权利，依据法定程序行使选举权；抵制虚假宣传，出于公心，理性思考，审慎投票。
		增强学生民主、法治观念，树立规则意识、程序意识，提高学生参与民主决策、民主管理的积极性。
		既要勇于行使监督权利，又要采用合法的方式，实事求是地行使监督权；培养学生的主人翁意识，增强爱国情感。

续表

教材内容	蕴含的核心价值观	融入社会主义核心价值的学习目标
我国政府是人民的政府	爱国、法治、富强、民主、文明、和谐	相信政府是为人民服务的政府,学会依法向政府求助;了解政府职能,支持政府工作,监督政府行为,建设富强、民主、文明、和谐的伟大祖国。
我国政府受人民监督	民主、法治、爱国	关注政府依法行政的表现,形成符合时代精神的法治观念;了解权力的两面性,形成正确的权力观;认识人民监督政府是民主政治的重要标志,自觉行使监督权利。
我国的人民代表大会制度	民主、法治、爱国	支持人大代表的工作,维护人民当家做主的形式;感受人民代表大会制度的优越性,认同人民代表大会制度是适合中国国情的好制度,坚定社会主义政治制度自信。
我国的政党制度	民主、法治、爱国	增强法治观念,树立宪法意识;升华对党的认识,信赖和热爱中国共产党,拥护我国的政党制度;坚定走中国特色社会主义道路的信念。
我国的民族区域自治制度	平等、法治、和谐、爱国、友善	增强民族平等、民族团结意识,自觉维护国家统一和民族团结;尊重不同民族的风俗习惯,巩固和发展平等、团结、互助、和谐的社会主义民族关系;理解我国民族区域自治制度的优越性,自觉拥护这一制度。
我国的宗教政策	自由、民主、法治、和谐、文明	明确宗教信仰自由是宪法赋予公民的基本权利,是保护和尊重人权的表现;依法从事宗教活动,为民族团结、社会和谐做贡献;弘扬科学精神,树立科学的世界观,为形成文明、健康、崇尚科学的社会风尚做贡献。
国际社会	民主、平等、公正、爱国	树立主权国家国际地位一律平等的观念;关注国际社会发展,关心祖国在国际社会的地位,增强民族自信心、自豪感;培养国家观念,坚定地维护我国的国家利益;反对一切非正义的国际行为。
和平与发展的时代主题	和谐、富强	反对霸权主义和强权政治,促进国际社会和谐发展;树立全球观念,关注世界各国人民的共同利益。
世界多极化深入发展	富强、爱国	认识我国与发达国家的差距,树立忧患意识、竞争意识,增强综合国力;树立为实现中华民族伟大复兴而奋斗的理想信念。
我国的外交政策	爱国、平等、友善、和谐	认同我国的外交政策,自觉维护我国的国家利益;热爱和平,树立为世界和平与发展做贡献的信念。

(2)《政治生活》融入社会主义核心价值观的教学策略

首先，在辩证否定中认同核心价值观。

在高中思想政治教材四个必修模块中，许多教师认为《政治生活》最难教学。之所以出现这种状况，一是由教材的特点决定。《政治生活》主要阐述我国的政治理论、政治制度和政治活动，教材理论多、结论多，离学生的实际生活较远；教材在内容表达上有不少溢美之词，有理想化的因素存在，学生觉得与实际不完全相符。二是教师教学《政治生活》的方式方法失当。理论灌输较多，空洞说教频繁；把课堂变成“赞美诗”诵读，不能联系实际辩证地看待我国的政治制度和政治理论，导致学生不信任教师、不信任教材、不信任课堂。三是教材中的各种制度和构想，从某个角度来看是一种理想，可能与现实生活还有一定距离。

这种理论与实际的差距、理想和现实的矛盾，正是培育学生树立核心价值观的重要契机。作为教师，必须转变教学思想和教育方式，理论联系实际，坚持辩证否定观。一方面，教学中要列举大量事实，充分肯定我国政治制度、政治理论的优越性，以及坚持这些制度和理论所取得的成就；另一方面，要让学生明白，任何制度都有其不足或有待完善的地方，我国的制度也不例外。然后结合现实，指出其不足或需要发展完善的方面，不夸大也不缩小，让学生在辩证否定的逻辑思维中得出结论，在理论与现实的比较中认同政治观点。

例如，民主是社会主义核心价值观的重要内容，培育学生的民主观：第一，要充分肯定我国民主的本质是人民民主，具有广泛性和真实性。既要利用好教材中的经典素材，如，可例举“旧社会的童养媳在新中国成立之初享有了选举权”“城乡按相同比例选举人大代表”“农民工当选市人大代表”等真实事例，引导学生分析我国民主的本质和特点；又要让学生把目光转向现实，列举自己感受到的民主的广泛性及真实性的事例，肯定我们党和国家提出的民主制度和目标是适合我国国情的，我国的民主是多数人享有的广泛民主，无论是民主的本质和形式都有显著的优越性。第二，要透过现象认识本质。选取典型事例，让学生认识到资本主义国家的选举制度、议会制度、政党制度无论形式多么完备，其实质是资产阶级的民主，是少数人享有的民主。第三，必须指出，与当今世界某些资本主义国家相比，与我们理想的目标相比，在民主的实现形式和某些环节处我们还有差距和不足，这些不足，正是我国民主发展的空间和潜力。通过实事求是地肯定，在比较中得出结论，在思辨中明确方向，不讳言现实的不足，不回避理想与现实的差距，才能赢得学生的信服，价值观培育目标才能逐步实现。

其次，在活动体验中内化核心价值观。

笔者在教学过程中尝试开展过多种形式的主题活动，如课堂辩论、角色模拟、主题演讲、情景表演、经典影视赏析等，都收到了纯理论学习无法达到的教学效果。例如，在教学“我国的人民代表大会制度”时，我们模拟召开了以“班级三年发展规划”为主要议题的“人民代表大会”活动。让学生分组利用网络和书籍查阅人民代表大会召开的程序；同时，尊重学生的个性特点，让他们根据自身兴趣和风格，自由报名模拟人代会中的角色。会上，班长宣读了《班级发展三年规划》；与会代表对该规划提出修改建议，共同讨论、审议并通过了该规划；选举产生了第二届班干部。通过模拟召开人民代表大会，使学生体会到人民代表大会制度的优越性和重要性；让学生学会遵守规则，学会按程序办事，树立了规则意识、程序意识以及权利义务意识，培育了学生的民主观、法治观。

再次，在生活实践中践行核心价值观。

贴近实际、贴近生活、贴近学生是新课程坚持的一条重要原则。可当前的思想政治课教学往往只是知识的简单呈现，在很大程度上脱离学生的思想实际，缺乏生活气息，空洞枯燥，不接地气儿，这种“不食人间烟火”的纯理论性教学只会让学生产生逆反心理。培育社会主义核心价值观，其最终目标是要唤起学生对社会主义核心价值观的情感认同，并在实践中自觉践行。因此，在《经济生活》教学中融入社会主义核心价值观教育，教师在题材的选择上、在语言的表达上必须贴近学生的思想和生活，从学生的实际出发，让学生有深刻体悟，能主动践行，成为看得见、够得着、落得实的具体行动。否则，就得不到学生的认同，学生要么不愿去做要么无从做起。

例如，培育中学生“爱国、敬业、诚信、友善”的价值准则，既要充分利用教材资源，结合当前社会热点，给学生摆事实、讲道理，让他们理解和认同；又要立足学生的学习及生活实际，引导他们在实践中自觉践行。如果空谈爱国、敬业，学生会觉得离他们的实际太遥远，无从做起。事实上，爱国不是抽象的，而是具体的。爱国有多种方式，对中学生而言，爱国就要珍惜自己的政治权利，自觉履行政治义务，增强主人翁意识和社会责任感；就要把伟大的爱国精神落实到为实现中华民族的伟大复兴而发奋读书上，落实到热爱自己的家乡、热爱自己的学校、节约资源、低碳生活上等等。敬业就是要认真完成自己的学习任务，努力提高自己的学业水平，学有所成，全面发展。诚信就是要诚实做人、踏实做事，不撒谎、不作弊，不欺骗父母、老师、同学，说到做到、言而有信。友善就是要尊敬师长，听从教育，服从管理，团结同学，助人为乐；尊重少数民族的风俗习惯和宗教信仰，巩固和发展我国的民族关系。如果做好这些方面，就践行了个人层面的核心价值观，就是一名好学生、一位好公民。

3.让教师认识到核心价值观培育要通过主题活动进行

主题活动教学是基于活动体验理念，以学生的学习兴趣和内在需要为基础，以主题为线索，以活动为载体，让学生在特定的情境中以及在活动或实践中，通过亲身经历，从中获得对客体的感受和感悟的一种教学方式。体验是道德内化的必然过程和重要环节，是学生情感态度与价值观健康发展的基础。活动是体验的载体，是促进学生孕育种种体验的源头活水。思想政治课要实现学科功能，不能没有活动体验。课题研究组总结出在主题活动教学中培育核心价值观的思路与做法，形成教研论文两篇：

其一，《在主题活动教学中培育社会主义核心价值观》发表在《思想政治课教学》2017年第11期。（北大中文核心）

其二，《培育社会主义核心价值观的路径探索——以“市场配置资源”框节的教学为例》发表在《中小学课堂教学研究》2017年第7期。

（二）深化了教师对思想政治课学科功能和新一轮课程改革的认识

通过查阅文献资料，学习新课程理念及其他教育教学理论，使课题组成员在研究中进一步深化了对新课程和有效课堂教学的认识。

1.进一步认识了思想政治课的学科功能

思想政治课作为一门对学生进行马列主义、毛泽东思想基本常识和社会主义政治思想品德教育的课程，与我国社会制度的性质存在着十分特殊的联系。思想政治课与我国社会制度的这种密切联系决定了它具有以下三方面的学科功能：其一，政治功能。通过政治课教学，使学生的政治素质得到不断提高，自觉拥护党的领导和党的路线、方针、政策，树立正确的政治方向，坚定走社会主义道路的信念。其二，品格教育。通过政治课教学，使学生的道德素质、心理素质得到不断提高，能正确处理个人利益、集体利益、国家利益三者之间的关系，能正确对待个人生活道路上的得失成败，进而树立科学的人生观，形成健全的人格。其三，文化教育。通过政治课教学，使学生能够初步掌握社会科学的基础知识，特别是建设有中国特色社会主义理论的基本内容，拓宽了学生的视野，培养了学生用马列主义的立场观察问题、分析问题的能力。

2.新一轮课程改革需要处理好三种关系

(1) 合作学习与自主学习

学习方式的转变是新课程最重要的变革，于是小组合作、讨论就成了目前课堂最常见的一种教学方式。我们认为在有效的课堂实施过程中，要确保课堂教学的有效性，就必须遵循“以生为本”的原则，具体来说“以生为本”应有三个体现：一是学生是否喜欢和期待上这一节课；二是学生在这一节课中是否有“两得”，即得到了具体知识与方法，得到了良好的情感熏陶；三是这一节课的学生学习反馈信息的渠道是否畅通，教师能否及时掌握并快速反应跟进，查漏补缺。

(2) 学生主体与教师主导

新课程下的教学设计注重生成与建构，淡化预设与讲授。课程改革要求课堂教学体现以学定教、因需施教，增加灵活度。教师的主要任务是组织课堂教学，把主要的时间让给学生进行自主学习。

教师是课堂活动的组织者，如果课堂缺乏教师有效的组织管理，由于学生的组织应变能力有限，无法顾及他人的反应，必然会导致课堂上的无序和失控，从而降低课堂教学效率；教师还是学生学习的促进者，如果没有教师渐入佳境的引导和因势而发的促进，学生就不能在较高的层面上理解知识。因此，要使课堂高效，学生的“自主”一定要与教师的“主导”有机结合。我们认为，在这些教育理念观照下的课堂教学，必须结合学生实际差异，指导到位，充分调动学生的学习积极性，自主探究相应的知识；必须尊重学生的学习状态，从实际出发，从学生的生活经验和接受能力出发，确定课堂教学内容；必须尊重学生的表达愿望和表达内容。

(3)“学以致用”与“终身受用”

思想政治课教学要坚持理论与实际相结合的原则，理论观点来自于实际又要运用于实际。新课程把学习的过程和方法作为教学目标的一个维度，凸显出对学习方法的高度重视。良好的学习习惯和学习方法可以帮助学生形成学习的自信，获得学习的乐趣，养成学习的习惯。在学习过程中，坚持终身受用的原则，充分发挥学生的主体作用，归纳总结出终身受用的学习方法，才有益于学生的终身发展，这是和终身教育思想相一致、相适应的。

（三）促进了教师的专业发展，提升了教师的理论水平和科研能力

通过课题研究，许多教师对自身教学中存在的问题有了清楚认识，对教育教学观和高效课堂观有了新的定位，他们对教师的职业定位也正由工作型教师向学习型、科研型教师发展。

首先，教师的教学理念发生了转变。通过理论学习、外出听课培训、请专家来学校讲学等活动，让教师对新课程及高效课堂教学有了自己的认识。在宏观上能够用辩证的眼光来看待传统与现代、封闭与开放、学科与课程、教与学等关系，在微观上能够恰当地理解和把握教学目标、教学结构、教学方法、教学策略、教学评价的内涵和要求。结合课改实践，课题组成员勤于总结，不断反思，撰写了许多有质量的课题论文及随笔反思。自2016年6月以来，我校课题组成员获奖或发表的市级以上文章达27篇，其中，在核心期刊发表论文11篇。

其次，教师的课堂实践能力得到了进一步提升。随着课题研究的深入实施，许多教师明确了自身努力的方向，在课堂教学中逐渐变得驾轻就熟，课堂教学效率得到了明显提高。康小丽、王燕、王彦龙、马光荣等几位年轻教师在课题研究中迅速成长，脱颖而出。康小丽老师在市县级高中政治课堂教学大赛中均获得一等奖，在“一师一优课、一课一名师”活动中获得省级优质课奖；王燕老师在华亭县高中政治课堂教学大赛中获得一等奖，在市级高中政治课堂教学大赛中获得二等奖；王彦龙老师在全省“微课”大赛中获得一等奖；马光荣老师在县级讲赛课中获得一等奖，等等。他们遵循教学规律，关注全体学生，追求有效教学，深受学生喜爱，在每年度的教学测评中，教学成绩和学生的认可度均位列前茅，被评为市县级“课改优秀教师”“课改标兵”“骨干教师”“优秀教师”等荣誉称号。经过几年的努力，可以说我们的每堂研讨课都十分出色，课堂教学十分贴近学生，精巧而富有美感。

（四）促进了学生学习方式的转变和学习能力的提高

通过课题研究，教师“以学定教、以教促学”的理念入心入脑，课堂中教师的教学行为有了明显的转变，学习的差异得到了尊重，对学生的核心价值观和核心素养的培育更加重视，培育思路和方法更加灵活多样，学生学习的兴趣得到了

激发，学习的空间得到了拓展，学习的潜能得到了开发，良好的学习习惯得到了培养。更重要的是，学生的学习态度和自主意识得到了明显转变，自主、合作、探究的学习方式已基本形成，不少学生的研究性学习能力得到了提高，学习能力、探究能力均获得全面发展，学生的人文底蕴、科学精神、学会学习、健康生活、责任担当、实践创新的六大素养得到显著提升。

（五）教学质量有明显提高

经过两年的改革实践，教与学的方式发生了很大转变，学生学习政治课的兴趣明显提高，课堂效率也大大提高。2016—2017学年春季学期高中政治学业水平测试后，根据平凉市教科所发布的数据，学校教研室公布了考试质量分析通报，学生学习成绩提高十分突出。其中政治成绩达A率从原来的28%提高到现在的39%，达B率由原来的32.5%提高到现在的41.2%。

五、存在的问题与今后的设想

（一）存在的问题

本课题在转变教师的教学观念、提升教师的教学策略、转变学生的学习方式、提高教育教学质量等方面取得了显著成效。但从学校整体层面看，师生教学方式改革的力度还不够大，部分课堂教学的创新意识还不够强，在落实上还需继续跟进，教师的研究水平还有待学习提高。

1.教学理念有待进一步转变

受应试教育的影响，老师们急功近利，眼里只有学生的分数，教学中重知识教学轻思想教育，重结论轻过程，对核心价值观和核心素养的培育仍然重视不够；把形成结论当中的生动过程变成了单调刻板的机械记忆，过多地强调聚敛性思维，忽略了对学生发散性思维能力的培养。

2.课堂教学设计不够合理

教法单一，不能根据所教内容选择恰当的教学方法，无法巧妙地融入核心价值观教育；情境创设不当，情境的创设更多是为了证明知识，而不是引导知识的产生和发展过程，不是引导学生发现知识的来源；问题设计不当，问题的设计不注重循序渐进，急于求成、急功近利。

3. 课堂组织管理方法不够恰当

活动组织不当，为活动而活动，活动价值不大。评价方式不当，抑制了学生学习的积极性和创造性；教学语言不当，讲话的语调、语速缺乏变化，语言缺乏情趣和吸引力，导致学生疲劳，学习兴趣下降；偶发事件处理不当，课堂是一个动态的活动场所，充满了许多不可预知性，因偶发事件而引发的课堂失误是比较常见的一种失误。

4. 课堂文化素养有待提升

教师的教学素养、人文素养始终是制约课题深入实施的瓶颈。教师知识面不够宽广，课堂语言不够丰富。教师与学生之间沟通不畅，缺乏情感支撑，以致教师的“教”很大程度上是在完成教学的知识和能力目标，对学生价值观培育目标重视不够，对学生人文素养的提升效果有限。

（二）今后的研究设想

对学生进行社会主义核心价值观与学科核心素养的培育是一个长期的过程。课题虽然结题，但课题研究永远不会结束。我们将进一步加强理论学习，将实践转化为理性思考，丰富研究的内涵，推广研究成果的应用，以期取得更大的应用成效。具体表现为：

第一，通过示范课、研讨课等形式，继续探索适合本校学生实际的、适合在思想政治课教学中融入社会主义核心价值观教育的有效策略和途径，促进教学方式转变，更好地实现思想政治课的学科功能。

第二，跟踪调查教师在教学、科研情况方面的发展，督促教师充分利用信息化手段加强自身建设，提升专业素养，主动适应新时代的教育要求。

第三，通过“走出去”，学习发达地区的先进经验，不断更新课题组成员的教育理念，改变教学的方式方法，使思想政治课在“知识落实”和“价值培育”之间找准平衡点，实现从“知识本位”向“素养本位”跨越，真正把培育核心素养、落实立德树人作为教学的根本任务。

课题研究至今，得到了各级专家、领导的大力支持和关怀，得到了市、县兄弟学校的支持和帮助，得到了我校教师的配合和无私奉献，才取得了一点成绩。在此，课题组一并表示诚挚谢意！

参考文献

[1]余文森.学科教学:为核心素养而教——核心素养的教学意义及其培育[J].今日教育,2016(3):10-14.

[2]教育部普通高中思想政治课课程标准实验教材编写组.思想政治[M].北京:人民教育出版社,2017.

[3]刘蕊.《政治生活》与社会主义核心价值观培育的融合[J].中学政治教学参考(上旬),2018(1):22-24.

[4]张志强.和谐高效思维对话[M].北京:教育科学出版社,2009.

[5]李君貌.论思想政治课的学科功能[J].思想政治课教学,1996(1):31-32.

主持人：刘蕊（甘肃省华亭县第一中学）

审稿人：马劭麟（甘肃省教育科学研究院）

高中生物生态化课堂的教学实践研究

一、课题提出的背景

随着基础教育改革的不断深入，以核心素养为宗旨的基础教育改革已经全面展开。课程实施是一项系统工作，需要在课程、教学和评价等各个环节相互配合。学科核心素养要内化成学科精髓，最终需要通过具体的课堂教学去实施。因此，人们比以往更加关注课堂。对课堂的审视不能仅仅从教师或学生的角度出发，而应该用生态学的视野来审视课堂，这样才符合生命成长的规律，符合党的教育方针全面落实的政策。

然而，时下的课堂教学出现了较为严重的“水土流失”现象，课堂的“沙化”现象比比皆是，如师生关系的紧张化、育人模式的同质化、教学目的的功利化、教学方式的简单化、课堂评价的单一化等等。所谓的“有效课堂”沦为追求分数的技术，为此，变革课堂已是一种必然趋势。研究“学生、教师、教材、作业、教学环境”等诸多因子之间的相互联系、相互作用和制约因素，教育的功能就能在这些错综复杂的关联中得以实现。

课堂是一个特殊的微型生态系统，与自然生态系统相比，课堂生态系统也存在着影响课堂的各种生态因子，也有其特殊的结构和功能。良好的课堂生态，应该是在各种生态因子的综合作用下，在动态的平衡中不断发展。生态化课堂就是基于生态学的原理，在课堂教学时空的范围内，教学诸多因子有机和谐发展的课堂。生态化课堂使课堂成为具有开放性、整体性和可持续发展的生态系统。这种理念，对于我们落实学科核心素养，进而培养全面发展的人具有非常重要的启发作用。

二、研究的理论基础

本课题是基于生态学、教育生态学的基本原理、人本主义心理学原理、建构主义理论和可持续发展理论等重要理论展开研究的。

（一）生态学与教育生态学的基本原理

生态学是一门研究有机体与其周围环境相互关系的科学，而教育生态学则是依据生态学原理研究各种教育现象及其成因，进而掌握教育发展规律、揭示教育发展方向和趋势的科学。自然生态系统和教育生态系统共同遵循的生态学和教育生态学原理和定律有以下几种：

1.**限制因子定律**

生物对每一种环境因素都有一个耐受范围，只有在耐受范围内，生物才能正常存活。因此，任何生态因子，当接近或超过某种生物的耐受性而且阻止其生存、生长、繁殖和扩散时，这个因素称为限制因子。在教育生态环境中，几乎所有的生态因子都可能成为限制因子，限制作用不仅是因为某种生态因子的量太少，低于临界值，而且也可能由于某种生态因子的量太大，在超过最大负载量时起到限制作用。假若生态因子的规定性是有害的，那么这种限制因子就会起到限制性的负向作用。

2.**耐度定律和最适度原则**

任何一个生态因子在数量上或质量上接近或达到某种生物的耐受限度时，会使该种生物衰退或不能生存。教育生态中的个体、群体、系统在自身发展的一定阶段中，对周围生态环境中的各种生态因子都有着自己所能适应范围的最高限度和最低限度，在这个范围内主体才能够得到很好的发展，否则将会走向反面，产生负面的影响，这就是教育教学过程中应当遵循的最适度原则。

3.**花盆效应**

花盆是一个半人工、半自然的小生态环境系统，具有空间局限性，需要人为地为之创造良好和适宜的环境。因此，在花盆内生长的个体或群体，其生态阈值是下降的，一旦离开了这个小生态环境，个体或群体便会丧失其生存的能力。在封闭或半封闭的教育生态系统中，学生几乎脱离了现实的真实生活，仅仅单纯地从书本到书本，这样就容易产生局部生境效应。

4. 生态位原理

在任何一个生物群落中，每个种群都有着不同于其他种群的时间和空间位置，在生物群落中也有着自己特有的功能地位，这称为生态位。处于同一生态位的生态个体之间，由于所处的层次、面临的问题都基本相同，因此，在某些关键时刻，他们之间的竞争就更为激烈。在同一生态位中的竞争若是主动进取的，则会起到鼓舞斗志、激励向上的作用，但竞争和排斥有时也产生消极作用，这些影响要及时进行分析和避免。

5. 生态平衡原理

生态平衡指一定时间内生态系统中的生物与环境之间、生物各种群之间，通过能量流动、物质循环和信息传递，使它们相互之间达到高度协调和统一的状态。

教育生态系统的内部各子系统、各因子之间同样也是相互联系、相互作用的，也存在着物质流、能量流、信息流，并促使着教育生态由低级向高级，由简单向复杂演变，从而不断满足人的心理和生理、体力和智力的不同发展需要，促使教育生态系统在平衡到不平衡再到平衡的过程中进行螺旋式上升发展。

（二）人本主义心理学理论

人本主义心理学是二十世纪五六十年代在美国兴起的一种心理学思潮。人本主义心理学家认为，人的成长源于个体自我实现的需要，自我实现的需要是人格形成、发展、扩充、成熟的驱动力。正是由于人有自我实现的需要，才使得有机体的潜能得以实现、保持和增强。罗杰斯等人本主义心理学家从他们的自然人性论、自我实现论出发，在教育实际中倡导以学生经验为中心的“有意义的自由学习”，即突出情感在教学活动中的地位和作用，形成了一种以知情协调活动为主线，以情感作为教学活动基本动力的新的教学模式。这种模式以学生的自我完善为核心，强调人际关系在教学过程中的重要性，把教学活动的重心由教师引向学生，把学生的思想、情感、体验和行为看作是教学的主体，从而在一定程度上促进了个别化教学运动的发展。

（三）建构主义理论

建构主义学习观认为：学习者的学习过程是主动建构知识的过程，对新知识进行认知、编码，从而建构自己的认知和理解的过程，学生才是学习过程的中心，教师只是促进学生将知识进行加工和转化的指导者和合作者。建构主义的教学论及学习理论可以说是二十一世纪进行课程改革的主要依据，在生物科学教学改革领域范围内就更加明显。科学教育是科技发展的根本，而科技发展的成果深深地影响着整个社会，与我们的生活息息相关。二十一世纪的生物教育应该向哪个方向发展？建构主义理论为生物教育提供了一些有益的启示，比如：要注重培养学生的科学态度和科学素养，加强基本技能的培养，因为有时基本技能比某些知识更加重要。学生要努力掌握一些科学探究的方法和基本操作技能，比如观察的能力、比较分析的能力、收集和解释数据的能力，以及与他人合作和交流沟通的能力等。

（四）可持续发展理论

《教育——财富蕴藏其中》中曾指出："教育在人和社会的持续发展中起着重要作用。"当今社会是一个科学技术迅猛发展的时代，学生仅依靠课堂中所进行的学习是远远不够的，学生只有获得了终身学习的能力，才能够减少来自于外部环境的影响和制约，才能更好地适应环境，对任何状况具有良好的应变能力。从生态学的观点来透视生物课堂，学生不仅应学到大量的知识，而且要养成自主学习的态度、能力和积极的情感体验，让个体的生命性得到张扬和体现；同时，教师也要不断地反思自己的教学行为，调整自己的教学方式，丰富个人文化知识，提升自身的专业素养。可持续发展是一个多层次、多角度、渐进的生成过程，在此过程中，教师对学生不仅要"授之以鱼"更要"授之以渔"，引导学生由"学会"到"会学"再逐步变为"在学中创新"，从而使学生可持续发展的能力得到充分培养。

三、相关概念界定

（一）生态学与教育生态学

生态学是研究生物体与生物体之间，以及生物体与其周围环境之间相互关系的科学。随着生态学的不断发展，它已不仅仅是一门学科，而是一种新的观念和一种特殊的研究方法。“生态学”这一概念，介入到了许多学科当中，因此有了更广泛的内涵与特征，出现了人类生态学、社会生态学、教育生态学等学科。

教育生态学是依据生态学的相关原理，运用生态学的方法来研究各种教育现象，掌握教育发展的规律，揭示教育发展的趋势和方向的科学。主要可分为两大研究层面：一是宏观层面，主要是研究一个国家领域内一些大的教育系统的问题；二是微观层面，主要是将研究对象缩小到学校、教室、教学设备、课程等对教育教学过程有直接影响的微观方面进行研究。

（二）课堂生态与生态课堂

课堂生态是指课堂生态主体因素与课堂生态环境因素之间、课堂生态主体因素与课堂生态主体因素之间都存在着多种生态联系，并相互依存、相互制约，通过彼此之间的物质循环、能量流动与信息交换，共同使课堂成为一个有机的生态整体。因此，课堂生态各要素在维持课堂生态平衡的过程中，都起到了非常重要的作用。

生态课堂是指应用生态学中的相关原理，遵循教育教学的规律，创设民主和谐的教学环境，以实现课堂教学效果的最优化、最大化，促进师生可持续发展的一种课堂形式。它是回归自然、崇尚自主的课堂，是交往与互动的课堂，是开放与生成的课堂，是和谐与可持续发展的课堂。

因此，我们要合理利用教育资源，建设和优化课堂环境，努力协调课堂生态内部各要素之间的关系，使课堂环境生态化，让课堂生态各因素释放生命态，让课堂充满生机与活力，充满绿色和希望，成为学生学习和成长的幸福乐园，从而更好地实现生物生态课堂教学的育人功能。

四、研究的基本观点和主要结论

本课题的研究，旨在以新课程理念、经典教育理论、教育生态学理论为指导，用生态学的视角审视课堂教学，关注师生的生命成长，着眼于教学的生命性、生长性、生成性和生活性。从理论层面上探索高中生物生态化课堂的内涵、价值与生成，旨在为开展“高中生物生态化课堂实践”课题研究把握方向。在实践操作上通过实践研究，营造有利于师生持续发展的课堂教学生态，从一个新的视角研究课堂教学，通过对课堂教学方法、策略的研究，拓展课堂教学思路，为全面提升课堂教学质量，提高教师课堂教学水平，培养学生能力提供参考，这对于新课程改革无疑是一种贡献。

五、研究的过程和方法、主要特色和创新

（一）研究的过程和方法

1.研究的过程

2016年3月至2016年5月：课题组负责人学习理论，查找文献，申报课题。

2016年6月至2017年1月：课题组全体成员查找文献，理论学习（集中研修与自主学习相结合），问卷调查，共同讨论，形成高中生物生态化课堂内涵的共识，撰写研究论文，制定出生态课堂评价（观察）方案。

2017年1月至2018年4月：课堂实践研究阶段，进行教学设计，听课磨课，集体备课，微课制作和运用，同课异构，展示交流，编写创意笔记，开发校本课程，等等。通过课堂实践，共同解决课堂中出现的问题和面临的困惑，寻找营造生态化课堂的教学方法和应对策略，不断总结完善。

2018年4月至2018年5月：撰写研究报告，汇集研究成果，撰写结题报告，上报结题。

2.研究的方法

本课题运用了问卷调查法、文献检索法、行动研究法、观察法、数据分析等方法。以下主要介绍前三种方法：

问卷调查法。此方法即运用精选的问题设计问卷表，调查传统课堂的真实情况，了解学生对课堂变革的心声、建议和意见。

文献检索法。此方法即通过查阅文献资料，搜集、整理国内外有关生态化课堂的研究现状，了解、把握本课题研究的内容、思路和方法，为课题研究厘清了思路。

行动研究法。此方法是本课题研究的主要方法。行动研究法是反思性教学的一个基本而重要的策略，教师通过每天系统收集和分析教学实践的数据来为将来的教学做出决策。把行动研究的步骤描述为：发现问题、提出假设、调查研究、重新确认问题、制定行动研究计划或措施、实施计划、在实施中根据实际情况调整计划、观察收集数据、分析、反思与评价效果，以及撰写研究报告。反思性教学和行动研究是两种交叉的、重要的教学研究方法，将两种方法结合在一起将更加有助于深入研究教学中的实际问题。本研究旨在通过行动研究的实施来营造良好的课堂生态，促进生态化课堂的生成。

（二）主要特色和创新

我们在围绕该课题查找文献时发现，目前对生态化课堂的研究，在理论层面和实践层面存在着明显的脱节现象：一些高校的教育专家和学者，虽有着丰富的教育理论，但缺乏的是中小学教学实践；广大中小学一线教师，虽然具备丰富的教学经验，但缺乏现代教育理论，往往不能把经验上升到理论层次。没有现代教育理论的指导，生态化课堂的实践研究很难克服自身的瓶颈，上升到更高一级的层次。高校与中小学教师的联系受时空限制，往往很难达到理想的效果。如何有效地开展这一课题的研究，本课题研究特色和创新主要表现在以下几方面：

其一，加强教育理论学习，丰富理论知识贮备，更新教育理念。为了保证本课题顺利有效实施，课题组开展了以下三方面的储备工作：一是组织本课题组成员学习相关理论知识，储备与本课题相关的理论知识，更新教学理念。二是通过查找文献、搜集资料等方式了解国内外生态化课堂取得的经验和成果，拓展视野，初步形成生态化课堂的理念和意识。三是组织成员学习《高中生物学课程标准（2017年版）》，把握新课标要求，把落实学科核心素养内化到生态化课堂中。

其二，在问卷调查、理论学习、查找文献等的基础上，构建了高中生物生态化课堂的内涵、生成和价值框架，以及研制了生态化课堂观察和评价方案，旨在为开展“高中生物生态化课堂实践”课题研究把握方向并对生态化课堂实践进行定性观察和评价。

其三，课堂实践是本课题研究的重点，在课堂实践环节，采用集体备课的形式，借鉴已有成果，发挥集体智慧，群策群力，共同设计高中生物生态化课堂，确定实验班级和授课教师，组织课题组教师进课堂听课，带着问题观察课堂，通过听课、评课，共同解决课堂中出现的问题和面临的困惑。在研究过程中，及时调整研究方案，寻找适合生态化课堂的教学方法和应对策略。

六、主要研究成果

（一）开展问卷调查，探寻课堂教学全貌

在课题开展之初，课题组成员主要是采用了问卷调查和课堂观察相结合的方式，对高中生物课堂生态的现实状况进行调研，以期真实地呈现出课堂教学生态的面貌，探寻课堂教学中存在的生态和非生态的现象以及产生这些现象的原因，对目前的中学生物课堂教学进行全面的生态思考。

2016年9月，课题组随机对高二年级320名学生进行了问卷调查，问题涉及课堂模式、师生关系、学习方式、教学引入、课堂设问、实验教学、媒体应用、课堂笔记、作业处理等方面。发出问卷320份，收获315份，有效问卷292份，调查数据见下表：

高中生物生态化课堂教学实践研究的调查问题结果统计表

选项 / 人数（%） / 题号	A	比例	B	比例	C	比例	D	比例	E	比例	F	比例
1	3	1%	12	4%	260	89%	17	6%				
2	28	10%	10	3%	165	57%	89	30%				
3	48	16%	185	63%	18	6%	41	14%				
4	11	4%	14	5%	61	21%	41	14%	169	58%		
5	49	17%	217	74%	21	7%	5	2%				
6	10	3%	69	24%	213	73%	3	1%				
7	7	2%	64	22%	221	76%	5	2%				

续表

人数（%）／选项／题号	A	比例	B	比例	C	比例	D	比例	E	比例	F	比例
8	141	48%	22	8%	129	44%	0	0%				
9	193	66%	58	20%	41	14%						
10	147	50%	27	9%	118	40%						
11	108	37%	98	34%	86	29%						
12	279	96%	4	1%	9	3%						
13	40	14%	76	26%	74	25%	102	35%				
14	101	35%	75	26%	116	40%						
15	97	33%	141	48%	49	17%	5	2%				
16	183	63%	56	19%	53	18%						
17	87	30%	114	39%	91	31%						
18	112	38%	14	5%	72	25%	7	2%	87	30%		
19	6	2%	182	62%	99	34%	5	2%				
20	212	73%	63	22%	17	6%						
21	254	87%	6	2%	10	3%	10	3%	3	1%	9	3%
22	36	12%	4	1%	189	65%	2	1%	57	20%	4	1%
23	76	26%	63	22%	153	52%						
24	275	94%	11	4%	6	2%						

说明：该调查活动中共发放调查表320份，收回315份，其中有效问卷292份。

通过对以上数据的分析，调查结果基本上能反映学生对课堂变革的心声：第一，就课堂模式而言，学生渴望的课堂是轻松的、多样化的、以学生为中心的、有利于提高思维能力的、促进自身自主发展的课堂。如，选“师生轻松和谐的课堂”这一项的学生高达89%，选“每节课老师讲述20～30分钟”“以学生为中心”“不要捆住学生的手脚，让学生自由发挥”“希望促进发散思维”“多运用现代化教学手段”这些选项的人数也比较多。第二，在学习方式上，学生喜欢多元化的学习方式，学生渴望小组合作探究的学习方式，但他们普遍认为这种学习方式“每次都是少数几个同学参与”“学习和发展的机会显然不均”。第三，对于探究的问题，多数学生喜欢自己感兴趣的问题，那么如何在教学内容和学生的兴趣之间取舍？这是一个值得思考研究的问题。第四，绝大多数学生喜欢“幽默型”“宽松型”的老师，少数喜欢“知识渊博型”“民主型”的老师，几乎没有人喜欢“严格型”的老师。第五，学生希望通过“测验”“平时作业”和“课堂提问”来评价学习效果，希望能“少布置家庭作业”“布置分层家庭作业”，这些结果表明学生亦期待多样化的评价方式。

课题组进一步采用课堂观察方法对以上问卷中呈现的现象开展论证，发现目前中学生物课堂教学中已表现出一些良性的生态发展现状：教师开始关注学生的个体差异，注重个性发展；关注师生关系，注重平等对话；关注学生自主权，注重课堂的生成和建构；关注研究型学习，注重合作能力的培养。

然而，还存在着一些阻碍课堂可持续发展的非生态现象：首先，“阳光缺失”，即课堂群体生态失衡倾向。师生之间存在着单纯的主客体关系倾向，学生之间存在着从众和不良竞争的倾向，教师与教师之间存在关系封闭的倾向，彼此之间交流较少。其次，“垦伐过度”，即课堂主体与生态环境失衡倾向。存在课堂容量偏多、课堂文化建设不足等倾向。再次，“花盆效应”，即教学远离现实生活的倾向。存在教育情境与真实情境失衡，教学功利主义与工具性倾向。最后，“食物链单一”，即课堂教学资源与教学评价单一的倾向。存在课堂教学资源单一、开发不足、课堂评价单一化的倾向。

（二）基于学情，探索生态化课堂实施策略

针对调查过程中呈现的四大非生态现象，课题组全体成员查阅资料，开展理论学习，结合高中生物学科的特点及多年的高中生物教学实践，就高中生物学生态化课堂的内涵、价值和生成做了一些初步探索，拟定了《高中生物生态化课堂实施方案》。课题组成员分工合作，在我校高二年级进行课堂实践。充分利用课题组成员的团队智慧，认真构思每一节课，开展集体备课、观摩教学、同课异构、说课评课等教研活动，群策群力，并在实施过程中不断总结、反思、修正、再实践，逐步积累经验，不断地将从课题研究中获得的方法技巧运用于自己的教学活动之中。本阶段完成了60课时的教学设计，展示交流课20节，同课异构活动6次，参与授课教师6人21节，教学新秀评选课4人12节，竞赛交流课2人4节，听课、磨课、评课60多次。最终课题组确定了以下四个维度的生态化课堂实施策略：

1.改善师生关系，促进生态课堂学习共同体的动态生成

教育的过程实际就是师生、生生彼此进行心灵沟通、相互交流的过程。在高中生物生态化课堂中，教师与学生之间应是两个平等的生态要素，只有当这两个要素之间达到相互平衡和生态互动时，课堂才能迸发出智慧的火花。教师要努力创设利于学生学习的良好的教学情境，营造自由、和谐和具有生命力的课堂文化氛围，关注学生们的心灵世界，与学生们进行平等交流、和谐对话，去了解和倾听学生们的心声；要善于从学生的角度去理解和看待学生的问题与观点，给予他们充分的尊重和信任；要激励每一个学生主动参与课堂，师生之间、生生之间都要进行相互合作，协同努力，形成生态课堂中的学习共同体。

2.转变教学观念，努力实现生命个体的可持续发展

生态化的教学价值观体现的是“学生生命的可持续的生长”，在中学生物生态化课堂教学当中，教师应当努力转变原有的教学观念，构建起生态和谐的生命观，以“立德树人”为最终的教学目标。生命可持续发展的教学观，首先，就是要实现学生生命的存在与生长，对学生的生命生长来说，每一刻都是美好的、有价值的，生长过程必须是和谐的、健康的、整体的。每个生命个体不仅拥有自然的物质生命，还要追求自身的精神生命，从而实现自身的价值。只有和谐全面的生长才能够为学生们未来的生长打下牢固的基础。生物学是一门实验科学，倡导探究性学习，在此过程中，每个学生会表现出不同的兴趣、不同的学习能力、不同的个性和特长。每一位生物教师都应当尊重学生的个体差异，要善于发现并保护学生的个性，搭建合适的平台让学生的个性得到张扬，做到因材施教，加强个性化教学过程的发展。

3.创设绿色课堂环境，营造生态课堂的文化氛围

良好、绿色的生态化课堂环境能够充分发挥课堂文化环境潜移默化的育人作用。在生态化课堂中，课桌椅的空间排列应该遵循公平、优化组合的方式进行，宜采用马蹄形或者圆形的排列方式，利于学生的课上讨论与交流合作；还可以建立图书角，办好墙报、壁报，设立一些书橱报架等，营造浓厚的课堂文化氛围。

需要注意的是教室前面黑板的周围，不应张贴或悬挂太多的物件，以免分散学生们的注意力，影响课堂学习。

4.**优化评价方式，建构多维度、多元化的评价体系**

传统的教学评价方式常以考试成绩作为衡量学生优劣的标准，这样往往会挫伤学生们学习的积极性。而生态化的课堂则应以学生的全面发展为宗旨，尝试建立一个立体的、多元化的评价体系。首先，在生态化课堂中，评价的标准应该多元化。教师应懂得如何发现每个学生生命存在的价值，带着一份情感用赞赏的眼光去欣赏我们身边的学生。其次，在生态化课堂中，评价的主体应该多元化。可以进行学生的自我评价、师生相互评价、生生相互评价等，让学生成为评价的主体，这样有利于突出学生在学习过程中的主体地位，激发学生的学习积极性，让他们体验成功，建立自信，获得积极主动、和谐全面的发展。再次，在生态化课堂中，评价的方式也应该多元化，把定性评价与量化评价方法相结合，注重过程性评价、多元评价、发展性评价方式的运用等。

（三）深化课堂，丰富生态化课堂的教学资源

课题组在初步探索了生态化课堂实施策略的基础上，进一步开展了教育教学研究，深化了课堂教学，通过开发校本课程、编写《高中生物创意笔记》和尝试微课的运用等方面，不断丰富着生态化课堂的教学资源。

1.**深入挖掘数字化资源，开发编写校本课程**

生物学是一门以实验为基础的科学，除了专门的教材指定的生物实验教学以外，平时的课堂教学也应当与学生的生活紧密相连。在生态化课堂教学中，课题组成员充分利用学校的数字化实验资源，开发完成校本课程《高中生物数字化实验》，在实验教学改革方面进行了大胆的尝试，生物教师努力地为学生创设一种可以让学生自己进行主动建构知识的学习氛围，在这个充满探究性、实践性、安全性的学习环境当中，激发学生学习的兴趣、热情和积极性。

2.**探索“减负增效”策略，编写《高中生物创意笔记》**

在生态化课堂中，教师要注意对教学资源的选择和利用，注意创造性地使用教材，将自己的科学精神和智慧融入其中，把教材知识变活，形成具有教学个性的教材知识，在此过程中引导学生主动地去探索、去建构。2017年3月，完成了高中生物三个必修模块的《高中生物创意笔记》，此笔记编写的初衷是希望学生

能从繁重的做笔记中解脱出来，认真听讲，认真思考并积极参与到课堂讨论和探究等活动中来，笔记上已经呈现出了主题框架，需要记的东西只是补充和完善。为学生留下较多的自主学习的时间，营造宽松和谐的课堂氛围。

3.**尝试信息技术入课堂，用微课引导学生自主学习**

为使生态化课堂富有更多的活力，课题组在完成生态化课堂的常规教学策略的转变之后，进一步尝试将先进的现代教育技术引入课堂，丰富课堂教学形式。在课题负责人的组织和安排下，课题组全体成员认真学习了微视频的制作技术，并在组内开展微视频制作比赛，遴选出优秀作品参加全市的微课比赛。截至目前，课题组成员制作的优秀微课作品共20多节，已经普遍运用到日常的课堂教学中。通过课堂观察记录，引入微课后的生态化课堂，学生自主学习的能力有了很大提升。现代教育技术手段的应用，撬动了课堂，改变了课堂生态，使课堂向适合教师和学生共同发展的生态化课堂转变。

七、成果的社会影响

（一）承办培训讲座，传播生态化课堂理念

近年来，课题组负责人张改相老师承担了一些教师培训任务并参加了一些学术交流活动。他通过培训讲座及交流活动传播生态化课堂教育理念，介绍本课题的研究方法和策略，推广研究成果，产生了广泛的影响。

2016年7月，张改相老师被聘请至甘肃民族师范学院承办的“2016年中央补助资金藏区教师培训项目农村双语教师培训”中，为培训教师做了两次专题讲座。其中一次讲座就是结合该课题研究的相关成果与培训学员交流，学员对这一研究很感兴趣。

2017年9月，张改相老师被聘请至西北师范大学承办的“国培计划（2017）——宁夏吴忠市乡村教师培训团队研修项目”中，给吴忠市生物教师做了《中学生物教学研究与课题申报：我的中学生物教研之路》专题讲座。

2017年12月，张改相老师给兰州四中全体教师做了《回望与沉思——我的教学研究之路》专题讲座。

2018年4月，在“兰州市市属学校高中生物教师全员培训”中，张改相老师做了《高中生物课程标准修订对高中生物教学的影响》《回望与沉思——我的中

学生物教学研究之路》两个专题讲座。

2018年8月5日至8日，在由陕西师范大学基础教育研究院主办、南京一中协办的“第三届全国生物教科研课题研究与论文写作高级研修班”上，张改相老师受邀代表课题组就该课题进行了精品课题展示与交流。

2018年9月，张改相老师在“兰州市市属学校初中生物教师全员培训”中做了《只为彼此的抵达——漫谈生物教师的论文写作与课题研究》专题讲座。2018年10月，在“兰州市市属学校初中数学教师全员培训”中做了《回望与沉思——我的幸福教学研究之路》专题讲座。

每一次讲座及交流活动，他都以切身的体会与学员分享自己的研究过程和成果，学员们很感兴趣，在学员中产生了很大的反响。

2.参加各类学科竞赛，渗透生态化课堂理念

在本课题研究期间，多名成员在各种竞赛中获得各种荣誉，这也是这一研究成果的一种体现。

2016年5月，课题组负责人张改相老师被确定为“甘肃省省级骨干教师”；2017年9月被评为“兰州市第五届金城名师”，并成立了“张改相名师工作室”。

2017年9月，在西宁举行的“2017年‘丝绸之路经济带’沿线城市教育协作会暨中小学教师教学技能与竞赛活动”中，课题组成员张志国老师代表兰州市参加了比赛，在高手如林的参赛选手中脱颖而出，获高中生物组一等奖；课题组负责人张改相老师获“指导教师奖”。

2018年5月，在“兰州市第十四届教学新秀评选”复赛中，课题组青年教师王蓓在第二片区丙组获高中生物组第一名；同年10月经过总决赛，又获得“兰州市第十四届教学新秀”称号。

课题组成员李晶老师在兰州市教育局组织的“兰州市第十六届信息技术与学科融合课例比赛”中，设计的课例获中学组优秀课例二等奖（2017年9月）；在市教育局组织的“兰州市第一届中学优质课堂教学大赛暨观摩研讨”中获微课比赛二等奖（2017年11月）；2017年12月她被兰州市教育局确定为“兰州市县区级骨干教师”。

3.开展子课题研究，升华生态化课堂理念

围绕课题研究，课题组成员认真读了一些现代教育理论书籍，做了大量的笔记，并能从现代教育理论中得到教育启示和智慧。如张改相、王煜乾两位老师把

《学习理论》中的“梅耶信息加工模式”运用于课堂教学实践，撰写的论文《基于梅耶信息加模式的教学尝试——以减数分裂和受精作用为例》，发表于《生物学教学》上（2017年第6期）。

课题组成员李晶老师主持的市级规划课题“国学经典理论在高中班级管理中的应用研究”通过了鉴定（2017年12月），市级个人课题“国学经典理论在高中班级自主管理中的应用案例分析研究”通过鉴定并获“个人课题优秀成果二等奖”。

2018年3月，课题组成员张改相、王煜乾、张志国三位老师申报的课题“高中生物学课堂教学策略的研究”获“兰州市基础教育成果二等奖”。

课题组成员还注重理论联系实际，结合教材内容进行实验，强晓霞、张改相、张志国三位老师通过实验撰写的论文《$^{12}C^{6+}$辐射后兵豆根尖细胞染色体形态变异分析》发表于《甘肃农业科技》上（2018 年第 3 期）。

课题组成员逐步养成了勤于思考、善于反思，及时用文字表达思想的习惯。生活中的一些看似寻常的现象，都会给我们深刻的教育启示，如果能及时把这些启示带来的想法和思考用文字记录下来，我们的教育思想、教育视野会变得更为广阔。张改相、严力亚两位老师撰写的文章《大自然给予人类的教育启示》发表于《学科教学研究》上（谢立亚主编，兰州大学出版社 2017年6月出版）。

从2016年开始，张改相老师在“1+1教育网”平台上以网名“旗叶”发表的与教育有关的叙事、随笔以及包含教育思想的心情文字累计超过20多万字，读者浏览量超过4.7万人次。

在2018年兰州市教育局举办的“我的教育故事征文比赛”中，张改相老师的教育故事《回望与沉思——我的教学研究之路》获优秀征文一等奖。

以上的讲座和课堂竞赛等交流活动、竞赛活动和课题研究成果，得到了同行们的认可，足以说明生态化课堂的实践研究对于深化基础教育改革、全面落实学生发展核心素养的意义和价值，同时也是青年教师成长的理想课堂。

八、研究中存在的问题及今后的研究设想

首先，本成果虽然有一部分生物老师参与其中，但他们的参与度和参与面都很有限，大部分成果属于个人成果，群体的智慧没有很好地发挥。今后我准备利用“张改相名师工作室”平台，让更多的工作室成员参与到这一研究中来，使高

中生物学生态化课堂的实践研究能更系统、更丰富，为全面落实学生生物学学科核心素养寻找有效途径。

其次，对信息技术的运用不够。本成果在研究过程中虽然利用了部分信息技术，比如课件、微课等多媒体，但仅用这些不能克服本课题研究的瓶颈。当今社会，科学技术飞速发展，变革了各行各业的工作方式，便利了我们每一个普通人的生活方式。教育行业也不例外，在现代科学技术支撑下的课堂教学模式也是丰富多彩的，怎样合理地使用信息技术，提升课堂教学效率，而不是让课堂变得徒有华丽的外表，而没有实效性，这是在后面的工作中我们需要边学习边摸索的。为此，本人拟以工作室名义申报省级规划课题“高中生物教学与信息技术深度融合的研究”，以此来寻找更适合高中生物课堂改革的教学策略，营造适合师生共同发展的生态化课堂。拟从四个途径启动信息技术与高中生物教学融合的实践研究：

其一，利用教育云平台实施翻转课堂教学模式。

其二，将数字化实验技术与高中生物融合并形成相关教学模式。

其三，倡导微课程活动，建立教学资源，探讨利用微课组织课堂的方法和策略。

其四，利用信息技术开发科学史的教学资源。

通过本课题的研究，用信息技术促进教师成长，进一步探索以落实学生生物学学科核心素养为目标的教学策略。

参考文献

[1]潘小明.数学生态课堂—内涵—价值与生成[J].教育导刊,2006(8):10-11.

[2]谭永平.生物学学科核心素养:内涵、外延与整体性[J].课程·教材·教法,2018,38(8):86-91.

[3]中华人民共和国教育部.普通高中生物课程标准(2017年版)[S].北京:人民教育出版社,2018:5-25.

[4]沈露.高中生物生态化课堂构建措施[J].吉林教育,2014(32):50.

[5]杨正强,李森.论中小学课程生态平衡与优化策略[J].中小学教师培训,

2008(4):15-17.

[6]崔允漷.论课堂观察LICC范式:一种专业的听评课[J].教育研究,2012(5):79-83.

[7]李杰.历史课堂观察的方法与策略[M].北京:北京师范大学出版社,2013:69-75.

[8]伯海英.促进师生发展的校本课堂观察技术[M].北京:学苑出版社,2011:106-109.

[9]叶澜.让课堂焕发生命活力——论中小学教学改革的深化[J].教育研究,1997(9):3-8.

[10]吴鼎福,诸文蔚.教育生态学[M].南京:江苏教育出版社,2000:65-68.

[11]田真,吴明发.浅析教育的生态环境[J].中国教育学刊,2001(4):33-35.

[12]曹凑贵.生态学概论[M].北京:高等教育出版社,2002:54-59.

[13]林青.生态化教育在高中生物教学中的应用[J].中学生物教学,2014(7):41-42.

[14]洪世梅.教育生态学与大学教育生态化的思考[J].高等教育研究,2007(6):50-52.

[15]刘克汉.教育生态学与中小学素质教育[J].学术论坛,2000,142(5):129-131.

[16]邓小泉,郑成宪.教育生态学研究二十年[J].教育理论与实践,2009(5):12-16.

[17]朱开炎.生本教育的生态课堂教学模式[J].课程·教材·教法,2004,24(5):34-36.

[18]范国睿.美英教育生态学研究述评[J].华东师范大学学报(教育科学版),1995(02):83-89.

主持人：张改相（兰州市第四中学）

审稿人：陈勇（甘肃省教育科学研究院）

重点高中学生学习焦虑调查分析与干预研究

一、问题提出

近年来，随着我国经济社会的快速发展，社会各方面竞争日趋激励，学生的心理健康问题已经成为全社会普遍关心的热点问题。与此同时，作为高中阶段的学生，他们正处于身心发展的关键时期，不但面临着繁重的学业压力，而且面对着与日俱增的高考升学压力。特别是作为重点高中的学生，他们有着良好的学习习惯、较为优异的学习成绩和强烈的高考升学意愿，除了自己的不懈奋斗外，父母也常常给予他们很高的期望，因此，多为独生子女的他们，承载了更多与其年龄不相符的沉重的心理压力。这些压力来自社会、家庭、学校以及自身，使处于青春期情绪自控能力比较弱的他们很容易发生情绪困扰，不但影响自身的学习过程，而且影响未来的身心发展。这些压力最初的表现为情绪低落，学习效果不佳；随后会出现对学习的过度焦虑甚至自卑，严重的会导致学困、厌学及辍学。学习焦虑水平直接影响着学生的学习效率，过重的焦虑还会导致学生身心健康水平的下降。王希永曾对北京中学生学习焦虑的研究表明，学习焦虑是造成中学生心理异常、心理障碍的主要“杀手”。

本研究选取的两所学校是地处西北地区中小城市的省级示范性重点高中，入校时学生整体为择优录取，学校学风浓郁，学生课业繁重、竞争激烈。这些学生的父母很多具有较高的学历和相对优越的工作环境，因此他们更加强烈地希望子女取得优异的学习成绩，并视提高成绩是实现“鲤鱼跳龙门”的唯一途径。而学校作为地区名校，将考试成绩也作为评价学生进步与否的一个重要指标，并努力促使应试效益的最大化。在这样的学习氛围里，学生的学习压力越来越大，他们极易产生对学习的焦虑情绪，这使得他们学习效率下降，心理健康问题日益突出。基于此，我们对在校的630名高中生进行学习焦虑的抽样调查，结果发现53%的学生都不同程度地存在学习焦虑的问题，而且焦虑值偏高。此外，在中学心理咨询实践活动中，也明显发现学生在日常学习活动中不同程度地产生了焦虑现象。因此，探讨重点高中学生学习焦虑的现状及成因，寻求解决问题的办法，为学生提供一定的心理援助或服务就显得十分必要。

二、选题意义

（一）理论意义

研究学习焦虑问题，必然要涉及许多外部社会因素和主体内部的心理因素，揭示它们在教与学过程中的某些内在联系，有助于深化和丰富高中教育教学理论实践。

（二）现实意义

研究学习焦虑的来源，有助于发掘学习焦虑的本质，为我们采取可行的措施对学生进行干预提供理论依据，可以为学校的心理辅导尤其是教学工作提供具体建议和可参照利用的技术措施及操作程序，从而增进学生身心健康，减轻学生的心理困扰和心理负担，减少学习阻碍，提高学习的积极性和兴趣。

三、课题核心概念的界定

（一）学习焦虑

学习焦虑是焦虑的一种特殊表现形式，泛指学生在学习过程中产生的最为普遍的消极情绪反应。学习焦虑的概念至今尚无统一的界定，研究者普遍认为它是一种强度较高的消极情绪，通常对学习有消极作用，是影响学习进程的最普遍的因素之一。学习焦虑主要表现为惧怕家长或老师的否定评价，对考试的担心、不安、恐惧，课堂上害怕提问，趋向回避、退缩，以及由植物性神经系统唤起的症状，如失眠、做噩梦等。它一方面反映了学校教育中的现实竞争压力以及学生对再次遭遇失意、挫折的担忧、恐惧，另一方面也反映了学生对特定学习结果的情绪性预期，通常以状态的形式构成学生学习的情绪背景。

（二）重点高中

本研究界定的重点高中主要是指省级示范性高中，本研究在学生学习焦虑的调查分析中主要对金昌市金川总校第一高级中学（甘肃省首批示范性高中）和金昌市一中（甘肃省首批示范性高中）的部分学生做了样本选取。

四、国内外研究现状

（一）国外研究现状

西方对学习焦虑的研究主要集中于考试焦虑（Test Anxiety，也称“测验焦虑”），且成果显著。考试焦虑，即是由各种考试、测验所产生的焦虑，也有人称之为“成就焦虑”（Achievement Anxiety）或“学业评估焦虑”（School Evaluation Anxiety）。对考试焦虑的研究最早可追溯到1914年费林的研究，费林等人以医学院的学生为对象，测定他们期末考试前后尿中的糖量，发现在测验焦虑的考试刚结束之后，被试尿中糖分增加。在此基础上国外学者通过半个多世纪的实证研究，对学习焦虑现象、成因及影响范围等问题取得了很多有价值的研究成果，值得我们借鉴和学习。

（二）国内研究现状

近些年，国内对学习焦虑问题的研究逐渐重视起来。马惠霞对282名高中生焦虑状况的调查研究发现，高中生的焦虑问题突出表现在学习焦虑上，其中女生学习焦虑分量表上平均分数显著高于男生。乔建中等对136名高中一年级学生进行学习焦虑测定研究发现，中度学习焦虑者89人，高度学习焦虑者26人，中、高度学习焦虑者占总被测度对象的84.6%。王极盛、丁新华对北京市和河北省的558名中学生进行问卷调查，结果显示：中学生整体的焦虑处于轻度水平，52.6%的学生存在不同程度的焦虑问题，并指出学习压力对学生的焦虑情绪有良好的预测力。张巧明等采用问卷法对普通高中的340名学生进行了调查，结果表明高中生对学习方法、考试、人际交往的焦虑程度依次降低，女生考试焦虑程度明显高于男生。毛莉婷等的调查结果显示，474名高一和高二的学生中，总焦虑倾向异常检出率为13.9%，其中恐怖倾向的异常检出率占17.5%。高一学生的整体焦虑更多体现在学习焦虑倾向、对人焦虑倾向、过敏倾向、冲动倾向和总焦虑倾向方面。女生的焦虑更多体现在学习焦虑倾向、身体症状、恐怖倾向、冲动倾向以及总焦虑倾向方面。这些研究尽管在测试量表、受试群体、研究方法及评价标准等方面有所不同，但它们所共同揭示的中学生学习焦虑问题日益严重的趋势和学习焦虑对中学生心理健康水平的重要影响，既是不容置疑的，又是值得我们予以特别重视的。

纵观这些研究，我国学者也对学习焦虑进行了大量研究，但他们多从学生的学习焦虑的现状和影响因素进行探索，但在影响因素方面的研究结果并不一致，更没有深入学生之中，没能从多方面了解造成学习焦虑的真正原因有哪些。此外，很少有研究涉及学习焦虑的对策研究，所以缺乏应用价值。本课题结合重点高中实际情况，从现状、原因、干预三个方面对学生学习焦虑进行了综合性研究，将心理学理论研究与现实应用迅速接轨，坚持理论与实践相结合，增加了项目的实际应用价值。

五、本课题的研究目标、研究内容和拟创新点

（一）研究目标

第一，调查重点高中学生学习焦虑的现状，探讨造成他们学习焦虑的原因。尝试构建我校学习焦虑预警机制，有效预防学生学习焦虑问题的恶化现象。

第二，针对学习焦虑问题，积极开展个体心理辅导、团体心理辅导等有效的干预措施，形成有特色、重实效的干预模式。

第三，进一步增强学校心理健康教育工作的实效性和针对性，在研究学习中培养一批优秀的心理学教师队伍，切实提高学校心理健康教育水平，实现学校心理健康教育的新突破。

第四，促进形成学校良好的学习氛围，使学生能够正确面对自己学习中出现的焦虑问题，在有效的干预下缓解问题，直至消除问题。

（二）研究的主要内容

第一，对高中学生的学习焦虑问题进行调查与研究，通过开展问卷调查掌握学生学习焦虑的现状。

第二，对学习焦虑的学生进行质性访谈、问卷调查和模型建立，找出造成学生学习焦虑的原因，并根据不同原因对学习焦虑的学生进行分类归档。

第三，构建学生学习焦虑的预警机制。

每学期定时对学生学业焦虑状况进行普查，筛选出学习焦虑的“重点学生”。

将学习焦虑的预防渗透在学校教育的过程中，积极开展有关的专题讲座，开办学习焦虑主题进课堂，印发有关的学习材料和自助读本。

心育教师深入班级，协同班主任开展与师生学习焦虑有关的互动式班会活动。

为家长开展有关学生学习焦虑的专题讲座，帮助家长了解学习焦虑问题，使其及时关注学生的学习焦虑问题。

第四，根据筛选出的不同类型的学习焦虑“重点学生”，探索相应的干预策略。

第五，评估干预效果，并做出适时调整，针对学习焦虑形成一套科学、有效、完善的干预系统。

（三）研究拟创新点

第一，以往对学习焦虑的研究主要是探索其造成的原因，缺乏应用价值。而本课题结合重点高中的实际情况，从现状、原因、干预三个方面对学生学习焦虑进行了综合性研究，将心理学理论研究与现实应用迅速接轨，坚持理论与实践相结合，增加了项目的实际应用价值。

第二，构建我校学生学习焦虑预警机制，做到早发现早处理，降低由学习焦虑所引发心理问题的可能性，提高学习效率。

第三，根据不同类型的学习焦虑学生，探索出相应的干预策略，并且做好预后追踪研究，在实践中不断总结和完善。最后，形成具有特色和实效性强的学习焦虑干预模式，并在周边地区相关学校尝试推广，起到一定的引领和示范作用。

六、重点高中学生学习焦虑现状调查

（一）研究方法

被试。

研究的被试量为772人，均为省级示范性高中（金昌市一中和金昌市金川总校第一高级中学）的学生，样本基本信息如下表所示：

表1　被试的基本信息情况

	分类变量	频次	有效百分比		分类变量	频次	有效百分比
性别	男生	356	46.1%	独生子女	是	643	83.3%
	女生	416	53.9%		否	129	16.7%
年龄	14	14	1.8%	家庭结构	双亲家庭	710	92.0%
	15	489	63.3%		单亲家庭	23	3.0%
	16	171	22.2%		离异家庭	17	2.2%
	17	95	12.3%		重组家庭	22	2.8%
	18岁以上	3	0.4%				

研究发现，88.9%的学生均和父母常年生活在一起，仅有11.1%的学生是和爷爷奶奶或者单亲父母生活在一起；有2.9%的学生不喜欢和父亲生活在一起，有1.3%的学生不喜欢和母亲生活在一起；有2.6%的学生与父母的关系比较紧张，有高达10.6%的学生与父母的沟通较少。这些数据表明，家庭结构以及家庭沟通对高中生的健康心理观念产生着重要影响。

（二）研究工具

1.**中学生心理健康诊断测验**（MHT）

中学生心理健康诊断测验（MHT）是周步成教授根据日本铃木清等人编制的“不安倾向诊断测验”修订而成，该量表含有8个内容分量表：学习焦虑、对人焦虑、孤独倾向、自责倾向、过敏倾向、身体症状、恐怖倾向、冲动倾向以及1个效度量表。全量表的折半信度系数（r）0.91（$p<0.01$），重测信度的相关系数

为0.667～0.863（$p<0.01$）。在效度方面MHT与MMPI（明尼苏达多项人格测验）的两者相关系数为0.59，该测验与心理健康中的问题相关系数为0.663。在结构效度方面，MHT各内容量表同全量表总分的相关系数达到0.7以上，相关最低的也达到0.516，说明该量表的内部一致性较好；就各内容量表之间的相关来看，大多数的相关系数不到0.40，这表明该量表各内容量表之间的区分效度尚好。

2.中学生学业压力源问卷（SSA问卷）

陈旭在对学生、班主任及家长开放式访谈与半结构问卷调查的基础上编制了"中学生学习情况调查（SSA）问卷"。问卷内容包括任务要求压力、竞争压力、挫折压力、他人期望压力及发展压力五部分。问卷各个因素（包括一阶因素和二阶因素）之间基本上呈中等偏低相关，且低于因素与问卷总分之间的相关；各个因素与问卷总分的相关在0.62～0.88之间，存在较高相关。通过对理论模型和数据拟合程度的检验，表明问卷具有良好的结构效度。

3.中学生人格五因素问卷

中学生人格五因素问卷采用周晖等修订的中学生人格五因素问卷，该问卷分为五个维度——外向性、宜人性、谨慎性、开放性、情绪性。问卷各维度的"α"系数在0.80～0.85之间，问卷的克伦巴赫"α"系数、维度与总分的相关以及分半信度都达到心理测量学要求的水平。

（三）问卷施测

由学校专职心理健康老师担任主试，利用信息技术课在各班级进行施测，测试问卷为电子问卷，通过"问卷星"软件让学生作答，并告知学生本次测验只是建立学生心理档案，问卷严格保密，请学生如实作答。

（四）数据处理

数据采用SPSS16.0进行统计分析。

（五）结果与分析

1.省级示范性高中学生的总体心理健康状况

表2　省级示范性高中学生的总体心理健康状况

维度	M	SD	理论中值	T(df=771)	P
学习焦虑	8.41	3.10	7.5	8.13***	0.000
对人焦虑	3.68	2.26	5	−16.21***	0.000
孤独倾向	1.97	2.09	5	−40.37***	0.000
自责倾向	5.22	2.22	5	2.79**	0.005
过敏倾向	6.07	2.22	5	13.41***	0.000
身体症状	4.87	2.86	7.5	−25.49***	0.000
恐怖倾向	2.26	2.25	5	−33.71***	0.000
冲动倾向	2.91	2.14	5	−27.09***	0.000
总量表分(焦虑状况)	39.82	13.98	45	−10.30***	0.000

注：** P<0.01，*** P<0.001。

采用单样本T检验，对MHT各维度以及总分进行差异检验，如表2。研究发现，高中生的学习焦虑状况为t（771）=8.13，p<0.001，自责倾向为t（771）=2.79，p<0.001，过敏倾向为t（771）=13.41，p<0.001。这三个维度高于理论中值，表明高中生心理健康水平较差的主要原因在于这三个因子，其中学习焦虑问题凸显。

2.不同性别学生焦虑状况的差异检验

表3　不同性别学生的焦虑状况

维度	男生(M±SD)	女生(M±SD)	T(df=770)	P
学习焦虑	8.14±3.16	8.63±3.03	2.20*	0.028
对人焦虑	3.40±2.17	3.92±2.31	3.23**	0.001
孤独倾向	1.90±2.10	2.02±2.08	0.83	0.407
自责倾向	5.11±2.26	5.32±2.18	1.35	0.179
过敏倾向	5.89±2.27	6.23±2.16	2.15*	0.032
身体症状	4.49±2.72	5.20±2.94	3.46**	0.001
恐怖倾向	1.79±1.92	2.67±2.44	5.52***	0.000
冲动倾向	2.53±2.13	3.24±2.10	4.62***	0.000
总量表分(焦虑状况)	38.05±13.22	41.33±14.45	3.27**	0.001

注：*P<0.05，** P<0.01，*** P<0.001。

独立样本T检验，如表3。结果发现，女生的学习焦虑得分（M=8.63，SD=3.03）显著高于男生（M=8.14，SD=3.16），T（770）=2.20，$p<0.05$。从量表的整体得分而言，女生的焦虑得分（M=41.33，SD=14.45）显著高于男生（M=38.05，SD=13.22），T（770）=3.27，$p=0.001$。这表明女生比男生持有更多的焦虑程度，尤其在学业焦虑方面，女生的学业焦虑情绪更重。

3.不同性别学生人格倾向的差异检验

表4　不同性别学生的人格倾向状况

维度	男生(M±SD)	女生(M±SD)	T(df=770)	P
外向性	3.51±0.78	3.37±0.74	-2.63**	0.009
宜人性	3.89±0.61	3.90±0.57	0.14	0.889
谨慎性	3.29±0.70	3.28±0.62	0.17	0.868
开放性	3.67±0.63	3.49±0.65	-3.89***	0.000
情绪性	2.92±0.73	3.13±0.79	3.80***	0.000

注：** $P<0.01$，*** $P<0.001$。

研究发现，如表4。男生的外向性要显著高于女生 [t（770）=-2.63，$p<0.01$]，即男生更外向。男生的开放性要显著高于女生 [t（770）=-3.89，$p<0.001$]。相反，女生的情绪性显著高于男生 [t（770）=3.80，$p<0.001$]。这说明女生在情绪管理方面需要更多的心理帮助，而这也是女生焦虑水平更高的重要原因。

4.不同性别学生压力源的差异检验

表5　不同性别学生的压力源结果

维度	男生(M±SD)	女生(M±SD)	T(df=770)	P
任务要求压力	3.06±0.64	3.12±0.56	1.12	0.221
竞争压力	2.94±0.79	3.05±0.74	2.07*	0.038
挫折压力	2.73±0.67	2.80±0.65	1.58	0.114
期望压力	3.00±0.66	3.07±0.59	1.46	0.145
发展压力	2.58±0.81	2.49±0.74	-1.72	0.086

注：*$P<0.05$。

研究发现，如表5，在压力源测验中，女生的竞争压力显著高于男生［t（770）=2.07，p<0.05］。这说明女生比男生感受到更多的竞争压力。

5. 高中生焦虑状况、人格倾向与压力源之间的相关分析

表6　高中生焦虑状况、人格倾向与压力源之间的相关分析

变量名	1	2	3	4	5	6	7	8	9	10	11
焦虑状况	1										
外向性	−0.28**	1									
宜人性	−0.19**	0.56**	1								
谨慎性	−0.27**	0.34**	0.61**	1							
开放性	−0.14**	0.48**	0.44**	0.43**	1						
情绪性	0.69**	−0.21**	−0.10**	−0.09*	0.07	1					
任务要求压力	0.48**	−0.19**	−0.18**	−0.20**	−0.19**	0.40**	1				
竞争压力	0.53**	−0.17**	−0.15*	−0.17**	−0.20**	0.473**	0.80**	1			
挫折压力	0.44**	−0.13**	−0.15**	−0.08*	−0.14**	0.40**	0.74**	0.77**	1		
期望压力	0.46**	−0.14**	−0.13**	−0.10**	−0.17**	0.40**	0.79**	0.81**	0.75**	1	
发展压力	0.30**	−0.07	−0.13**	−0.07*	−0.02	0.31**	0.57**	0.55**	0.55**	0.58**	1

注：*P<0.05，** P<0.01。

结果表明，如表6，对于高中生而言，学生的焦虑状况与人格之间均存在显著的相关性。例如，焦虑程度与外向性人格倾向之间存在显著的负相关（r=-0.28，P<0.01），焦虑程度与宜人性（r=-0.19，P<0.01）、谨慎性（r=-0.27，P<0.01）和开放性（r=-0.14，P<0.01）人格倾向之间均存在显著的负相关；相反，焦虑程度与情绪性人格倾向之间存在显著的正相关（r=-0.69，P<0.01）。学生的焦虑程度均与压力源各个维度之间存在显著的正相关（P<0.01）。

6.**高中生焦虑状况对人格倾向的回归分析**

为了进一步分析人格倾向对焦虑程度的作用，以人格特质类型为预测变量，焦虑作为结果变量，将性别、年龄、独生子女现状和家庭结构作为控制变量，执行分层回归分析。分析之前对预测变量和结果变量进行中心化处理，同时对其进行共线性诊断，结果发现，如表7，回归模型中各自变量的容忍度（Tolerance）均大于0.1，且VIF值均小于2，说明所引入的预测变量不存在严重共线性问题，可以考察其对结果变量的预测作用。

表7　高中生焦虑状况对人格倾向的回归分析

	预测变量	结果变量	R^2	R^2	F(df)	DW	B	SE		T	Tolerance	VIF
第一步	性别	焦虑	0.05	0.04	9.30***（4,767）	1.92	3.15	0.99	0.11	3.18**	0.99	1.01
	年龄						-3.28	0.66	-0.18	-4.94***	0.99	1.01
	独生子女						0.97	1.33	0.03	0.73	0.98	1.01
	家庭结构						0.95	0.84	0.04	1.13	0.99	1.02
第二步	性别	焦虑	0.32	0.31	39.84**（9,762）	1.92	2.17	0.85	0.08	2.56*	0.97	1.03
	年龄						-2.93	0.57	-0.16	-5.18***	0.99	1.02
	独生子女						0.58	1.13	0.02	0.51	0.98	1.02
	家庭结构						0.54	0.71	0.02	0.76	0.98	1.02
	任务压力						3.97	1.31	0.17	3.04**	0.28	3.52
	竞争压力						6.49	1.09	0.36	5.94***	0.25	4.00
	挫折压力						0.33	1.10	0.02	0.30	0.33	2.98
	期望压力						0.38	1.29	0.02	0.30	0.27	3.74
	发展压力						-0.09	0.70	-0.01	-0.12	0.60	1.67

注：*P<0.05，** P<0.01。

研究结果发现，年龄和性别因素是影响高中生焦虑程度不可忽视的变量。人格特质类型中的外向性（β=−0.12，p<0.001）和宜人性（β=−0.21，p<0.001）对焦虑程度具有显著的负向预测作用，其预测作用力为55%；情绪性对焦虑程度具有显著的正向预测作用（β=−0.64，p<0.001）。这些结果表明，高中生的人格倾向在一定程度上可以预测其焦虑水平，情绪性人格倾向的学生更容易出现学业焦虑。

7. **高中生焦虑状况对压力源的回归分析**

为了分析压力源对焦虑的作用，以压力源为预测变量，焦虑作为结果变量，将性别、年龄、独生子女现状和家庭结构作为控制变量，执行分层回归分析。同样，分析之前对预测变量和结果变量进行中心化处理，同时对其进行共线性诊断，结果发现，如表8，回归模型中各自变量的容忍度均大于0.1，且VIF值均小于5，说明所引入的预测变量不存在严重共线性问题，可以考察其对结果变量的预测作用。

表8　高中生焦虑状况对压力源的回归分析

	预测变量	结果变量	R2	R2	F(df)	DW	B	SE		T	Tolerance	VIF
第一步	性别	焦虑	0.05	0.04	9.30*** (4,767)	1.92	3.15	0.99	0.11	3.18**	0.99	1.01
	年龄						−3.28	0.66	−0.18	−4.94***	0.99	1.01
	独生子女						0.97	1.33	0.03	0.73	0.98	1.01
	家庭结构						0.95	0.84	0.04	1.13	0.99	1.02
第二步	性别	焦虑	0.32	0.31	39.84** (9,762)	1.92	2.17	0.85	0.08	2.56*	0.97	1.03
	年龄						−2.93	0.57	−0.16	−5.18***	0.99	1.02
	独生子女						0.58	1.13	0.02	0.51	0.98	1.02
	家庭结构						0.54	0.71	0.02	0.76	0.98	1.02
	任务压力						3.97	1.31	0.17	3.04**	0.28	3.52
	竞争压力						6.49	1.09	0.36	5.94***	0.25	4.00
	挫折压力						0.33	1.10	0.02	0.30	0.33	2.98
	期望压力						0.38	1.29	0.02	0.30	0.27	3.74
	发展压力						−0.09	0.70	−0.01	−0.12	0.60	1.67

注：*p < 0.05，**p < 0.01，*** p<0.001。

研究结果发现，年龄和性别因素仍然是影响高中生焦虑程度不可忽视的变量。压力源中的任务要求压力（$\beta=-0.17$，$p<0.001$）和竞争压力（$\beta=0.36$，$p<0.001$）对焦虑程度具有显著的正向预测作用，其预测作用力为31%。这些结果表明，高中生的任务要求压力和竞争压力在一定程度上可以预测他们的焦虑水平。也可以说学业焦虑的主要来源是任务要求压力和竞争压力。

（六）分析与讨论

本研究表明高中生学习的压力对学生的心理健康有着较为重要的影响作用，是困扰高中生心理健康的重要应激源。

1.年级差异表现

依据问卷调查，高一53.9%的学生学习焦虑倾向偏高，主要表现为学习适应性焦虑，产生的原因为：其一，对学习难度的心理准备不足。高中学习内容较初中相比深度掘进、广度拓宽、梯度增强、角度多维，但很多高一学生开学后仍陶醉于考进重点中学的喜悦之中，没有及时调整心理，使高中知识的学习陷入困境。其二，旧的学习方法不适应。很多学生在短时间内很难尽快适应任课教师新的授课方式，跟不上高中老师的教学节奏，不能有效地支配时间，导致心理上的焦虑和不安。其三，对学习期望过高，自我定位过高。考入重点高中的学生在初中阶段大多是班中佼佼者，有极强的优越感与满足感，但面对同龄人中的精英，他们开始对自己产生怀疑，陷入一片茫然之中。其四，心理耐挫力差。考入高中后，面对各种学习困难，不能正确面对失败，感到前途渺茫。

高二年级主要是学习重新定位的焦虑，具体表现为：其一，目标不明确。高二阶段是一个容易出现动荡和茫然的时期。很多学生学习目标不明确，一旦遇到挫折，特别是考试中受到打击，就会自我怀疑，产生焦虑。其二，在学习上两极分化日益明显。对于成绩差的这部分学生而言，由于第一年的学习中（尤其是在考试中）屡遭挫折，对学习的灰心、自卑甚至害怕等心理也在渐渐固化，出现兴趣转移、偏科等倾向。其三，偏科现象严重。学生如果某一学科特别不好，造成学科“跛腿”，一科拉后腿，总成绩就上不来，自感焦虑。其四，文理分科的变化。高二年级，由于文理学科的不同，班级重组或班主任的变更或班上有些任课教师的变动，都会对学生的学习产生一定的影响。

高三年级主要是高考考试焦虑，具体表现为：其一，对自我能力的不恰当认识，成就动机过强或过弱。其二，过于夸大考试失败的后果。其三，学生对知识的准备不够充分。其四，学生自身的人格特征。有些学生焦虑特质明显，总害怕考试成绩不好，但结果往往会因为紧张而造成成绩下滑，这又会加剧心理焦虑的程度，造成恶性循环。其五，外部因素的影响。家长过高的期望、过度的关心、过多的指责和过分的呵护等都会影响学生考试焦虑的水平。

2. **性别差异表现**

女生由于天生比较敏感，情感丰富、多愁善感，相对比男生更容易产生焦虑倾向。高中女生学习焦虑水平偏高的主要原因是：其一，思维的局限性。高中课程内容越来越抽象，大多数女生的形象思维发达，抽象思维弱于男生，如果她们继续沿用初中原有的学习模式，就必然感到学习吃力，尤其在理科学习上感到尤为困难。其二，性格因素。部分女生个性比较争强好胜，而面对学生间激烈的竞争，容易产生心理落差，变得焦虑不安。其三，心理脆弱。有的女生心理脆弱，缺乏对失败和挫折的心理承受力。几经努力之后的暂时性失败，往往使她们向困难低头，放弃困难学科的学习，形成偏科，导致学习上的恶性循环。

3. **人格差异表现**

情绪性对焦虑程度具有显著的正向预测作用，其他人格特质类型对焦虑程度预测均不显著，这就说明情绪性人格倾向的人更容易出现学习焦虑。这是由于情绪对认知操作的消极影响，主要体现在不良情绪对认知活动功能的瓦解上。当学生情绪极度紧张时，会导致注意力不集中，思维流畅性降低，认知的范围缩小、灵活性降低、判断力减退，甚至会使他们失去自制力，不能约束自己的行为和评价行为的后果，从而造成学习的失利。学习者只有在良好的心境和冷静的头脑的支配下，才有可能调动自己的感官，理智清醒地应付考试情境，获取满意的成绩。

4. **压力来源的差异分析**

研究表明，压力源中的任务要求压力和竞争压力对焦虑程度具有显著的正向预测作用，这就可以说明学业焦虑的主要来源是任务要求压力和竞争压力。通过访谈和深入分析这两类压力源，其成因如下：

第一，家庭因素。家庭氛围紧张、家庭环境拥挤、教育方式不当、父母教育期望的过高及父母本人的焦虑情绪等都会给孩子造成不良影响。

第二，学校因素。每次考试后的成绩排名给学生造成紧张的心理氛围，班级、年级中的优秀者总是力争保持自己的领先地位，中等学生拼命追赶，落后学生努力摆脱落后的形势，“你追我赶”的气氛增加了同学间的紧张关系，形成了竞争的压力。

第三，自身因素。一是较差的自我概念。自信心不足，自我肯定较少，对自己较高的评价依赖于别人的肯定，遇到挫折常常不能积极克服，容易失败，失败后又容易产生挫折感，进一步打击自信，否定自我，形成一个恶性循环。二是负性的心理定式。固定负面的心理定式，会使学生对学习活动中的困难产生畏惧，逐步失去自信心，引起心理上的连锁反应，从而导致更高的焦虑产生。三是缺乏正确的自我认知。部分学生由于没有充分认识自我，给自己制定的目标过高，严重地挫伤了学习的积极性和学习热情，长此以往很容易体验到自卑感和强烈的竞争压力。四是学习的内驱力不足。很多学生在访谈中都谈到自己学习的动力是外驱力，所以很难体会到学习本身带来的乐趣，而更多的是压力。

七、干预研究

（一）班级团体心理辅导

班级团体心理辅导是以团体动力的理论和团体心理辅导的技术为基础，以解决学生成长过程中遇到的共性问题为目标，以班级为单位开展的一种心理辅导活动。本研究根据不同年级学生的学习焦虑特点，采取心理健康分层教育，以班级团体心理辅导为主要授课形式，有针对性地解决学生的学习焦虑问题。

高一年级开设心理健康校本课程，每两周一节课，主要主题包括：环境适应、学习力训练、认识自我、悦纳自我、调节焦虑情绪等内容，在实践中不断完善。

高二年级施行“菜单式”选题辅导和专题教育相结合的辅导模式。每学期初将二十余个讲座主题以“菜单”形式下发到各班，让学生自主选择，然后统一编排“课表”，由专兼职教师进班辅导。讲座主题包括“如何克服学业焦虑?”“适应新班级”“目标确立与管理”“生涯规划”等。同时，每学期开展高二学生学习焦虑教育专题活动，分男生和女生专场分别进行讲座。

高三年级结合学生备考阶段的学习焦虑特点，实行“大讲座”心理辅导和团体心理活动相结合的模式。每学期组织高三学生开展两次心理健康专题讲座，主题包括“挖掘潜能，超越自我”“直面高考，放松心态”“情绪管理，成就人生”“高考考前心理辅导”。同时，高考前（5月份）为高三学生开展户外减压团体活动。

（二）个体咨询

从班级团体心理辅导可以看出，团体干预对高中生的学习焦虑有比较好的效果。但有个别学生效果不是非常明显，尤其是对于那些学习焦虑比较高的学生，这可能因为团体干预主要针对大多数成员，而忽视了个体差异的问题，同时个人的深层问题也难以暴露。因此，在团体研究的基础上，为了更深入、有效地缓解高中生的学习焦虑问题，本研究还进行了个体咨询干预。个体咨询时对学业焦虑学生的焦虑缘由进行分类，将同一种原因的学生按照同一种方法进行咨询，旨在探索出一套针对性强、预后效果好的心理咨询模式。

1.战胜自卑，拥抱积极心态

咨询对象：自信不足，在意外界看法，喜欢把自己和别人比较。

咨询方法：积极心理学疗法。

本研究依据积极心理学的理念，激发来访学生自身内在的积极力量和优秀品质，从而挖掘出自身的潜力并获得良好的心理状态。

咨询过程如下：第一，帮助学生发现自己的积极优势，包括学习、生活和个人等方面，并且和学生一起探索如何更好地利用这些优势，制定相应的计划。第二，体验更多的积极情绪，通过挖掘过去、现在和未来的积极事件而体验到更多的积极情绪，让学生意识到快乐的重要性，并且探寻如何让自己快乐的方法。第三，建立积极的人际关系，当学生的周围环境和老师、朋友都提供了最优的支持、理解和尊重时，他们最有可能拥有良好的心理健康。基于此，咨询老师帮助学生发现自己人际关系中的积极部分，以及自己在人际关系中的积极力量，并和学生一起探讨如何让人际关系变得更好的方法。第四，培养积极应对的能力，让学生意识到困难、挫折都是生活的常态，应该不断磨砺自己的心智，寻找积极的应对方式。

2.改变认知，缓解焦虑

咨询对象：学生具有负性的心理定式，消极的认知和情绪，不能正确评估自己。

咨询方法：认知行为疗法。咨询过程中协助来访者调动和发挥自身潜力对自己的认知过程进行反省，并利用其他的正常的认知功能解决存在的问题。

咨询过程：第一，识别不合理认知。咨询老师通过纪录来访者不同情景和问题中的自动性思维，要求来访学生归纳出一般特征，找出自己的不合理认知。学生的不合理认知一般包括三个方面：一是过分概括化，二是以偏概全，三是糟糕至极。第二，真实性检验。即将来访者的自动性思维和错误观念看作一种假设，然后鼓励来访者在现实情境中对其进行验证，让来访者认识到他原有的观念不符合实际，并自觉改变。第三，去中心化。很多来访者总感到自己是别人注意的中心，自己的言行都会受他人的评价。通过改变言行后纪录别人对其关注与否来验证自己的想法，进而改变原有的中心化观念。第四，替代思维。通过五栏记录表帮助来访学生学会换个角度看问题，改变自动性消极思维。五栏记录表包括：事件、自动思维、反应、替代思维、反应。第五，辩护律师。让来访学生通过扮演辩护律师，抨击那些消极的自我认知证据。第六，家庭作业。根据治疗进程，给来访学生留家庭作业，包括验证假设以及认知技术的练习等。

3.寻找例外，建立自信

咨询对象：考试成绩不理想，学习适应不良，学习时间紧，没有充裕的时间做心理咨询。

咨询方法：焦点解决短期疗法。焦点解决短期疗法强调如何解决问题，而非发现问题原因。以正向的、朝向未来的、朝向目标的积极态度促使改变的发生。

个体咨询过程中我们主要从这三个方面进行：第一，从正向的意义出发，强调来访者的正向力量，而不是去看他们的缺陷；强调他们成功的经验，而不是失败；强调来访者的可能性，而不是他们的限制。第二，运用Ears技术，寻找例外，巩固从例外中得到的体验。Ears询问就是强调来访者的成功经验（例外）和力量以及建构解决问题，而不是分析问题。鼓励来访者建立他们的力量。具体来说，E（eliciting）——“引出”：引导来访者讲出最近发生的好的转变；A（amplifying）——“扩大”：进一步探讨改变是如何发生的；R（reinforcing）——“强化”：赞美来访者在例外发生时呈现的成功和力量；S（startagain）——“再次询问”：还有什么是比较好的。其实，Ears就是引导来访者就“发生了什么比较好的事”进行探讨。咨询中，首先是发现例外，接下来的程序就是同第一次咨询的程序一样，经由扩大探讨例外、评量，再次厘清目标、进行休息阶段、赞美与回馈来催化改变。最终，引导个案看到小改变的存在，看重小改变的价值，促进小改变的发生与持续。

4.**放松心情，突破自我**

咨询对象：考试焦虑，因为紧张、焦虑不能将真实水平发挥出来的个体，焦虑情绪严重。

咨询方法：放松疗法和系统脱敏。个体咨询过程中，让学生把自己的学业焦虑或考试焦虑由弱到强按次序排列成“焦虑阶层”，然后教会学生一种与焦虑和恐惧相抗衡的反应方式，即松弛放松，使患者感到轻松而解除焦虑；进而把松弛放松技术逐步地、有系统地和那些由弱到强的焦虑阶层同时配对出现，形成交互抑制情境（即逐步地使松弛反应去抑制那些较弱的焦虑反应，然后再抑制那些较强的焦虑反应）。这样循序渐进地、有系统地把那些由于不良条件反射（即学习）而形成的强弱不同的焦虑反应，由弱到强一个一个地予以消除，最后把最强烈的焦虑反应（即我们所要治疗的靶行为）也予以消除（即脱敏），通过此方法，学生能够轻松地应对考试、学习，将自己真实的水平发挥出来。

（三）家校联动，育人育心

培养学生的道路任重道远，如果教育学生只是依靠学校单方面的力量，取得的效果不会太佳。学校与家长只有确定统一战线，建立良好、互助的同盟关系，家庭、学校和社会三方达成共识，形成教育合力时，学生才会成人、成才。我校心理健康教育中心有三名金昌市家庭教育讲师团的成员，学校充分利用这一资源优势，以“树立新理念，倡导新行动，提供新支撑，传递新能量”为主题，深入推进家庭教育活动。每学期学校都会根据不同年级学生的学习焦虑等心理特点，确定相关主题定期举办针对家长的学生心理健康专题讲座，主题主要有：《如何陪伴孩子走过青春期?》《科学化解高考焦虑》《帮助孩子学会人际交往》《正确树立亲子关系》等，并取得了良好的效果，架起了家校沟通的桥梁。学校目前正在积极探索构建“政府主导、三方携手、三位一体”的融和教育模式，将通过教育主管部门、学校、家庭以及公益组织、社会力量的多方合作，突出对家长的教育和培训，以提升父母的教育能力，提高家庭教育水平，促进学校教育的进一步发展。

(四)积极宣传，营造氛围

学校心理健康中心对于积极宣传，营造氛围，具体做了以下几方面的工作：其一，对全体学生定期进行心理测评，建立学生心理健康档案，及时掌握学生的心理动态，筛选出学习焦虑的学生，进行积极关注和干预；其二，班主任利用主题班会进行心理健康教育，让学生在讨论和活动中正确认识学习焦虑并学会化解焦虑；其三，在各班选拔并培训心理委员，依靠他们在学生群体中积极宣传心理健康和学业焦虑方面的知识，并为本班同学提供及时有效的心理支持，在师生沟通中起到桥梁作用，杜绝不良事态的发生发展；其四，成立“新天地”学生心理社团，定期开展心理素质拓展、心理剧的表演、影视作品的心理学视角赏析及专题心理辅导等丰富多彩的心理活动；其五，结合学校、学生和家长实际，定期刊印学校的心理健康教育报——《心天地》；其六，校园广播站开设《心灵驿站》栏目，每天下午课外活动时间定时向全体学生普及心理健康和学业焦虑方面的知识；其七，校宣传橱窗定期更换与心理健康教育相关内容的版面，营造关注师生心理健康的浓厚氛围。

八、研究取得的成效

第一，通过本课题研究，再次深入了解和掌握了高中生，特别是重点高中学生学习焦虑的现状和成因。这些结论，对于学校教育教学工作的计划、安排和开展具有积极的指导意义，确保教学相长，因势利导，激发潜力，突出效果。同时，也对各学科教师教育教学实践具有积极指导意义，有助于教师在教与学的互动中，起到知己知彼、有效调动、防范异常、有的放矢的目的，最大限度地突出“以生为本”的教育理念，从而提升班级管理和课堂教学效果。

第二，通过本课题研究，构建了重点高中学生学习焦虑预警机制，形成了一套科学有效的干预模式。这就将学习焦虑的预防渗透在学校教育的过程中，改善了学生的学习焦虑情况，有效预防了学生学习焦虑问题的恶化，提高了他们的心理健康水平，同时促进了学生个性的全面发展。

第三， 通过“家长学校”必要而扎实的心理健康知识普及，帮助家长了解家庭心理健康教育的有效方法与途径，使其及时关注学生的学习焦虑问题，营造家庭心理健康教育的环境，促进了亲子关系、师生关系，形成了良好的学校、家庭、社会间的合作与互动。

第四，通过本课题的研究与应用，有效提升了学校的教学质量。高一年级的校本课程、高二年级的选题辅导、高三年级的专题讲座以及重点学生的个体咨询等大量工作，使各年级学生学习焦虑问题得到有效改善，学习成绩也随之显著提高。特别是2017年和2018年以来，我校高考成绩较之往年又出现了整体提升的良好势头，仅以一本上线率为例，2016年我校一本上线率为70.9%，2017年为74.6%，2018年为81.9%。

第五，通过课题的研究与实践，有效促进了学校心理健康教育和教研的能力与水平。课题组成员在课题实施阶段的努力学习和钻研，使得专业技能和工作实效性有了大幅提升，在一定程度上提高了学校心理健康教育的水平，实现了学校心理健康教育的新突破。

第六，通过课堂的研究与实践，为省内或国内相关高中提供了积极借鉴。虽然本课题研究仅为一校教师之力，但在目前该领域研究尚未系统完善的情况下，本课题组所做的努力、所得到的数据、所实践形成的干预机制，相信会对国内高中特别是重点高中学生的教育教学或心理健康教育起到积极的借鉴意义。

参考文献

[1]马惠霞，王福兰. 282名高中学生焦虑状况的调查研究[J].教育理论与实践,1994(6)：47-51.

[2]毛莉婷，陈加.高中生焦虑状况调查研究[J].保健医学研究与实践,2010,7(1):56-58.

[3]乔建中，朱晓红.学习焦虑水平与成败归因倾向关系的研究[J].南京师大学报(社会科学版),1997(1):77-80.

[4]乔建中.情绪研究:理论与方法[M].南京:南京师范大学出版社,2003:31-54 .

[5]任俊.积极心理学[M].上海:上海出版社,2006:7-8.

[6]王极盛，丁新华.中学生焦虑与其相关影响因素的综合研究[J].中国临床心理学杂志,2003,11(3):164-166.

[7]王希永.心理健康教育的价值[J].中国青年政治学院学报,2000,19(5):

41-45.

[8]王忆军,张慧,卢欣荣.中学生考试焦虑表现的性别差异[J].中国组织工程研究,2005,9(40):24-26.

[9]张巧明,邢辉燕,王琳.高中生心理健康状况的调查研究[J].中国健康心理学杂志,2009,17(3):381-383.

[10]周晖,钮丽丽,邹泓.中学生人格五因素问卷的编制[J].心理发展与教育,2000,16(1):48-54.

主持人:张力强(金川公司总校第一高级中学)

审稿人:何宝平(甘肃省教育科学研究院)

金昌市开展区域连片“走校式”教研活动的探索与实践

一、课题提出的背景

（一）课程改革的深入推进需要

1.引领改革理念，激发改革动力

当前，教育改革进入深水区，改革所引发的各种矛盾和困惑，既有价值理念方面的，也有学校改革实践方面的，还有地方改革生态方面的。教育改革的推进需要不断地发现问题、研究问题和解决问题，如何促进课改政策的转化和落地，接力改革“最后一公里”，发挥教研系统的价值和使命，教研部门要成为地方课程改革政策的转化者和推动者。对此，需要着重在以下三个方面加以引导：一是始终强调课改的价值和意义，秉持“只有适合学生的教育才是最好的教育”的改革理念，促进地方改革机制从行政推动走向内源发展；二是端正课改的态度取向，坚持以“积小步、不停步”的方式逐步深化改革，落实学生合理的选择权；三是坚持教育发展的内在规律，拒绝“功利至上”和“升学率是第一要务”的倾向。

2.回应改革难题，拓展研究主题

教研部门、学校业务领导是学校课程改革的见证者和指导者，是课程发展的服务者和教师专业发展的引领者。随着课改向纵深发展，遗留的盲点问题、实施中的难点和热点问题会交织出现。以下几个问题迫切需要教研系统和所有教学人员加以探讨和研究：一是基于学生核心素养的要求，加强学科课程体系建设研究，探索“课程—教学—评价”的一体化研究机制；二是随着选课走班制的推广和普及，加强对行政班与教学班共存新常态的研究；三是随着综合素质评价的推行，客观记录和学生互评得以强化，加强对品德等难以测量的学生行为表现的评价机制研究；四是随着生涯规划教育的启动，加强生涯规划教育“课程化”“专业化”建设的研究。

3.基于核心素养，提升课程领导力

(1) 课程建设——让核心素养可教

学生的核心素养在课程修习中养成。如何指导老师以学科核心素养为基础，综合考虑课程目标、课程内容、课程实施和课程评价等因素建构选修课程，把先进的课程理念落实为教师的自觉行为，是一大挑战。就目前基于核心素养的课程建构实践而言，需要综合考虑课程需求、整体设计、内容选择、内容组织和习题设计等关键因素。在整体设计上，将学科核心素养与课程目标、课程内容、课程实施和课程评价等要素有效连接，提供多样化课程，满足学生的选择性需求。在内容选择上，精选指向学科核心素养的核心概念和原理，依据学科核心素养的水平层次确定核心概念的深广度、素材的选择与设计。在内容组织上，要将核心概念与情境化素材加以融合，并体现学科知识的逻辑顺序，符合学生的认知发展规律和心理特征，有利于学生的“学”和教师的“教”。最后，在习题设计上，真实问题情境应体现层次性，这样有利于促进学生核心概念的建构，以及运用知识解决问题的能力的形成和多种思维能力的发展。

(2) 课堂改革——让核心素养可学

学科核心素养一般自下而上地呈现学科知识或观念、学科学习方法、学科思维和价值观四个层面，呈金字塔结构。作为市级教研部门，如何指导基于学科素养导向的课堂教学改革呢？首先，要加强价值取向的指导。在指导具体的教学实践过程中，不仅要针对现存问题进行改进性指导，而且更需要加强观念性、策略性、程序性和操作性等层面的价值取向指导。课堂改革必须坚持以学科核心素养为纲，实施基于课程标准的教学，重视学生原有经验或前置知识的作用。其次，要做好课堂观察与诊断。研究课堂教学的内容、活动、情景、评价和目标的匹配性，从内容、活动、情景、评价四个维度诊断课堂教学是否体现“素养”导向。在目标制定上，关注能否深刻领会课程标准，观察其科学性；在教学内容选择和组织上，关注是否准确把握学业水平层次，观察其合理性；在活动设计上，关注是否精心设计实验探究活动，从实验价值上观察其独特性；在问题解决的过程中，关注能否促进学生思维能力和学习方式的转变，观察其真实问题设计的情境性；在学习评价方面，关注是否实施教、学、评一体化教学，考察其有效性。

（3）评价研究——让核心素养可测

改革评价是决定课改与教改成败与否的关键。如何发挥评价的“牛鼻子”作用，推进课堂评价机制的转型，应重点做好以下两个方面工作：一是建立课程与教学规范准则。如：以学科核心素养整合内容结构、学习方式、评价要点和资源环境，重新建构课程建设规范准则；基于课程标准，明确目标导向、活动落实、过程评价，以及精准指导的课堂教学要素，重新建立课堂教学规范准则；强调备课研课、作业管理、评价分析等工作，走向以客观制度管理为主，重新建立教学管理的规范准则。二是基于真实情景的命题研究。通过命题导向的改革，引导评价工作诊断与反馈功能的正常发挥，促进学生“学”与教师“教”的方式的根本转变。如，命题立意原则，围绕命题三要素——素养、情景和知识（包括原理、方法和技能等），确定以学科核心素养为测试任务，以真实情境为测试载体，以学科知识为测试工具。明晰命题程序，明确考试类别与水平，从细化的核心素养中确定具体的测试任务，从学业质量标准中找到测试的依据，创设丰富、多样和真实的测试情景，完成测试任务需要运用的知识。

（二）质量时代的教研转型要求

基础教育改革已经进入到内涵式发展的新时期，其发展的核心是提高教育质量，关键是深化课程改革。而教研制度和教科研队伍是推动课改实施、促进教师发展的重要专业力量。面对基础教育发展的新形势和新任务，应积极推动教研工作的转型。

针对内涵式发展面临的深层次矛盾，我国在完善具有时代特征和中国特色课程体系的同时，需要从长远着手努力建设三个体系：一是以校为本的课程实施与质量保障体系，以引导学校按照基于课程标准、注重教学环节、关注学生需求、促进教师发展的原则，校本化、创造性地实施课程，并在此基础上完善学校自我评价、分析与改进的质量保障机制。这是提升发展质量的关键所在。二是建设质量监测体系，保证及时、科学地监测、分析、报告基础教育质量，反馈、指导和改进教育决策、管理行为和学校的教育教学行为。三是建立对学校课程体系、实施状况、课程评价等的研究、指导、服务体系，通过丰富教学资源、扶持改革实践、推广研究成果等多种手段，为学校和教师的研究与实践提供咨询、服务与专业支撑。这些任务对教研机构和从事教科研管理工作者的能力建设提出了挑战。

教育教学和教科研工作要紧紧围绕“培养什么样的人”和“如何培养人”这两个根本问题，按照时代的要求和育人的规律，找准当前基础教育改革和发展中的重点难点问题。要加强调查研究，提出发展思路和应对策略，成为教育行政部门开展课程与教学工作的重要助手和参谋；要勇于实践，敢于突破，率先将课程与教学改革的各项要求落到实处，不断创造新的经验和成果；要潜心研究、精心指导学校和教师的课程与教学业务，大力促进校长课程领导力、教师课程执行力与教育教学创造力的不断提升。

要努力做好并切实实现教科研工作模式和教育教学工作的重心下移。教科研和教育教学工作重心必须下移到关注课程的实施层面，其具体表现为：在教学空间上，要关注具体学校和课堂的教学有效性，要对所存在的问题进行诊断、研究和指导；在教学要素上，要把重心从关注教师的“教”下移到关注学生的“学”，包括从教师到学生、从教法到学法、从教材到学材、从会教到会学等；在教学环节上，要从教材教法等上游环节下移到有效思维、积极建构、主动参与、有效作业和有效评价等下游环节。

顺应课程改革的发展趋势和破解基础教育内涵式发展的难题，都需要教育教学和教科研工作的重点转向研究人，即对教育过程的教师和学生（特别是学生）的研究。因此，教研员和学校教育教学管理者要学会引导教师提高关注学生的能力，掌握关注学生的方法，优化关注学生的过程，提高关注学生的效果，促进师生的共同成长。

（三）提升我市教研质量的迫切之需

针对我市基础教育现状及出现的“高原”现象，要进一步提升教育教学质量，我们必须另辟蹊径，在教育教学方法创新上下功夫，需创新教学管理、教育科研、课堂教学和师资培训等模式。由以往以教研员深入学校督导课堂教学从中发现问题，倒逼学校教学管理工作，转变为把目光放在各校的业务领导干部培训发展和市域内优质教师资源的示范与引领上。学校的问题，主要是管理的问题和教师专业素养提升的问题，管好了、理顺了，教师素养提升了，就可以给学校和教师一条方向明确、目标具体、制度清晰的发展思路，有人大步走，有人小步挪，但终将会前进。

我们把区域教研和培训工作的重点放在学校的业务领导和教师的专业发展上，实行“走校式”交流、学习、研讨、培训方式，在“走校诊断、蹲点服务”中发现问题，自我感悟，反思提升，以此推动各校管理及教师专业发展和素养提升工作，提升学校教育教学管理水平、校长课程领导力水平、教师课堂教学执行力与专业发展水平，努力探索和寻求基础教育教学业务领导发展、教师专业素养提升和课堂教学效率提高之策。

二、“走校式”教研活动的意义

“走校式”联片教研作为一种新的教研形式，有利于整合学科资源、研究学校资源、充分利用教师资源，从而满足学校和教师的发展需求，是促进区域学校、教师之间交流分享的一个切入点。“走校式”联片教研实际上是一种空间延伸、放大的校本研修，也是一种广义概念的“同伴互动”。开展“走校式”连片教研活动对深化课程改革，提高学校课堂教学的效率、提高区域教育质量和教科研水平具有积极的意义。

（一）能充分发挥教研部门的引领作用，提升学校管理水平和课程领导力建设能力

“走校式”联片教研是以“校本”为基本概念，以促进教师专业成长为根本目的，以有效实施新课程改革为工作目标，以校际合作、区域联动、优势互补为行动策略的“大校本”教研工作机制。“走校式”联片教研能够更好地打破校际壁垒、打破学科壁垒，开放校园、开放课堂、开放研究。学校业务领导在相互学习交流中自加压力、自生动力、深挖潜力、发挥长处、辐射四周，从而达到强弱互补、资源共享、交互引领、双赢共进的目的。

（二）可实现区域内教学资源的充分共享，助推区域内学校的优质均衡发展

联片教研打破了市、县、学校、教师单向自上而下的教研方式，加强了校际之间、教师之间的联系，实现了资源共享、优势互补、自上而下与自下而上的双

向互补，联片教研以问题为中心，以教学片为平台，以学校为基地，以教师为研究主体，构建了研修一体化的校本研修模式。正是联片教研这个广阔的平台，给了教师专业发展以巨大的空间和有力支撑。

（三）能促进教师专业化发展、提升教师教学执行力与学科素养

联片教研活动的开展，使基层教师拥有更多参与教研的机会，拥有了更多展示自我的平台，拥有了更多共享交流的空间；联片教研改变了教师独学无友的状况，满足了教师交流研究的渴望，达到了专业引领、同伴互助、共同成长的目的。联片教研促进教师专业发展，通过联片教研活动，让参与的教师认识到自身的不足，深刻感受到身边名师的教学素养和业务能力对自己的影响，让教师产生强烈的促进自身成长的内需发展渴望。能实现优质教育资源的整合和共享，是促进区域教师专业发展的有效途径。

三、“走校式”教研活动应遵循的原则

开展“走校式”教研活动要紧紧围绕“积极稳妥、合作共享、统筹兼顾、稳定提高”的原则和思路开展，并力求做到四个“有利于”，即有利于区域内学校的均衡优质发展，有利于区域内教师队伍专业素质和教学实践能力的整体提高，有利于区域内校际间的有效合作与相互借鉴，有利于区域内相对薄弱学校的文化建设跟进和管理服务的快速提升。

（一）积极稳妥原则

每所学校都有各自的办学理念以及与之对应的校园文化。而校园文化是在校园内部长期的教育、学习和生活中，将各种力量统一于共同方向，所形成的一种价值观念、精神支柱、学校传统、行为准则、道德规范和生活观念的总和，其内核是学校师生员工共同的价值观念。校园文化通过校风、教风、学风及多种形式的校园文化活动以及人文和自然的校园环境等，给师生潜移默化而深刻的影响。它是超越于知识传授、能力培养与方法渗透的一种更高层次的自觉追求，它是一种健康的、和谐的、积极的、人文的、向上的和可持续发展的学校氛围，这种文化体现了治学之严谨，人文之关怀，艺术之品位，审美之感动，创新之激情，儒雅之风范，诗性之世界，理想之追求，健康之精神……总之，这种文化具有高尚

的价值取向，是学校的灵魂所在，也是学校应该坚持和完善的最根本的根基。

由此可见，要很有效地开展“走校式”教研活动，必须建立在各校已有的校园文化的基础之上，求同存异，找到适切的结合点发力才行，也就是活动必须要做到积极稳妥。

（二）合作共享原则

通过市教科所的全力协调，跨越部门边界，建立多部门协作共研共享的创新机制。通过建立“学科纵向贯通横向融合，学段纵向衔接横向管理，部门纵向分工横向协同”的立体化工作模式，在全市启动了“学科专家团队”和“学科教研基地”建设工作，市教育局行政推动，教科所研制标准并进行相关学术指导，精细化开展“走校式”学校业务领导专题研讨交流活动。目前，23个“学科专家团队”、25个“学科教研基地”已经行动起来，学科教研基地建设的过程也是优秀学科教研团队形成的过程，更是学科专家团队引领指导和自身成长的过程。

通过积极探索三级联动、分工合作、分层发展的“三级联动深度教研”机制，力争促使校本教研、联片教研、区域大教研优势互补。区域大教研，重在把握方向和理念、调研需求、规划研修课程、组织实施、跟进评价等，实施研训融合，解决共性问题。联片教研，是将地理位置相近、规模适中的同类学校结成研修共同体，聚焦共同的困惑，发挥共同体不同学校的学科优势，在教学实践改进中解决问题。校本教研，由教研员指导各校教师解决本校教学难点，如探索“跨学科综合实践活动”、教师学科专业发展、校本课程开发与研制、“长短学时”、校内校外课程统筹等具体实施的问题。

（三）统筹兼顾原则

教研部门和学校领导机构都面临学校和教师发展需求的新挑战。如何更好地统筹兼顾如下问题，需要专业支持和领导持续关注：关注学生的未来发展，注重学段之间的课程衔接，整合好学科课程和跨学科课程、校内课程和校外课程等，学校课程供给转型升级需要外界的支持和帮助；人才培养的着力点已从比记忆、比计算，转向比创新和比想象，教师要站在学生的立场来思考教育供给，教师真正读懂学生需要相应的专业指导；以核心素养为导向的教学，从关注“学科知识”到关注“核心素养”，从单一考试到持续性评价，对教师都是巨大的挑战，教师课堂教学持续改进需要学校领导和外界的不断支持；教师专业发展是培养学生核心素养的关键，需要有针对性、实效性、精细化、个性化地引领和指导的教师，教师个性化专业发展的满足需要学校领导和教研部门的帮助；从学科知识获得到核心素养提升，哪些学科内容有利于素养的提升？选取什么样的素材、创设什么样的学习情境有利于素养的提升？什么样的学习活动有利于素养提升？什么样的证据能表明学生素养提升了以及提升到什么程度？等等，这一系列问题需要解决。学生基于学科又超越学科的学习，基于主题的跨学科综合性学习和联系社会生活实际的学习，老师们又怎样胜任呢？这些挑战，都需要通过教研转型、统筹兼顾、创新工作来面对，这些挑战也是教研部门和学校业务领导创新工作内容、创新工作模式的出发点和着力点。

（四）稳定提高原则

首先，通过研制教研员和学校业务领导核心素养框架，提升教研工作能力。新挑战呼唤新思路，教科研工作者和学校业务领导是区域师德带头人和学术带头人，具有优秀教师的专业素养，更要具有前瞻性、学习力等专业精神和专业能力。专业精神是教研员和学校业务领导工作的内驱力，体现了对区域教育的责任与担当，体现了教研员和学校业务领导不断自我超越的工作态度。专业知识是教研和教学质量的基础，教研员和学校业务领导只有专业知识精深、课程意识强，并重视对课程育人的研究和指导，才能真正提高课程育人水平；只有更加关注教师的真需求，才能为教师提供个性化、差异化的指导和服务。

其次，学科专业能力是教研品质提升的保障。教研员和学校业务领导只有围绕关键领域与核心环节，拓宽研究的广度，增加研究的深度，才能充分发挥优质课程资源的示范引领作用；只有加强“学”与“教”的关键问题研究，基于真实问题，基于客观事实和可靠数据，科学地进行教学分析与评价，并做合理的指导，才能推动教育教学教研提质增效。

再次，面向未来，教研员和学校业务领导要从被动适应到主动参与，从个体研修到群体协作，真正解决教研的关键问题，引导教师开展有效教研并将其成果应用到教学实践中，助力未来教师发展，通过教师群体发展来提升区域教研教育质量。

四、开展连片教研的服务路径

以问题解决为导向，是教研部门精准服务的原则和职责体现。经过两年多的探索与实践，就如何有效开展“走校式”教研活动，加强以“疑难问题解决”为主的“走校式”教研路径，能切实抓住关键，针对性强，而且参与人员也有话可说。

（一）聚焦“疑难问题”，多方式开展活动

其一，主题研究式教研。针对教师在教学实践中存在的普遍性、典型性问题，进行梳理、归纳，提炼出有针对性的主题，作为每次教研活动的核心内容。其基本模式是：发现问题，确立教研主题——征求意见，形成系列专题——设计活动，分步实施研训——确定教研形式，深入研究与分享。

其二，学术沙龙式教研。围绕一个大家感兴趣的主题，畅所欲言，相互启发。

其三，小组合作式教研。以每小组（一般4～5人）为单位，通过集体交流的方式，针对一个或几个主题相互交流，形成共识。

其四，基于“互联网+”的网络教研。在目前信息时代，我们将互联网思维有机融入传统教研工作之中，进一步加快了教研工作的转型与发展，提高了教研工作的质量和效率，使得线上研讨交流更为便捷，线下活动更有针对性，活动效果提升明显。

（二）针对“难点问题”，借助团队会诊

就传统的规范教学和课改新政实施过程中出现的难点和热点问题，组织专家团队开展实地调研、专题研究和综合研讨，旨在探究科学的、具备可操作性的解决方案。

（三）基于“个别需求”，实施差别服务

基于不同学校的个别化需求，实施差别化的教研服务方式，如探索提出了教研员蹲点制度、结对教研和订单式教研帮扶行动等，提升教研服务的针对性和精准度。

五、推进连片“走校式”教研活动的具体策略

（一）会诊中发现问题

“走校式”教研活动主要是要求各学校主管教学教研的领导和相关主任参加，要求全程参与各项活动及课堂教学等环节，本身就是对承办校的各项活动的评估与诊断，同时也是交流、研讨和分享。通过认真思考，梳理和提出有关活动或课堂的核心问题、意见和建议，提交与会人员共同讨论，形成共识进而指导教学。

（二）学习中明确思路

1.整合资源，统筹管理

根据全市教育总体要求，着力提升全市教科研领导工作，需要市教科所、县区总校教研部门、各学校（学校领导、处室和年级部、学科室）等多个部门和广大教师形成合力，共同研究和推进区域连片大教研工作。由市教科所做好顶层设计，统一部署相关工作，整合各方面资源，统筹协调各部门工作，做好相关资源和条件保障，确保各学校教科研工作有序推进。

2.项目引领，试点先行

由市教科所全面负责实施项目的管理，建立各单位、各学校“提升学校教科研工作领导力项目管理制度”，采用“项目引领、试点先行”的模式，用构建系统化课程思路统领全校教科研及教师专业发展等工作。

3.典型示范，分步推进

市教科所加强了对各项实施项目的过程管理，征集评选有推广价值的典型经验和工作案例，宣传相关实验项目的突出特色和创新思路，指导相关学校调整教科研工作的具体实施方案，逐步实现全面提升学校课程领导力、课堂教学执行力与教师专业发展、提高教育教学质量和深度推进课堂教学改革，大面积提升教育教学质量和发展学生核心素养的目标。

（三）行动中提供支持

为确保实施方案顺利有效进行，提高区域内校际之间、部门之间和教师之间

交流工作的效果，我们全力创造条件支持该活动的顺利开展，主要有市教育局层面、学校管理层面、教师队伍建设层面、校本研训层面、学校教育资源保障等方面的支撑。

（四）研究中提升品位

教科所认真研究、精心策划，通过活动努力挖掘教科研项目，通过深入细致的研究和探讨，努力提升部分教科研项目建设水平。

项目 1：扎实开展“提升校级领导和中层管理人员的课程领导力建设”专题培训；

项目 2：以促进学校课程系列化的编制与完善为抓手，提升学校课程建构能力；

项目 3：以促进学科课程建设为抓手，充分用好学科专家团队和学科教研基地资源；

项目 4：以提高课堂教学有效性为抓手，提升教师课堂教学执行力；

项目 5：以卓越团队建设为抓手，提升教师学科素养和专业指导力；

项目 6：以课程管理和评价制度建设为抓手，促进学校课程改革的进一步深入。

六、“走校式”教研活动的社会影响

通过两年的实践与探索，我市开展“走校式”连片教研交流活动取得了预期成效。首先，组织者和全体参与者有了合作交流共享的理念和思路，改变了以往单打独斗、闭门造车的保守观念和想法，交流了想法，开阔了眼界，拓宽了思路，提升了境界。其次，所有参与活动的业务领导都有了紧迫意识，感受到了同类学校各自的特色与亮点，触动了各自在管理中的惯性思维和守旧思想，发现了自身在学校业务管理中的欠缺和不足，或多或少地发现并找到了改进工作的思路和方法，使得更多的业务领导更愿意参加此类活动或愿意承办此类活动，由此来展示和暴露各自学校的不足和困惑，以求得参与者的真实建议和积极帮助。再次，通过参与具体的学科教研活动和学校其他各类活动，经过参与者的积极思考和真实建议，形成了较为系统、全面、有效的开展校本教研的思路、方法和途径。“走校式”教研业务交流活动的开展，对学校和教师的发展都是一种宝贵的经验，直接促进了区域内整体教研质量的提升和浓厚教研氛围的形成，活动的开展能促进区域内学校教育教学质量的整体提升。通过“走校式”业务领导教研活动，不但提升了业务领导的教学管理效率，提升了教育教学管理水平，更激发了业务领导积极寻求好的管理思路的积极性。

通过两年多的实践与探索，我们教科研工作的内容和形式与传统意义的教研内容和形式不同了。从内容上看，原来教科所教研工作更多的是课堂调研、课堂教学诊断，及有关文件和工作的上传下达；现在活动目标比较明确，活动落脚点聚焦了师生发展的各方面，是热点，也是难点，覆盖面在拓宽，研究力度在增大，在学校现场更多。从形式上看，浸入式、深度互动、持续改进是最大的特点，特别是增加了指导学校教学的整体改进和个性化问题的解决。

目前全市的教研活动有深度、有宽度、有广度，既有“点”上的深入研究和创新突破，也有“面”上的统筹安排和系列规划，更有立体的全方位交流与合作互动。具体表现在：点上突破——以各学科教研基地为着力点，各基地要在深入分析、精准诊断的基础上大力提升学科研究能力和示范作用，力求各学科教研基地工作有特色、成亮点；线上见效——以学科专家团队引领指导，切实加强所有“学段学科建设”这条主线来提升学科专业教学质量，出一批学科教育教学科研成果，在全市推广应用；面上均衡——以大金川区和永昌县为片区，通过“走校式”教研活动及学科专家团队的力量来引领、带动、辐射更大的教育面，通过联片教研活动，力争全市教科研在面上均衡优质发展；体上提升——通过学科专家团队的引领、学科教研基地的示范带动、走校式教研活动的交流互动、专家的专题讲座和名校长论坛、各级科研课题的研究带动、优质课竞赛活动、优秀教科研成果的展示与推广等，全方位提升我市的教育科研水平，初步形成了全市教科研整体协调推进，区域联动优质共享促平衡，学校做精校本教研求创新的立体化、网络化大教研氛围。教研活动效果好，教师参与积极性高，学校大力支持，社会反响强烈。

通过深入学校和课堂教学一线，借助问卷、访谈、观察、实验等实证研究方法，通过实践探索形成三个体系：一是以校为本的课程实施与质量保障体系，以引导学校按照基于课程标准、注重教学环节、关注学生需求、促进教师发展的原则，校本化、创造性地实施课程，并在此基础上完善学校自我评价、分析与改进的质量保障机制。二是建设学校教育质量检测体系，保证及时、科学地检测、分析、报告学校教育质量，反馈、指导和改进行政的教育决策，管理学校的教育教学行为。三是建立对学校课程体系、实施状况、课程评价等的研究、指导、服务体系，通过丰富教学资源、扶持改革实践、推广研究成果等多种手段，为学校和教师的研究与实践提供咨询、服务与专业支撑。

六、活动中存在的问题及今后的设想

（一）活动中存在的主要问题

第一，具体实践过程中，由于教研员本身的教育理念和教学研究指导力水平等方面的局限，使得顶层设计思路不宽、高度不够、眼界受限，在具体开展活动中的指导和引领示范作用不突出，对课堂教学及各类活动的专业指导性不强等，均导致活动效果与预期值有些差距，对研究成果的概括总结方面也有欠缺。

第二，“走校式”教研活动及教师送课交流工作，虽能有效促进区域内不同层次的学校教育的均衡发展，但因为区域内不同学校的教学设备、教学水平也存在差异，以至于参加交流的领导和教师不能很快进入状态，很难真正透彻理解和体会到承办学校的办学理念、育人目标和管理经验，有些活动也没有认真准备，没有达到真正展示和交流的效果。

（二）开展活动中存在的问题

第一，个别学校领导不够重视活动，参加不积极或只派部门主任参加。在开展具体的活动时，因每次活动时间在4～5天，学校主管业务的领导可能因为手头工作多，抽不出时间完整参加该学段的“走校式”研讨交流活动；也有部分学校领导眼界不宽，太注重眼前工作，不能站在更高的层次想问题、做决定，不愿意派主管业务领导和教研主任、教务主任、政教主任等学校骨干处室负责人参加，只派一些无关科室的人员充数，以致活动结束后这些人员回到学校无法有效交流汇报，活动对该校没有起到激励和督促作用，对该校没有起到应有的触动。

第二，部分参与者在活动过程中不够投入，没有带着问题来参加活动，只是在形式上被动参与，活动结束后的心得体会过于简单，没有在活动中引发深度思考。活动中交流研讨深度不理想，只挑好的和表面的工作做交流发言，没有触及深层次的教学及管理工作。在每次活动中，总有部分参与人员活动前没有充分准备，活动中只是走马观花，人到心不到，或心到但不能深度参与研讨交流；有一部分人员本身理论层次不高，对课堂教学思考不多，提不出有深度的意见和见解，只觉得别人做得比较好，但好在啥地方、哪方面不能具体阐述；有一部分参与者放不开面子，觉得不好意思做深度交流，更不好意思谈其他学校做得不太好或不太到位的地方，因而也就简单说说，起不到交流研讨的根本目的。

第三，个别领导活动结束后没有真正触动，没有在自己学校开展相应的交流研讨活动。有一部分领导参加完活动后，因手头工作比较多，没有尽快组织学校相关人员开展交流汇报工作，参与者本身随着时间的推移对活动的理解和部分收获会逐渐消失，使得该活动的效果和作用大打折扣；没参加活动的其他人员更是一无所知，也不会有什么行动和作为。

（三）今后研究的设想

随着活动的不断深入开展，同类学校之间的差距逐渐缩小，“走校式”教研活动促进了教师素质的整体提高，但也发现了趋同的现象，参与活动者没能准确理解和把握学习的内容和学校自身的状况，简单采用“拿来主义”，生搬硬套，表现为“水土不服”。为此，我们仍要积极探索、因地制宜，不断创新其他的交流方式，以求效益最大化。

参考文献

[1]杨清修.基于教学关键问题解决的教研共同体建设[J].基础教育课程，2016(1):59-60.

[2]卢臻.结果—过程—结果:基于现场的课程策略逆推教研[J].基础教育课程,2015(7):16.

[3]张丰.从移植到内生:区域性教学改革的一种路径[J].基础教育课程,2016(9):90.

[4]姚虎雄.校长专业素养的DNA[J].人民教育,2016(18):53-54.

[5]肖川.教育的方向与方法[M].北京:新华出版社,2016.

[6]崔允漷.有效教学[M].上海:华东师范大学出版社,2016.

[7]王洁,姜虹.教学领导如何制定学校课程计划[J].人民教育,2014(20):44.

主持人：王海渊（金昌市教育局）

审核人：俞雪山（甘肃省教育科学研究院）

高中生生涯规划发展实践研究

——以嘉峪关市第一中学为例

一、引言

高中阶段是人生发展的重要阶段，根据调查，当前我国部分大学生学习动机不够强烈的一个很重要的原因就是，在高中阶段面临人生重要选择时缺乏规范的、科学的指导，学生本身也对职业的概念缺乏了解，所以在进入大学校园后对所学专业不感兴趣，同时也对将来的就业方向感到迷茫，故而缺乏学习的动力，采取“混”的态度来度过自己人生的“黄金时期”。鉴于以上情况，在高中阶段进行规范的、系统的生涯规划发展实践，让高中生在面临人生重要选择时能够清楚地知道自己适合什么、喜欢什么，能在哪些方面有较大的机会取得成功，无疑是有巨大意义的。以升学为主要目标的高中阶段，多数学生目前所面临的生涯困境包括：自我认识不足、生涯信息了解有限，以及缺乏生涯决策能力与自由。由于升学科目考试占去高中生多数时间，学生生活经验局限于校园内，欠缺足够时间进行生涯试探，学生对自身兴趣普遍感到迷茫，对兴趣与能力的界定常取决于在校成绩分数，对未来生涯关注的焦点仅落在短期内是否能如愿考取理想大学上，而欠缺长远的生涯愿景。因生涯试探时间与机会不足，高中生对大学学科专业的学习内容、就业的现状以及不同职业领域的内涵了解有限，或存有错误或过时的讯息，在面临选组及选择学校专业时，多数学生在不了解自己目标的情况下，往往遵循家长的期待、师长的建议或是依照社会主流价值所认定的结论来做决定。

从20世纪50年代初开始，许多学者开始研究职业和生涯发展的问题，形成了一系列的理论学说，其中舒伯的生涯发展理论是最有代表性的理论之一。舒伯把“生涯”定义为生活中各种事件的演进方向和历程，它整合了人一生中的各种职业和生活角色，由此表现出个人独特的自我发展形态；生涯也是人生自青春期至退休后所有有酬和无酬的职位的综合，除了职位以外还包括与工作有关的各种角色。根据这一理论，生涯规划发展就是建立在学生对自我的人格、特长、兴趣等充分了解的情况下，对自己未来人生发展做出的设计，并进行有针对性的自我养成。同时，生涯规划应有前瞻性、阶段性和现实性，即生涯规划应在结合了各种因素之后，尽可能地提高生涯规划的可操作性和规划者本人所体验到的成功感。

二、研究综述

职业生涯规划与管理学说起始于20世纪60年代，并于20世纪90年代中期从欧美国家传入中国，它是西方人力资源管理理论中一个重要组成部分，也是西方各企业人力资源开发的一个重要方法，在企业界引起广泛的重视和应用，受到企业和员工的普遍欢迎 。

（一）国外研究现状

1.职业生涯的概念

美国职业指导专家舒伯提出的“生涯”概念是指个人终其 一生所扮演角色的整个过程，生涯的发展是以人为中心的。这里的“生涯”通常指的是职业生涯，即一个人在就业领域所经历的一系列岗位、 工作或职业以及相关的态度、价值观、愿望等的连续的过程。 舒伯认为，人一生的职业生涯要经历五个阶段： 成长阶段（Growth stage，0～14岁）、探索阶段 （Exploration，15～24岁）、建立阶段（Establish，25～44岁）、 维持阶段（Maintenance ，45～64岁）和衰返阶段 （Decline，65岁以上）。每个阶段都有一定的特征和职业发展任务，会影响后一阶段的职业发展任务。成长阶段和探索阶段为前职业生涯，建立阶段、维持阶段及衰返阶段为后职业生涯。探索阶段主要表现在为未来的职业生涯发展奠定基础，要做出相应的教育规划和教育决策，是决定未来职业生涯发展较为关键的时期。

2.关于“职业—人匹配”理论的研究

“职业—人匹配”理论是用于职业选择、职业指导的经典性理论。最早由美国波士顿大学教授帕森斯提出。帕森斯的理论是在清楚认识、了解个人的主观条件和社会职业岗位需求条件的基础上，将主客观条件与社会职业岗位对自己有一定可能性的进行对照，最后选择一种与个人特长相匹配的职业。他认为人们可以通过心理测验认识到自己的个性，并通过观察、问卷、个案分析等工作分析方法了解各职业对人们能力的要求，最终帮助人们找到最适合自己的职业。它提出了六个步骤——分析、综合、诊断、预测、咨询和重复来达到这个目的。该理论的前提是每个人都有一系列独有的特征，并且可以测量，为了成功，不同职业需要不同特性的人员。人职匹配是可能的，个人特性与工作要求之间配合得越紧密，职业成功的可能性就越大。

另一个比较有代表性的理论是“人格类型—职业类型匹配”理论，这一理论是由美国著名职业指导专家霍兰德从心理学价值观理论出发，经过大量的职业咨询指导的实例积累而提出的。这一理论首先将职业归属为六种典型的“工作环境”中的一种。这六种环境分别是现实性的、调查研究性的、艺术性的、社会性的、开拓性的、常规性的。根据劳动者的心理素质和择业倾向，将劳动者划分为现实型、调研型、艺术型、社会型、企业型、传统型六种基本类型。当属于某一类型的人选择相应类型的职业时，便达到了匹配。

3.关于“职业锚”理论的研究

“职业锚”是由美国著名的职业指导专家施恩教授提出的。他认为，职业生涯发展实际上是一个持续不断的探索过程，在这一过程中，每个人都在根据自己的天资、能力、动机需要、态度和价值观等慢慢形成较为明晰的与职业有关的自我概念。职业锚是指当一个人不得不做出选择的时候，他无论如何都不会放弃职业中的那种至关重要的东西或价值观。正如这一名词中“锚”的含义一样，“职业锚”实际上就是人们选择和发展自己的职业时所围绕的中心。

施恩根据自己多年的研究，提出了以下五种“职业锚”：技术或功能能力型、管理能力型、安全稳定型、自主独立型、创造型。在西方人力资源管理领域经过30年的发展，“职业锚”已经成为职业发展、职业生涯规划的必选工具。国外许多大公司均将“职业锚”作为员工职业发展、职业生涯规划的主要参考点。

4.关于“人组织匹配”理论的研究

“人组织匹配”理论是施耐德在1987年提出的。他认为，个人对职业和组织的选择与其个性特征之间相互影响。个人特点影响对职业和组织的选择，不同的个人会加入不同的组织，个人的特点可以预测其对职业和组织的选择。另外，对职业和组织的选择会影响个人个性的发展，组织环境会影响个人的特点。人的个性必然受到生活的特定环境和个人独特生活经历的深刻影响。“人组织匹配”理论强调能力需求，主要是用职业前特征预测职业后行为，强调外界主动介入指导的作用；“人组织匹配”理论强调组织的作用，是一种整合的理论，强调个性与工作环境、团队、社会的整合作用。“人组织匹配”理论促使人们开始对职业生涯进行探讨，特别是霍兰德的职业兴趣理论，使人们认识到职业选择与个人特性的联系，但是这些只是早期的研究，并没有把人放在组织环境中去；而“人组织匹配”理论则考虑了环境对人的塑造和组织的作用，更关心职业后个人的职业匹配，是新的有发展潜力的职业生涯理论。

（二）国内研究现状

在我国古代，早在春秋时期孔子就已经提出了“吾十有五而志于学，三十而立，四十而不惑，五十而知天命，六十而耳顺，七十而从心所欲不逾矩”的名句，可见孔子早已体会到生涯是分阶段动态发展的过程。在当代中国，尤其是改革开放以来，生涯辅导的理念渐渐地被国内所认可，所以从大学开始，纷纷开设了就业指导的相关课程，同时针对大学生就业也举办了各种就业指导讲座。但是由于种种原因，大学的生涯规划指导总是单纯地从就业指导出发，有很大的局限性。而关于高中生的生涯辅导，尽管在部分沿海发达城市已经开始，但在相对落后的甘肃省，多数学校还局限于对学生文理选科、高考志愿填报等方面的指导，并未形成对于学生的自我规划和自我养成的能力培养。也就是说真正意义上的生涯规划发展在甘肃并不多见。为此，普通高中迫切需要切合实际的生涯规划教育指引学校和学生和谐发展。

（三）本研究对“职业生涯辅导”的概念界定与解析

从20世纪50年代初开始，许多学者开始研究职业和生涯发展的问题，形成了一系列的理论学说，其中舒伯的生涯发展理论是最有代表性的理论之一。舒伯对“生涯”的定义表现出个人独特的自我发展形态；“生涯”也是人生自青春期至退休后所有有酬和无酬的职位的综合，除了职位以外还包括与工作有关的各种角色。根据这一理论并结合课题组成员对这一概念的认识，本课题组认为生涯规划发展就是建立在学生对自我的人格、特长、兴趣等充分了解的情况下，对自己未来人生发展做出的设计，并进行有针对性的自我养成。同时，本课题组成员认为生涯规划应有前瞻性、阶段性和现实性，即生涯规划应在结合了各种因素之后，尽可能地提高生涯规划的可操作性和规划者本人所体验到的成功感。

三、研究构想

（一）研究目的

在学生对自我的人格、特长、兴趣等充分了解的情况下，对自己未来人生发展做出设计，并进行有针对性的自我养成。同时，生涯规划应有前瞻性、阶段性和现实性，即生涯规划应在结合各种因素之后，尽可能地提高生涯规划的可操作性和规划者本人所体验到的成功感。为维护社会稳定、促进学校管理、实施科学的家庭教育，提供一定的理论与策略支持及帮助。

（二）研究意义

通过在本校进行探索和实践，一方面，让更多的高中生了解生涯规划的重要性，让“职业生涯规划发展”理念牢固树立在学生的信念当中；也希望能够将获得的经验分享给其他学校，起到抛砖引玉的效果，从而在一定程度上解决当前我国高中教育阶段部分学生的自主学习效果差、全靠家长和老师推动的现状。另一方面，通过这些探索和实践，将学校教育原来一些零星不成系统的、各部门间彼此不整合的内容，即虽属生涯规划的一部分，但却没有明晰概念的德育活动、做法整合起来，统一在“学生生涯规划发展”这一概念之下，让学生更加明确参加此类活动的意义之所在，从而提高学生的自我养成能力，促进整个学校教育的发展。

（三）研究方法

1.研究对象

被试对象全部来自嘉峪关市第一中学高一年级。嘉峪关市第一中学高一年级中有六个班级实验性地开设了一年的生涯辅导课，由课题组成员任教。其余高一年级的六个班由其他非课题组成员任教。在课题开展的第一阶段进行问卷调查，共计涉及被试对象377人。其基本情况如下：

表1　被试特征分布情况

	被试特征	人数	百分比
年级	高一（实验组）	209	55.44%
	高一（对照组）	168	44.56%
性别	男	167	44.30%
	女	210	55.70%

2.研究工具

（1）高中生生涯规划指导调查问卷

该问卷是课题组成员自编的调查问卷，问卷共有题目16道，分别从高一学生的文理选科倾向、对职业生涯的兴趣以及对生涯规划的了解程度等方面进行调查。该调查问卷由课题组成员共同编写，全问卷16道题，分为8个维度，分别针对：学生所选的科目或者打算选择科目的调查，学生职业规划情况的调查，学生职业生涯规划兴趣调查，学生了解生涯规划相关知识的调查，学生认为"生涯规划"对于他们的重要性程度调查，学生对有关生涯规划方面辅导的需要性调查，学生对自己将来想要从事工作所需技能了解程度以及生涯发展中的优、劣势了解程度的调查，以及学生将来升学报考就读的专业决定权的调查。

（2）试验程序与设计

使用该调查问卷对嘉峪关市第一中学高一年级学生进行调查，因课题组成员在征得学校允许的情况下试点在六个班级开设生涯辅导课，所以在进行问卷时将被试划分为实验组和对照组。实验组是开设了半学期生涯辅导课的六个班级，对照组是未开设生涯辅导课的班级。问卷的调查时机选择在课题立项后的第一阶段进行，即在课题立项后的第一年（2016年7月至2017年7月）后期进行，此时课题组成员在高一年级的实验组班级开设了一学期（10节）生涯辅导课，课题组预设此时实验班级已经通过课程理解并初步具备了一定的生涯规划能力。如果结论与课题组预设一致的话，就说明生涯辅导课程可有效改善学生生涯规划能力。

3.研究程序

第一，在查阅国内外有关生涯规划的文献基础上，根据研究和学生实际确定研究提纲和研究对象。

第二，根据国内相关研究及其采用的工具，选用和编制《高中生生涯规划指导调查问卷》。在课题立项后的第一年（2016年7月至2017年7月）后期进行，此时课题组成员在高一年级的实验组班级开设了一学期（10节）生涯辅导课，课题组预设此时实验班级已经通过课程理解并初步具备了一定的生涯规划能力。如果结论与课题组预设一致的话，就说明生涯辅导课程可有效改善学生生涯规划能力。

第三，该测试共发放问卷600份，收回率100%，其中有效问卷600份，有效率100%。测验数据的管理和处理采用SPSS15.0社会统计软件进行，并进行描述性统计分析。

第四，在问卷结果得出后，根据问卷的结论在新的高一年级全面开展修订后的生涯规划课程，并通过分析和查阅相关文献，组织形式多样的活动，并整合学校通用技术的相关职业课程资源，进行校内资源整合工作。

四、研究结论与生涯规划实践探索

（一）问卷调查得出的结论

第一，经过学生生涯规划课程的教育，学生在文理选择比率上比对照组呈现出更小的差距，课题组认为这是一种更加合理的分布，可以显示出学生在文理分科中更加注重个人的兴趣爱好等自身的素质，而非学校师资力量的强弱。

第二，当前生涯规划的概念已经有了一定的普及性，学生们能够通过各种途径了解到一定的生涯规划知识并将之应用到自己的规划中，学生对于自己的未来有着更加清晰的认知。此外，随着当前教育理念的不断更新，当前教师生涯规划的理念也有所认知，会在课堂或其他形式的教育中慢慢地传播给学生，使学生的自觉规划意识逐步增强。

第三，当前高中生对生涯规划知识获取的意愿非常强烈，同时实验组的学生比对照组的学生有着更为丰富的生涯规划知识，生涯规划课的开设及其他活动的设计效果良好，实验组的学生更多地表达了自由规划自己人生的意愿。

（二）生涯规划实践探索

结合学校自身特点开展生涯规划工作，开设高中生生涯规划的校本课程，培养生涯抉择和管理的能力。

课堂永远是学生接受学校教育的主阵地。课题的样本学校嘉峪关市第一中学作为一所省级示范学校，早在2006年就开设了心理健康课，每两周一节课，所以充分具备了开设生涯规划课程的条件。尽管目前高中教育阶段的课程很紧，但学生的生涯规划能力建设同样重要，而且任务同样紧迫。2017年9月23日，甘肃省教育厅发布了《甘肃省深化教育考试招生制度改革实施方案》解读和问答，对2017年3月甘肃省政府出台的这一政策进行了详解。2022年起，甘肃省高考采用“3+6选3”模式，考生总成绩由统一高考的语文、数学、外语3个科目成绩和高中学业水平考试3个科目成绩组成，外语一年考两次。学业水平考试“6选3”，一共有20种组合可能，而如何选择，考生需要关注的是高校的招生要求。甘肃省将于2019年启动高考综合改革方案，2022年的高考适用，也就是从2019年秋季入学的高中一年级学生开始启用。我省将在2017年出台与《实施方案》相配套的《甘肃省普通高中学业水平考试实施办法》和《甘肃省普通高中学生综合素质评价实施办法》。2019年6月底前出台《甘肃省普通高等学校考试招生综合改革实施方案》。高中学生综合素质评价将突出学生思想政治素质和道德品质，整体反映学生德、智、体、美全面发展情况，客观记录学生成长过程中的突出表现和个性特长。综合素质评价内容主要包括：学生思想品德发展状况，中华优秀传统文化素养，修习课程及其学业成绩，创新精神与实践能力，身心健康信息，兴趣爱好与个人特长等。新的甘肃省高考改革方案的制定和实施，把更多的选择权交给学生，有助于激发学生的学习兴趣，挖掘其潜能，让其合理规划学习及发展方向，减轻学习的心理负担，引导学生全面而有个性的发展。与此同时，对学生生涯规划能力的要求也就越来越高，对于生涯规划能力要求学生具备的时间也越来越早。为此，足以说明专门开设生涯规划课对高一学生的重要性。鉴于此，课题组成员在2016年9月至2017年7月，在2016级高一新生中给六个班级实验性地专门开设了生涯辅导课，具体做法是将原本在高一年级一学年开设的心理健康课分为两个部分：第一部分在高一春季学期开设心理辅导课，主要按照省教科所编写的教材将其中关于学生开始高中生活、学习技巧及人际关系等方面的内容进行课程编排；第二部分是在高一年级秋季学期开始生涯规划课，主要是将生涯规划内容编写为四大部分，即生涯发展的意义、自我认知、生涯探索和生涯规划。

以嘉峪关市第一中学高一年级的学生为实施对象，生涯辅导之内涵包括以下四大项，实施时应依据学生生涯发展阶段进行：

1.生涯发展的意义

了解生涯发展的意义旨在唤起学生对生涯发展历程的了解与接纳，使学生在父母与师长的引导下，根据个人需求与现实环境考虑，开展最有利于个人发展的生涯方向。内容包含以下五项：

①了解生涯发展观念与生涯规划的重要性。

②了解个人对生涯发展的关键性角色。

③了解教育与工作、休闲及家庭生活的关系。

④了解生涯规划应考虑的因素与个人生涯发展（未来教育、职业及生活方式）的关系。

⑤了解终身学习对适应未来生涯的重要性。

2.自我认知

针对自我的认识与探索，目的在于提升自我觉察与生涯觉察，加强对自我的了解，探索个人历经不同时期的自我变化，进而更能接纳自我，掌握影响未来发展的各种情境因素，做好生涯规划的准备。内容包含以下五项：

①评估自己的能力、性格、兴趣、价值观等特质。

②探索自己对各项特质的态度与接纳程度。

③了解影响自己未来发展的“助力”与“阻力”。

④了解家庭、社会与经济等外在因素对未来生涯发展可能性的影响。

⑤扩展生涯发展信心。

3.生涯探索

通过协助学生于自我认识的基础上，进一步探索与个人特质相关的各项环境与信息，作为职业生涯选择依据。内容包含以下五项：

①了解学校教育目标、课程安排、生涯选择与未来工作间的关系。

②认识不同工作的类型与内容，以及各职业所需能力。

③了解不同职业对个人的意义及对社会的重要性。

④了解升学与未来就业途径及应做的准备。

⑤了解各行业发展趋势与未来人力供需概况。

4.生涯规划

目的在培养学生熟悉抉择技巧，使其于未来面对抉择情境时，能以理性的方法与态度做出最适当的决定，并据以拟定适当的发展计划。内容包含以下五项：

①了解自己的生涯愿景、工作价值观与生活风格。

②学习解决生涯问题及做出决定的技巧。

③学习整合个人能力、性格及兴趣并做出合适的生涯决定。

④学习根据生涯决定拟定生涯计划并能适时有效的调整。

⑤学习如何与父母等重要他人讨论“生涯规划”问题。

五、校本生涯辅导课教学计划

表2　校本生涯辅导课教学计划表

主题	内容	活动	教学方式
一、成长历程与生涯发展	生涯发展阶段与任务 生命故事与重要事件的影响 原生家庭与重要他人的影响	生涯规划大解密 职业家族谱	拼图法 小组讨论学习法
二、个人特质探索	能力与兴趣 性格与价值观 生涯态度与信念	多元智慧大考 别人眼中的我	小组游戏竞赛法 小组讨论学习法
三、生活角色与生活型态	各种生活角色内涵 工作、家庭与其他生活角色之关联 性别角色与生涯发展	生涯彩虹图	小组讨论学习法
		生涯角色扮演	团体探究法
四、教育发展与大学学群	高中学习内涵与生涯 个人特质与大学	条条大路通大学 大学“门票” 大学面面观 大学院系、学科探访	小组讨论学习法 小组游戏竞赛法 拼图法 团体探究法

续表

主题	内容	活动	教学方式
五、大学生涯与职业选择	大学学习内涵 大学学习与生活 专业/职业选择的迷思与澄清	准备好当大学生了吗? 大学异言堂 向左走&向右走?	小组讨论学习法 拼图法 小组游戏竞赛法
六、职业生活与社会需求	职业内涵分析 市场变动与未来产业发展趋势 职业生活及工作伦理	职业参访 迷思大解密	团体探究法 小组游戏竞赛法
七、生涯信息与生涯评估	生涯相关资源探索 生涯信息评估 个人与环境信息整合	选组教战 职场争霸战 选组挑战赛	拼图法 团体探究法 小组游戏竞赛法
八、决策风格与技巧	生涯决策的意义与内涵 探索与了解个人决策风格 有效运用决策技巧	生涯阻力与助力 我的决策风格	小组讨论学习法 团体探究法
九、生涯行动与实践	拟定行动方案 实践行动方案 升学与职业选择之模拟和演练	时间管理达人 生涯档案	小组讨论学习法 团体探究法

（一）校本生涯辅导课创意教具的使用

课题组在对学生生涯规划进行探索的主方向上一直是课堂教学研究，通过不断丰富和完善课堂教学手段、创新课堂上课技巧以及创造性地使用教具，来达到让理论指导实践的目的。在此理念下，课题组使用了如下教学手段：

1.编撰《职业电子报》

在学生的生涯规划中，职业规划是重头戏，也是学生将要完成的最大的规划，课题组本着让学生能够在校园里最大限度地了解社会的职业分工、职业要求以及职业发展的变化趋势，为此，采取这种形式收集最新的资料呈现给学生，满足学生对当前社会发展了解的需求。课题组借鉴台湾部分中学的做法，创编《职业电子报》这一活动的具体做法是由心理教师挑选出不同的职业，然后将每个班的学生划分为8个小组，每个小组负责一种职业，并编写该职业的《职业电子报》。学生编写完成后，在心理健康课的课堂上与其他同学分享。最后，由心理教师将学生搜集到的职业知识进行整理和编辑，以电子报的形式放到网页上，将资源集中起来，供所有的学生查阅和了解。

2. **发明《职业扑克牌》**

在教学过程中，由于职业的分类过于专业，许多学生对职业的认识仅仅局限于常见的几种，如公务员、教师、医生等，对于其他职业的概念非常模糊。鉴于此，课题组在头脑风暴的工作方法下，想出了将职业印制在扑克牌上这一创意。在课题组的努力下，将常见的56种职业印制在扑克牌上，并在课堂教学中尝试编出不同的游戏规则，让学生能够通过游戏的方式来深入了解职业。

3. **利用现有资源，刊印《高中生生涯规划手册》**

作为生涯规划课堂的有效辅助，让学生在生涯规划课以外的时间里能够充分认识自我。

要选择一个好的职业方向，首先要做的就是深入了解自己。每个人都有自己的优缺点、性格和价值观，生涯规划必须结合自身的特点，认识自我是职业生涯规划的第一步，也是最重要的一步。只有真正深入地了解自我，才能量身定制一个属于自己的职业生涯规划方案。为自己勾勒“画像”的同时，也就为自己勾画好了一张生涯发展的地标图。课题组成员在编撰《高中生生涯规划手册》时，将手册分为两个部分：第一部分为“高中生生涯规划资源包”，内容包含测量学生性格、认知特点以及兴趣等自我探索方面的经典心理学量表及相关资料，还有大学专业设置情况及优秀大学生的基本素养，社会典型职业介绍海报，《中华人民共和国职业分类大典》（删减版）。第二部分为“高中生职业生涯规划书”，内容包括资源包所含心理学量表的答题纸及结果分析，自我分析与环境评估，职业方向与定位，职业目标设定，计划实施情况记录，阶段性评估与反馈。

《高中生生涯规划手册》具体的编写目录有以下几个章节组成：第一章自我认知，第二章环境评估，第三章职业方向定位，第四章计划实施，第五章评估反馈，第六章名人、企业访谈录，第七章附录（含各种职业测试问卷）。第一章自我认知。课题组设计了自我评估环节和他人评估环节，目的是让学生充分了解自己，同时要逐步厘清业余爱好和职业兴趣的概念，避免学生在规划自己的职业生涯时出现混乱，误将业余爱好盲日地作为自己的职业兴趣。第二章环境评估。环境评估这一章节与第一章紧密联系，设计思路就是当学生能够对自己的性格特点、兴趣爱好、职业兴趣和个人能力有了初步的了解并完成了对自我的初步评估后，还需要对自己的家庭成长环境进行分析，进一步修正和完善自我认知。同时，在这一章节，还设计了对社会环境的评估和分析，让学生对社会的了解得以升华。此外，从职业视角去看待社会的分工，并通过查阅网络、书本等途径进一步了解社会，并初步建立自己的职业观。第三章职业方向定位。本章设计思路是在学生对自我的认识有了一定基础并对自己的家庭环境、社会环境及社会职业分工初步形成了一定概念并完成了初步评估的条件下，可以尝试进行职业生涯的大致方向确定。这一章节的主要目的是让学生能够大致找到自己的目标，并可以将大目标分成若干分项目标。这些分项目标可以先后实现，也可以是并列关系，尝试其中一种。如果发现目标指定的有偏差，可以在后期进行修正或者调整成其他分项目标。第四章计划实施。这一章的设计思路是让学生初步制定好目标，能够根据对自身的了解制订详细的执行计划，在执行计划的过程中具体检验自己制定的目标是否合理，最终确定自己的职业生涯方向。第五章评估反馈。这一章节设计思路是在学生具体执行计划的过程中，如果不进行客观的分析和评估，容易导致目标的混乱和偏差。所以本章为学生提供了检验目标合理性、科学性和与自身匹配性的评估反馈的具体做法。第六章名人、企业访谈录和第七章附录，均为课题组搜集到的素材，是学生自己提供的学生职业性格、职业兴趣和职业价值观的自测问卷及学生在进行自我评估时可以参考使用的名人、企业访谈录。

（二）有效整合通用技术课程资源

将通用技术课程资源纳入学生生涯规划大体系中，让学生能够在生涯规划的视野下、在通用技术课上体验不同职业，可以有效破解学校生涯规划师资力量不足、课时量不足的困境。

生涯规划的内容强调学生的亲身经历，要求学生积极参与到各项活动中去，在活动中发现和解决问题，体验和感受生活，发展实践能力和创新精神。职业生涯教育的产品是社会人，具有较强的社会适应性和应变能力，具有良好的心理素质和个性特征，具有实际工作与动手能力。需要学生走出课堂、走出校门积极地开展社会调查和实践活动，在做、考察、调查、实验、研讨、探究、设计、展示、服务、劳动等一系列活动中完成。但是，我国目前高中教育的现状和学生所面临的高考升学压力使得这一目标变为“空中楼阁”，不易实现。

本课题组认为如果无法破解这一难题，学生的生涯规划最终仍然要滞留在口号阶段，无法有效地帮助学生。为此，课题组经过充分讨论，一致认为有效整合通用技术课程资源，将其纳入学生生涯规划大体系中，让学生能够在生涯规划的视野下、在通用技术课上体验不同职业，能够有效破解学校生涯规划师资力量不足、课时量不足以及“口号大于实效”的困境。

2016年后，课题组成员通过调查了解到通用技术课程在我省几乎每个学校都在开设，科技实验创新也在各个学校中如火如荼地开展。但是，各个学校将通用技术课程均以科技活动的视角在开展活动，参与这些活动的都是对此特别感兴趣的学生；学生也仅限于对航模、科技等部分知识的了解，很少有学生站在职业的角度去思考这项活动带给他们的意义。因此，课题组通过协调和努力，率先在学校推行用另一种视角来看待通用技术课程——即从心理学视角、职业生涯规划视角来推行通用技术课，努力将通用技术与未来有可能从事的职业紧密联系起来，使得对这些活动感兴趣的学生能够多了解一些其他方面的知识。举例来说，有的学生对无人机非常感兴趣，但每次参与的活动仅限于购买无人机产品，然后练习无人机驾驶技术，对于自己将来可能从事的职业与无人机驾驶方面的兴趣之间并无深度的联系，学校的老师也仅限于将无人机驾驶技术交给学生。但如果从职业生涯规划的视角来看待无人机驾驶，则要帮助学生分析自己将来是否能够通过国家的招飞，并顺利考取军校飞机驾驶专业。如果分析的结果是有可能，则需要学生规划有针对性的学科学习，努力考上设有相关专业的军事院校，同时训练自己的心理素质，还要用学习飞行员相关的伦理道德要求自己，形成正确的价值观等等。如果分析的结果是不可能，因为身体素质等方面的限制无法成为飞行员，那么学生就要分析与无人机驾驶有关的行业，比如说航空摄影、考古学以及经常需要在无人区进行考察的相关专业。在这些专业中无人机驾驶也有着非常重要的作用。如果能够从以上这些专业中选择其中之一的话，该学生在未来也会从事与无人机驾驶相关的行业，并有可能成为那个行业的综合型人才。

因此，在课题组制定的“高中生生涯规划课程化方案”中，将通用技术学科和心理健康学科的优质资源整合到学生生涯规划的大体系中，并在嘉峪关市第一中学“三大特色”发展成果的基础上进行创新和改进，为学生架设和营造生涯规划的外在环境和内在知识。课题组将通用技术选修课教材集齐，并将之更名为“职业技能体验课”，在嘉峪关市第一中学开设选修内容。嘉峪关市第一中学的通用技术选修课教材共分为6门技能：家政与服务、服装与设计、现代农业技术、电子控制技术、简易机器人、建筑及其设计，这6门课程所使用的是江苏凤凰教育出版社出版的普通高中课程标准实验教科书，经全国中小学教材审定委员会2004年初审通过。此6门课由学生根据自己的职业兴趣进行选择，共12课时，不占用讲授课时间，由通用技术组确定选修课的授课教师，并在课余时间完成规定课时。

（三）组织别开生面的社会实践活动

嘉峪关市第一中学对于学生社会实践方面的探索与实践从未停止脚步，经过多年努力，学校逐步完成了科技创新教育的实训化工作。尤其是2016年后，在课题负责人的大力推动下，除了严格按照国家课程开展通用技术教育以外，还依托科学工作室开展了大量的科普活动，如：微型车床操作、机器人比赛、航模船模比赛，还举办了四届科技体育运动会，让学生在学校的课堂上也能够体验到每个职业对人才创新能力的强烈需求。此外，学校立足于科学工作室，依托天文社、校园气象社、电脑制作、信息学奥赛、科技创新、机器人等兴趣小组进行科技实践活动。如：举办科普报告会和“科普教育校园开放日活动”，积极参加各级各类科技创新大赛和机器人竞赛，进行模型四驱车、航模船模、水火箭、纸飞机、无线电测向等各类科技竞赛活动。模型四驱车、航模船模、纸飞机和ROBOTI1-4机器人系列制作和比赛等11个项目已成为学校的传统优势项目。

我校每年暑假安排高一全体学生在甘肃钢铁职业技术学院钳工实习场地进行为期5天的通用技术实训活动。学生完成一个选修模块（校本课程）共36课时，记2学分。实训课程内容主要为制作錾口榔头，目的在于让学生们通过了解金属的特性，学习金属锯、锉、钻、攻丝等操作技能以及其他常用工具的使用方法，体验工具和设备在制作加工过程中的作用。通过学习制作錾口榔头的基本工艺知识，学习熟练使用相关设备的加工方法与技巧，树立合理选用工具意识的同时，实践了必修1所学具体技术思想和方法——发现和明确问题、技术设计、技术制作、技术试验、技术评价的设计全过程，对必修2所学设计与结构、设计与流程、设计与工艺等一般技术思想和方法也加深了理解。

（四）倡导研究性学习

在高一年级的研究性学习中，为学生设计与“生涯规划”相关的研究课题，让学生利用假期（如周日）时间去调查研究，要求学生三年必须完成三个研究课题，每年至少一个课题，每个课题5学分。具体实施时以年级组为基本组织单位，年级各班主任、各学科教师成立3人一组的教师指导组，班主任老师任组长，每班成立6～8个研究性学习小组，推选一人为小组长。2017年，课题组成员经过精心筛选和论证，为学生罗列出了九大类跟学科有关的研究性学习课题，让学生通过调查和访问，近距离地与相关社会行业接触，深入调查了解职业的相关知识。所罗列的研究性课题如下（节选）：

1.**语文学习研究类**

①现代人如何理解隐士文化?

②语文与职业

③酒文化或茶文化研究

④学习古文能给我们带来什么?

⑤略论网络文学的优劣

⑥嘉峪关地方文化

⑦大学汉语言文学专业毕业后的就业范围调查

2.**传统文化研究类**

①中国传统建筑物的门、顶、梁、窗、墙等

②中国南北方居民住宅形式和格局研究

③嘉峪关市道路命名研究

④中医保健

⑤中国各地习俗简介与探究以及注意事项

⑥楹联文化——中国传统楹联文化介绍并以“嘉峪关一中”的相关内容为题写几副对联

⑦民俗探究（主要针对社会生活民俗中的某一种民俗的产生、发展及文化内涵的研究）

⑧泰山为什么成为帝土封禅的选择地?

3. **数学研究性学习参考课题**

①高中数学成绩优异者就业状况调查

②产品包装中的数学

③球类运动技术的数学分析

④音乐与数学

⑤银行存贷款利息和利税的调查

⑥黄金数的广泛应用

⑦解三角形在日常生活中的应用

⑧城镇、农村饮食构成及优化设计

⑨通信网络收费调查统计

⑩交通设施中的数学科学

⑪气象学中的数学应用问题

⑫投资人寿保险和投资银行的分析比较

⑬如何存款最合算?

⑭田径比赛中的数学

4. **生物研究性学习参考课题**

①生物课的职业范畴调查

②某些植物的药用价值

③研究人类基因组的意义

④壁虎尿有毒?

⑤调查环境污染的状况

⑥当地蛙类资源调查

⑦调查当地“植树造林、绿化祖国”活动的开展情况

⑧研究甘肃人的饮食结构以及变化趋势

⑨模拟生态系统实验

⑩校园常见昆虫的特征与习性调查

⑪嘉峪关麻雀种群数量及其影响因素调查

⑫嘉峪关市第一中学常见植物种类及其功能调查

⑬校园的花园最适合种植什么树?(本质:校园土壤性质如何?)

⑭不同生长素浓度对豆芽生长的影响

⑮尝试无土栽培
⑯鲜花的保鲜
⑰泡菜的制作
⑱市民艾滋病常识的调查
⑲植物光合作用的条件及速率的影响（实验法）
⑳比较植物细胞壁与细菌细胞壁的差异的试验研究
㉑高中学生早餐摄入量与上午听课效率的关系
㉒校园植物分类调查

5. 政治研究性学习参考课题

①嘉峪关市区中学生消费状况的调查研究
②宠物经济研究
③各超市促销调查
④关于“山寨”产品的思考
⑤农村家庭消费结构变化的思考
⑥电视广告对中学生消费观和价值观形成的影响
⑦品牌效益对学生影响调查
⑧嘉峪关旅游业发展现状及前景
⑨动漫经济研究
⑩身边的日韩产品调查
⑪嘉峪关市居民节日消费状况调查
⑫中学生“鞋文化”的调查分析
⑬中学生父母沟通状况的调查研究
⑭嘉峪关市学生社团活动的探索与研究

6. 历史研究性学习参考课题

①历史学科的就业范畴调查
②明清时期嘉峪关文化研究
③嘉峪关人民的“铁山精神”研究
④嘉峪关民营经济发展研究
⑤嘉峪关文化遗产现状
⑥嘉峪关历史溯源

⑦环境对名人成长的影响

⑧嘉峪关史前文化研究

7. 地理研究性学习参考课题

①月相观测（一个周期）

②家乡优势资源调查

③嘉峪关某一旅游景点的调查

④设计嘉峪关市春游或地理实习线路（自然和人文）

⑤嘉峪关居民环境意识的调查

⑥分析家乡常见自然灾害（地质、气象等）

⑦研究出租车对城市发展的影响

⑧嘉峪关城区环卫工人工作现状的调查

⑨嘉峪关市第一中学校园周边光污染的现状调查与危害分析

⑩通过实验，测算嘉峪关当地的经纬度

⑪家乡河流的水质调查

⑫河西走廊小气候调查

⑬嘉峪关土壤污染状况调查

⑭嘉峪关外来人口来源及现状的调查分析

⑮搜集不同时期的嘉峪关地图或照片，对比总结家乡的变化，为家乡建设与发展的美好图景出谋划策

⑯家乡农村地区耕地利用方式变化的调查

⑰嘉峪关肯德基、麦当劳餐厅选址探秘

⑱嘉峪关土地开发和保护现状

⑲嘉峪关生态旅游线路的开发研究

⑳嘉峪关的种植业结构调查

㉑家乡的城镇规划建议

8. 信息技术研究性学习参考课题

①IT理工男的生活现状调查

②春节消费比例调查报告

③计算机病毒侵犯系统的途径与防治

④网络虚拟世界与现实生活的联系与区别

⑤网络文化在校园中的影响力调查研究

⑥调查“90后”一代对网络游戏的选择与看法

⑦信息交流方式的发展变化

⑧小游戏的设计

⑨电脑选购要点

⑩电脑网络与生活研究

⑪电脑中央处理器发展与社会利用

⑫网络与学生

⑬中学生网上购物现状分析

9.体育研究性学习参考课题

①本市健身俱乐部、民办体育项目培训学校等经营及收入状况调查

②如何纠正不当的投篮动作?

③对我校全体学生的体质健康调查

④高中学生每天跑2000米对学习与健康的影响

⑤学习压力如何在体育课堂中得到释放和调节?

⑥中国足球为何难以冲出亚洲?

（五）开展职场达人讲坛活动

充分利用社会资源，开展关于高中生生涯规划的名人讲坛。邀请成功人士，如：企业老总、大学教授、政府机关公务员、民营企业家、资深传媒人、下岗再就业成功代表，包括取得一定成就的校友解读职场经验，创造机会让学生近距离接触各领域代表公司或企业的管理人，拉近学校与社会的距离；同时，加强与大学的职业生涯规划等相关部门的交流与合作。

2018年3月，课题组成员在高一学生中开展了“职场达人秀”主题活动，要求每位班主任每周邀请本班不同职业的两名学生家长在班级内为学生讲述自己的入职经历及职场心得，以及自己所了解到的职场对人才的要求。活动以班级为单位开展。在此次活动中，学生们受益匪浅。本次活动对于课题组成员来说，是一次收获较大的活动，课题组成员进班观察后，发现家长们准备非常充分，令人感动。而学生们因为是同学的家长，所以听得非常认真。在活动结束后，课题组成员对学生及学生家长、班主任进行了口头访谈。学生们表示不但了解到了职场的

相关知识和要求，还能够体会到父母在职场中的努力和艰辛；应邀的学生家长们也表示自己平时觉得没有必要让学生了解社会，但通过本次活动觉得这样的活动很有必要，能够从比较正面的角度让学生提前认识社会，做好进入社会的准备。在对班主任的访谈中，个别班主任对本次活动有抵触情绪，主要是对学生们能否听得进去以及将来学习态度会否转变等方面的信心不足；还有班主任认为这类活动有些耽误学生的学习时间；此外，因为某些班主任在给有些家长打电话时遭到了拒绝，所以对家长们的教育态度也比较担心。但大部分班主任对此活动非常欢迎，同时表示会将此项活动在班级里坚持下去。

六、研究不足与展望

其一，研究的理论背景不够深厚。对于本次研究来说，选题的来源依据和方向就是来源于一名高中心理健康教师的体验和感想。对国内外的文献梳理和理论构思的步骤成为证实课题组初期想法的理论支撑，在查阅文献的过程中，虽然生涯规划是一个非常热门的话题，但采用实证方法研究的文献不多，而且大部分材料基本是站在高校的角度展开，然而生涯规划应该是系统的、长远的，但国内相关的研究并未体现出这一点。

其二，在学生来源和学校选样上可能存在代表性不全面的情况。由于受多种因素的制约，在研究中取样工作显得非常重要。本研究在取样上采用同一学校同一年级但不同班级的原则，这使得实验样本的代表性仍值得商榷或进一步证实。

其三，研究方法与材料偏简单化。由于受研究条件和目前研究现状的影响，本研究在很大程度上采用现有的研究模式，没有进行更大的创新和根本性改变。在结合国内外文献和研究的基础上采用纸笔问卷的方法，同时受限于研究者的学业水平，无法达到更加科学、更加规范的研究层次。此外，由于问卷的科学性有待证实以及后期数据处理时方法上有欠缺，导致本研究采取了更加稳妥但不够细致的描述性统计。

其四，在结合国内外研究的基础上，本研究采取了先调查后根据调查结论再探索实践途径的办法。尤其是在后期的实践上，采取的是借鉴、整合和创新的办法。在实践、创新方面，课题组成员认为还有很大的空间，但由于课题时限的原因无法继续探索，这不得不说是一个很大的遗憾，但这恰恰给了课题组成员一个机会，即下一步继续深化课题研究、探索新的实践道路。

其五，由于课题结题时间的限制，课题组成员开展的系列活动效果没有得到长远的反馈和追踪，这是本课题研究的最大遗憾。为此，课题组成员一致决定在本次课题结题后，继续申报下一个生涯规划课题研究计划，将所有活动的长远效果进行追踪，并与其他学校做比较研究，这将使得本课题能够真正体现研究者的教育信念。

参考文献

[1]郭志文，等.无边界职业生涯时代的就业能力：一种新的心理契约[J].心理科学，2006，29(2)：485-486.

[2]熊丙奇.高中生职业生涯规划八讲[M].上海：华东师范大学出版社，2010.

[3]郭兆年.高中生涯发展指导[M].北京：华东师范大学出版社，2010.

[4]魏清.全人教育视野下的有效教学[M].北京：社会科学文献出版社，2012.

[5]金树人.生涯咨询与辅导[M].北京：高等教育出版社，2007.

[6][美]洛克.把握你的职业发展方向[M].钟谷兰，曾垂凯，时勘，译.北京：中国轻工业出版社，2006.

[7]王震，于娇燕.新课改背景下普通高中生职业生涯规划课程研究[J].西北成人教育学报，2013(5)：29-30.

[8]万明钢，张军梅.高中生生涯规划与发展的跨文化研究[J].心理学探新，2004，24(4)：63-66.

[9]赵士果.高中生职业生涯规划的必要探析[J].现代教育论丛，2008(7)：41-43.

主持人：周哲（嘉峪关市第一中学）

审稿人：岳文果（甘肃省教育科学研究院）

网络研修与校本实践研修有效整合研究

第一章 引 言

一、问题的提出

众所周知，教师的专业化水平是一所学校发展的根本动力，因此，做好教师培训工作是学校管理者重点的研究课题。随着新课程改革的不断推进，大家已经认识到校本教研是促进教师专业成长的重要手段。但是，现在很多学校校本教研只流于形式，教师的参与度不高。随着信息技术的不断发展，在校本教研的过程中，利用网络交流沟通的方式进行教师层面的研讨，能够有效拉近教师之间的研修距离，提高校本研修实效。但是教师网络研修与校本研修整合培训存在教师不受欢迎、校本研修质量不高或两者貌合神离的问题。

教育信息化与教师网络研修、教师网络研修与校本研修、校本研修与教师常态化学习所涉及的有关问题值得深入探讨，以明晰整合培训制度、机制、策略、方法的完善路径。提升网络支持下的校本研修质量，坚持实践立场，以用促学、学以致用，激发教师内在成长动力，下移培训重心到中小学校，促进教师自觉学习与自我更新；同时，建立研训一体化的“自组织”校本教师学习共同体，实现教师专业发展和学习的常态化。因此，开展“网络研修与校本实践研修有效整合研究”势在必行，为此，本课题组于2015年5月申请立项了一项省级课题“网络研修与校本实践研修有效整合研究”，经过两年多的努力，课题按照设计要求圆满完成。

二、研究的背景

“网络研修与校本实践研修有效整合研究”作为一种促进教师培训模式改革的研究方法，在国外，欧洲教师教育协会——源于学校发展的需要，是因学校发起和规划的旨在满足学校每个工作者需要的校内培训活动。在国内，人们对“网络研修与校本实践研修有效整合研究”问题上的探索，基本还处于起步阶段或浅层次摸索实践阶段，相关研究远未深入。教育部教师工作司2014年3月26日研究制定了《网络研修与校本研修整合培训实施指南》，指导各地开展网络研修与校本研修整合培训，深化教师培训模式改革，进一步提升培训质量。然而，网络研修与校本实践研修作为多主体、跨时空、低成本、高效率的“混合式”研修模式，有必要对两者之间的有效整合进行研究。

（一）国家、社会对教师能力提升的需求

教师师资质量的好坏直接关系着我们社会发展的未来，优秀的教师需要拥有持续学习、不断提升自我的能力。对中小学教师进行在职培训，让教师能够适应日益更新的社会需求，是社会发展背景下，国家和社会不得不进行的改革。

（二）教师专业成长的需要

教师要实现专业的深入发展，必须突破教师彼此孤立与封闭的现象，要与他人进行合作。要与来自不同教室及学校的教师进行各种类型的专业合作。要重视思想、设想并互相分享。特别是新教师，更要主动加强教师之间的合作，促进专业发展。这样才能使自己的专业视野更加宽广，进而扩充个人专业实践理论的内涵。

三、课题提出的意义

现行校本研修与网络研修仍是貌合神离，即形式“合”，内容“离”。首先，网络研修实施主体是远程教育机构，校本研修实施主体是中小学校，联通两者则重点依靠区县教育行政部门的牵线搭桥和跟进督导。这就使得整合培训质量存在

很大的风险。如果联通方责任落实不到位，两个主体方势必各做各的事。其次，远程教育机构提供的学习资源，与中小学校及教师的需求、实践难以做到精准对接，网上与网下分离、研修与实践“两张皮”问题突出。再次，由于得不到网络优质资源的精准支持，得不到隐藏在网络平台之后的专家团队的有效服务，校本研修质量势必不高，甚至流于形式。

四、课题界定与理论依据

（一）课题界定

本课题所指的网络研修与校本实践研修有效整合研究，是指学校教师基于互联网平台采取集中培训与教师工作坊研修相结合，依托网络研修工作坊，促进教师专业化成长的研修方式。从教师急需解决的教学实践问题中选择研修主题。通过网络研修班 QQ 群和网络工作坊平台与校本实践研修相结合开展研修活动，研修主题按照知识“获取—应用—生成—创新—分享”过程设计研修流程和研修任务，探索网络研修与校本研修有效整合的知识组织及有效管理途径；并按照教师实践性知识“获取—应用—生成—创新—分享”流程设计研修流程和研修活动，提升网络研修与校本整合的实效。

1. 在知识“获取”阶段

先对网络及校本培训资源进行整合，对相关的专题讲座、教学录像、教研文献及其他录像资源等显性知识在网络平台上经由“社会化”和“表征化”后，在教师学习共同体中进行分享，将具有借鉴和传承意义的内容进行提炼。

2. 在“应用”和“生成”阶段

教师在课堂中通过实践应用和验证网络研修所获得的“显性知识”及遇到的各种教学事件，会触发教师在各种知识和信息之间进行比较、联结并做出决策，使知识进入“内在化”过程，使新的实践性知识在教师根据特定教学情景做出判断和决策后得以生成。

3. 在“创新”阶段

教师在实践情境中生成的实践性知识可引发教师接受新的挑战，使其在新的尝试中更新实践性知识。

4.在“分享”阶段

教师在网络及校本研修任务的驱动下，通过反观和整理系列研修活动形成的体验和经验，将其提炼成为可以在网络上交流的教学观点、教学方法、教学策略和视频资源，在与同伴分享研修成果的过程中可以进入新的知识建构过程。

（二）理论依据

网络研修与校本研修有效整合的核心是如何将优质资源借助网络及学校平台在广大教师中进行推广学习，而研究相应适合我市研修的模式。教师网络研修与校本研修整合模式就是如何将网络研修和校本研修进行有效的整合并取得最佳成效的方法。我区网络研修与校本研修整合模式就是在结合我区实践经验的基础上，对其经验进行高度概括归纳总结得出的。在研究过程中主要依据了以下相关理论：

1.经验学习圈理论

经验学习理论研究始于19世纪初期，而影响最过于深远的便是由库伯于1984年提出的经验学习理论。库伯将经验学习模式分为四个阶段，即具体经验、反思观察、抽象概念和主动实践四个阶段。人们获取经验的起点是从具体经验的获取开始的，在积累了一定的生活常识和经验后，通过不断的观察总结形成一定的概括性语言，最后将这些获取的知识再次应用于实际过程中。教师作为一个有一定生活经验和教学经验的成人，其专业发展的过程，也是一个持续不断累积经验的过程。只有教师真正消化了网络研修与校本研修的精髓并渗透到实践中去，才能说是网络与校本实践得到了有效结合。

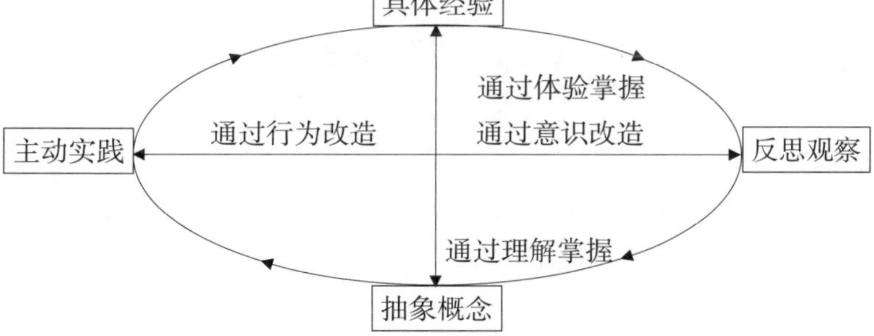

图1　学习经验圈模型图

2. 活动理论

在恩格斯托姆看来，活动是一个完整的系统，包括了六个要素和四个子系统。主体是活动系统中的个体或单位小组，活动便是主体根据个人意愿进行的；客体便是主体操作的对象，客体既可以是物质上的某样事物，也可以是精神上的某种体系，而在最终都会被主体转化为结果；共同体是若干个体或单位小组组成的组织，客体被他们共同分享，在被分享后，共同体成员进行自我构建，以此来区别于其他的共同体；工具是主体在将客体转化为结果的过程中所用到的全部事物，可以是物质工具或心理工具；规则是在活动过程中，对其起到规范作用的法律法规或是政策规范；分工体现了共同体内成员间的地位分配和任务分配。这六个要素相互作用、彼此组合，构成了四个子系统，分别为生产子系统、交流子系统、分配子系统和消费子系统。

3. 混合学习理论

对于混合学习，其本质就是对某些定性的内容和学习者，用适用性强的教学内容的传输和学习者学习过程中所运用的技术手段来展现与传输，而在此过程中，会使用到较为合适的学习方法和教学方式。在本课题中，主要从以下几个方面来解释混合学习理论：其一，将各学习理论中合理的部分（试用于网络研修与校本研修整合模式的内容）进行整合。其二，运用多种教学模式进行混合学习，除了传统的理论知识的面对面传授，还需要运用先进的信息技术对教师进行多方面的培训。而中小学教师因其年龄、学历、任教学科、教龄等的不同，所能适应的教学模式是不同的，网络研修与校本研修整合模式混合学习就是结合传统的课堂教学、网络教学等教学模式，在培训的过程中充分发挥出每个教学模式的长处。其三，多种学习评价方式混合，并生成多类型的学习成果。教师在培训过程中的评价方式不会单一化，形成的学习成果多元化，这正是混合学习中的一种，使教师在培训中的评价更加个性化，以此来适应每个教师的共同发展。

4. 对话理论

对话理论首先是由文艺理论家巴赫金所提出的，后由保罗·弗莱雷将其应用于教育领域中。在对话理论的视野下，没有了权威，没有了单向的知识灌输，有的只是一个平等、没有压迫的环境，即对话的双方是平等的。在本文中，网络研修与校本研修整合模式的构建中，充分考虑到了教师是一个团体，是一个可以互信、互通的团队，是一个整体，需要通过不断的交流沟通才能更好地将知识理论进行传播并转化为现实，同时塑造了一个符合教师对话的环境，让教师可以在网络研修与校本研修整合模式中形成真正的对话。

五、概念的界定

（一）校本研修

校本研修的概念，是在“校本教研”和“校本培训”等概念的基础上演变过来的，综合了“研”与“学”的特点。校本研修是以学校为主阵地，以学校教师为研修主体，以学校中和教育教学工作中的实际问题为研修内容，是自下而上的行动研究，研究解决实际问题，促进教师的专业发展。

（二）网络研修

网络研修是一种以网络为基础开展教研工作的新方式，它借助网络，不受时空和人员限制，为广大一线教师提供了内容丰富、理念新颖、技术先进、实用便捷的优秀课程资源，创设教师与教师、教师与专业人员及时交流、平等探讨的活动平台和环境，促进课程改革实验的决策者、设计者、研究者与实施者的多元对话。它能发挥教师在教研活动中的主体作用，使城乡学校和教师能够平等获取信息资源和对话交流，弥补传统教研模式的不足。开展基于网络的教学研究，是创新教研形式、拓宽教学研究途径、缩小城乡教育资源差异、实现教育均衡发展的有效途径。

（三）有效整合

网络研修与校本研修有效整合模式主要分为两个模块，分别为网络研修模块和校本研修模块。其中网络研修模块主要是以教师工作坊为支撑，以教师工作坊专题的形式，对教师进行在职培训。校本研修则是以学校为本，以教师所在的学校为基本场所，以一线教师为主体，以解决教师在教学实际过程中遇到的问题为目标。网络研修，其资源的广泛性与学习的不受时间、地域的约束性，以及校本研修的实地性和实效性，两者的对接会使教师教育培训的成效得到显著提高，故在网络研修与校本研修整合模式的构建中，将校本研修和网络研修进行有效整合，以达到更好提升教师专业发展的目的。

六、研究的主要措施

（一）理论学习是前提

在课题申报之前和被批准立项之后，我们课题组成员进行了文献学习，学习的内容包括：国家针对网络研修与校本整合的文件要求学习，对各种“学习理论”进行了研究学习，对我市现行校本研修模式和经验进行了调研学习。从学习中我们借鉴了前人研究的结果，尝试了已有的经验方法，这些都为我们本课题的研究提供了很大帮助。

（二）对现行校本研修调研是基础

在对我市校本研修情况进行问卷调查后发现，在整合培训方面，当前乡村教师培训中存在校本研修质量不高，网络研修与教育教学实践结合不紧密，教师专业发展缺乏持续支持等问题。具体表现在以下几个方面：

第一，教师发展内驱力不足，学习研修主动性、积极性不高。还有部分校长和教师，对开展整合研修的必要性认识不足，借口教师教学任务重、教师研究能力弱、专家匮乏等原因，从而消极应对，研修还流于形式，没有实质性进展和明显成效。

第二，农村教师教学任务繁重，工学矛盾突出。农村教师往往身兼数职，大部分教师担任 3 门学科以上的教学任务，工作量大，基本没有时间和精力自觉、主动、有效地参与到研修中来，研修效果不佳。

第三，学习资源的实用性和针对性不强。网络学习资源虽然多，但理论性知识居多，实践性知识偏少，况且多数资源是发达地区的事例，不适合农村地区的教学，指导性和参考性不强。

第四，课程交互性设计欠缺。在设计课程内容的时候，大多数课程只是把知识放在一起，最后要求教师在规定时间完成一个课程任务。这样的课程缺乏学习者与课程内容的交互，学习者只能单向地接受信息，接收学习反馈信息时间较长，同样不利于激发学习者的学习动力，并且缺乏活力，容易让学习者产生倦怠心理。

第五，研修载体不丰富，整合方式单一。现代教师学习需求相对丰富，而网络研修与校本研修整合培训的载体，目前只有一个平台及少数微课程和教学课例组成，满足不了教师的学习需求。

第六，管理层级职责不明、协作不力。有效性管理是培训取得效果的有力保证，而在研修过程中，各管理层级职责不明、协作不力，致使研修活动缺乏有效管理，没有实质性的突破。

第七，指导团队力量不足，引领和指导缺失。培训机构安排的实地指导专家和次数都太少，远远不能满足实地指导需要。区县层面的指导力量也较弱。研讨缺乏深度交流，专业引领不强。

第八，研修评价机制不完善，评价方式单一。研修学员的考评只有研修平台自动评价生成的学习结果。线下研修各角色成绩评价，没有考评细则，难以评定。

第二章　研究的意义

“网络研修与校本实践研修有效整合”作为一种新型的教师研修模式，具有广阔的发展前景。两个模式的有效整合可改变教师研修工作的方式，促进教师研修的大众化。结合我市的教师培训工作起步较早的特点，应该创新教师研修模式，搭建教师专业成长平台，使网络研修与校本实践研修成为教师不可或缺的常态职业生活。为全市教师专业成长探索科学高效的“网络研修与校本实践研修有效整合”的新模式，实现教育教学资源共建共享，校际互动、区域联动，促进教育均衡发展，也为“网络研修与校本实践研修有效整合”提供有力的事实依据，开发和利用网上教育资源，建立开放、交互、动态的网络教研平台，可实现资源的交流与共享，以教育信息化推动教育现代化。

一、网络校本研修是教育信息化发展的必然

教育信息化是世界教育的潮流，是实现教育改革和教育创新的关键。教研则是现代化教育教学工作中一项必不可少的重要内容，它是提高教师专业素养、促进教师专业发展和推动课程改革的重要途径。

二、网络校本研修是传统校本研修发展的延伸

网络教研的时空无限制，可以改变传统教研小范围、短时间互动交流的局限，给传统校本研修注入了活力。它突破了专家、教研员与教师只能小范围、短时间互动的局限，增强了交互功能，放大了专家、教研员和骨干校长的引领作用，改变了教研活动的活动面较小的状况，使教研的全员参与、大范围、经常性交流变成了现实。

三、网络校本研修是学校信息化发展的要求

当今中小学，信息技术已经广泛运用于实际的课堂教学，课堂教学与信息技术的整合成为教学改革的一个重要方面。同时，教师备课以及其他教学活动，也逐渐以信息技术为基本工具与手段，备课中资料的收集整理、对比分析，上课后的反思探究、经验积累、说课评析、对话交流等，也日益与信息技术手段结合在一起，这使学校教育科研的手段呈现出信息化的状态。

四、网络校本研修是教师专业成长的需求

网络教研能实现与同行、能手、精英、专家在线交流、探讨、合作、学习的愿望，实现信息传递快捷、资源共享。使教师加深对共性问题的认识和理解，不断加强教师自我发展、自我提高的意识。为教师的终身学习搭建了广阔的平台和通道，足不出户就可以走进优秀教师、教育专家的课堂和学术讲座，与优秀教师、教育专家进行网络教研，实现“零距离”的对话，获得真正意义上的专业引领，促进教师专业化的成长。

五、网络校本研修的有效切入点就是主题式校本研修

开展校本教研的泛化和虚化，是学校内涵式发展亟待解决的问题。当前，随着“课改”不断推进，校本教研开展，也是当前基础课程改革的一大热点和亮点。然而，在实践中我们也不难发现，校本教研存在的误区，其表现在：形式多样，“研”之无物；“成果”丰硕，效果不佳；“课题”不少，主题不明。因此，分析制约教学有效性的关键因素，从而开展主题式校本研修，就成为必要和必然。而网络校本研修有时会陷入“重形式、轻内容”“场面热闹而含金量

低”的研究误区。

第三章 研究的思路和目标

一、研究的思路

一是专题调研。对本课题中存在的问题进行专题调研，为实现两者有效整合的理论探讨和实践探索打下基础。

二是实证研究。对现有的本课题相关文件精细解读，做出实施效果评估，科学引导教师在研修方面主动进行两个模式的有效整合，最大限度地提高教师网络研修与校本实践研修有效整合的观念转变。

三是建章立制。通过研究找到本课题的科学路径和有效方法，形成比较规范准确的专业引领。

四是推广实施。以研究得出的结论引导教师进行两个模式有效整合的科学研修，提高教育教学能力及水平。

二、研究的目标

通过本课题的研究，建立一套切实可行的组织教师开展关于本课题研究的工作机制，并逐步形成常规，使本课题从经验走向科学。有利于帮助教师实现网络研修与校本实践研修学习的融合，促进研修学习方式的“无痛”改变，在提升网络研修与校本实践研修效果中发挥广泛而持久的作用，从而提高教师终身学习和研究教育教学的能力。

第四章 研究的方法

本课题采用了调查法、文献研究借鉴法、行为观察法、行动研究法、交流研讨法、归因分析法、追踪调查法、经验总结法等多种研究方法，分段实施，配合使用，互相印证或证实研究成果，下面重点介绍：

一、调查法

一是问卷调查。课题组于2015年11月、2016年6月分别利用“问卷星”网络平台对甘州区459名一线教师进行了“教师校本研修现状调查”问卷和“网络研修与校本实践研修效果调查”问卷调查，参与率达到90%以上。二是访问调查。课题组走访了全市5所农村学校、4所城区学校，现场调研了一线教师对网络研修与校本实践研修有效整合的意见和经验。

二、文献研究借鉴法

组织课题组人员学习林崇德的《学习与发展》、王斌华的《校本课程论》和丁兴富的《远程教育研究》，并要求课题组人员学习王志军的《校本研修实践研究》、石大伟的《教师培训项目的效果评估研究》。

三、行为观察法

行为观察法有两种形式：一是行为评定表法，二是应用行为分析法，直接分析教师在网络研修与校本研修有效整合的效果。

四、行动研究法

结合教师在网络研修与校本研修中存在的问题，并在教学实践中进行验证，发现问题不断改进研修方式与策略，以提高研修的实效性。

第五章　研究的过程

本课题研究时间为2015年4月至2017年5月，共分六个阶段。

第一阶段：课题研究准备阶段（2015年4月至2015年6月）。组建课题组，落实人员分工，制定研究方案。

第二阶段：课题研究论证阶段（2015年6月至2015年8月）。进行广泛的宣传动员，收集整理资料，汇集成册。进行专题调研、问卷调查，完善课题研究方案，形成全面而详细的具有可操作性的研究方案，做好课题开题论证工作。

第三阶段：课题研究实施阶段（2015年8月至2015年11月）。落实各子课题研究进展情况，分析研讨，形成有一定价值的实验报告，并接受教科所科研课题中期督导检查。

第四阶段：课题研究总结阶段（2015年11月至2016年2月）。将各阶段的成果整理、汇总，并分析、研究、总结、提炼，收集数据，做好结题验收工作，写出结题报告。

第五阶段：课题成果经验交流阶段（2016年2月至2016年10月）。参加课题组经验交流会，总结经验，撰写成系列论文。

第六阶段：课题成果推广阶段（2016年10月至2017年5月）。对课题成果论证后进行推广实施，争取逐步形成推进我市网络研修与校本实践研修有效整合的指导意见。

第六章　研究的原则

以支持教师解决教学实践问题为抓手，持续促进教师实践性知识共享、应用和创新发展。基于此，我们提出以下教师网络研修支持服务体系构建原则：

一、以教师研修需求为中心原则

教师网络研修与校本研修有效整合支持服务要一改传统教师培训单向推送信息的服务方式（如专家讲座、资源推送），转变为根据教师的研修需求为教师提供针对性服务。在教师网络研修社区，针对性服务策略的实现途径就是依据教师的校本研修的需求，助学者为教师设计研修活动，并在知识、资源、工具等方面对研修活动给予支持。

二、提供知识服务原则

知识服务是指服务提供者根据用户要解决的教学问题，在知识和信息搜集、组织、分析、重组的基础上，将服务直接融入用户解决问题的过程中，有效支持知识应用和知识创新服务。将知识服务应用于教师网络研修和校本研修之中，抓专家型及骨干型教师，利用他们自身的专业知识可引导和帮助其他教师在研修活动中有效解决问题，教师在解决问题的过程中生成、分享、应用和创新自身的实践性知识，可提高自身解决问题的能力。

三、提供持续性服务原则

要持续促进教师实践性知识发展，这意味着不仅要帮助教师解决教学实践问题，而且要让教师在研修过程中不断发现新问题，产生新的研修需求，从而获得持续的专业发展动力。这就需要一方面通过活动设计和指导，引导教师提高研修的深度和广度，鼓励教师向专家型教师发展；另一方面，要多角度捕获教师的专业发展信息，时刻把脉教师研修需求的新变化，据此调整服务策略，从而确保服务具有持续性和实际意义。因此，从确保服务持续性的角度看，教师网络研修与校本研修支持服务体系应包括：其一，需求分析子系统；其二，活动支持子系统；其三，资源与知识管理子系统；其四，服务管理子系统。

第七章　研究现状

从1999年9月国内第一个化学学科虚拟教研中心成立以来，各个地区纷纷建立教师网络研修社区，教师网络研修一时间成为解决教、学、研矛盾的主要方式，渗透到教师的生活之中，影响着教师的教研行为。国内对教师网络研修的研究有很多，对网络研修的概念也各有不同。马立、郁晓华、祝智庭提出“网络研修是一种以网络协同学习平台为技术支撑而开展的有组织、有引领的教师自主研修活动的新方式”。在教师网络研修的各种研究中很少有对相关文献内容的系统分析研究，从而缺乏对教师网络研修研究的整体水平的衡量。

通过对2009年至2014年的教师网络研修文献的梳理分析，对我国在教师网络研修这一领域研究存在的问题进行了如下总结和讨论：

第一，研究方法单一，缺乏各种方法的综合运用。在教师网络研修的研究过程中，大多数文献是实践研究或者经验总结，缺乏行动研究和实验研究等多种方法的综合运用。笔者发现在文献样本中，实证方法中主要运用了个案研究法，而其他方法，如实验研究法、行动研究法等运用很少。

第二，研究主题深度不够。长期、系列的研究较少，教师网络研修的相关结论会随着时间的推移而发生变化，在教师网络研修过程中出现的很多问题并不是通过短期研究得出的概括性结论所能解决的。在教师网络研修研究的主题中，缺乏对微观的研究，大多数都是宽泛并且宏观的理论研究，虽然使用了实践的方法，但是其研究结论缺乏一定的实用性和指导性。

第八章 研究的主要内容

一、研究的主要结论

（一）网络研修与校本研修有效整合中，资源整合是核心

1. 网络研修主题要立足学校实践情境，诱发教师更新实践性知识

教师专业能力的提升离不开学校实践情境的诱发。只有当教师为解决教学实践问题而产生自我实现的需要时，他才会产生终身学习与持续发展的意识。因此，在确定网络研修主题前，要调查分析地方学科教学的教研情况，针对教师日常教学教研聚焦的问题确定研修主题，以改善学校实践中某些特定问题为出发点，确定主题研修内容和目标。通过主题研修系列活动可以达成的目标来诱发教师产生更新实践性知识的需要，促进教师积极参与到主题研修活动中来。

2. 研修流程设计要以促进教师“质变学习”为目标，引领教师重构知识体系

教师的“质变学习”是指具有社会责任感和超越自我精神的教师借助先进的教学理念和教学方法，在系统分析和反思教学实践中存在问题的基础上，通过模拟、内化、挑战和重构等研修过程提升自身的专业能力。网络研修与校本研修整合的主题研修应以促进教师“质变学习”为目标，按照一定的时间轴，根据知识创生规律设计研修任务流程，引领教师围绕主题研修任务完成“显性知识”和“隐性知识”社会化、表征化、组合化、内在化相互转换的循环过程，启发教师借此分析并检视、反思自己的教学实践问题，在不断尝试解决教学实践问题的过程中对自身的实践性知识进行不断地调整、修正、再实践、再反思，形成个人的实践智慧和精神气质。

3. 整合优质资源支持教师校本研修，让教师自觉搁置先前已拥有的实践性知识

“悬置”是质变学习的前提。学习者只有暂时搁置起自己对世界的看法，才能真正发现学习内容的内核，引起理念的改变。教师先前已拥有的实践性知识是教师专业学习和专业发展的知识基础。但是，有的教师因为没有接触、接收外部

先进经验和先进教学理念的机会，其所拥有的知识可能是陈旧的；而另外一些教师虽然对某个主题有过接触，但尚未深入学习研究，其所拥有的知识也可能是片面的或结构不合理的。因此，在设计和组织网路研修与校本研修的过程中，应根据主题研修内容和目标，从学科教研网或代表学科前沿研究的期刊或其他数据库中精选具有推广借鉴价值的参考文献推荐给教师研读，并以主题研修的核心概念为依据，搜集名优教师课堂的教学录像并进行剪辑和编辑后推荐给教师观摩。有优质资源的支持和研修任务的驱动，教师在寻找和借鉴他人的研究成果中会自觉搁置自己先前已拥有的实践性知识，在认同和借鉴应用的新知识中又会更新先前的实践性知识。

4.研修活动要以任务驱动教师自建实践共同体，促进知识的流动与超越

教师实践性知识的生成离不开实践共同体的作用。教师工作坊主持人应充分利用主题研修活动的任务设计驱动教师自行组建实践共同体，在学校或相关区域的学科实践共同体提供的知识创生场域中开展研修活动，与实践共同体的成员分享网络研修所获得的资源和知识，和同伴讨论探究与研修主题相关的教学实践问题，利用学校实践共同体的集体智慧和经验支持个人的知识创新。要把校本研修生成和创新的知识反馈到网络工作坊研修社区，通过网络平台的交流再度进行个人和集体的反思，在相互借鉴应用中形成个人知识累积，让个人、团队在流动与循环中实现超越。

5.要为教师校本研修提供多维反思视角，促进知识的分享与互动提升

在校本研修活动中，课例是促进教师个人和研修团队分享知识、共同建构知识的重要载体。因此，在指导各学校、各学科教研组开展校本研修活动或组织跨区域现场交流活动时，应根据研修主题凸显的概念，从研究文献或其他途径析出多维理论反思视角，指导教师从中找到切入点来开展分析教材、设计教学、整合资源、观察课堂、课后说课、互助评课、撰写教学反思和评课报告等活动，为教师形成理性的反思提供理论支架。

6.要为教师反思和提炼提供范式，提高主题研修的成果展示与交流的实效

从知识创生螺旋规律来看，经历实践性知识“获取—应用—生成—创新—分享”研修过程的教师可以生成优质的主题研修成果用于展示和交流。但是，通过实践观察也发现，有的教师虽然拥有个人独特的实践性知识，面对面交流时也能说出自己的想法，但是要求其制作成物化成果提交时，还是会遇到很大的困难。

因此，工作坊主持人应提供一些具有代表性的案例和课例范例，以启发教师将自身的实践性知识进行梳理和显性化。指导教师以最能突破研修主题的核心要素为依据进行教学片段截取、课例回顾和反思、课堂实录与分析等，以提高主题研修成果交流的实效。

（二）网络研修与校本研修有效整合的三个阶段

网络研修与校本研修整合模式主要分为三个阶段，分别为教师专业共同体组建阶段、网络学习应用阶段和总结反思反哺阶段。

1.教师专业共同体组建阶段

教师专业共同体的组建是教师在职培训的基础，如何组建教师专业共同体是一个需要多方面思考的问题。在组建阶段，校长、工作坊主、各机构和部门都需要相互进行协调，为组建过程中可能出现的问题和阻碍提早做好应对准备，并确定专业共同体内的成员情况、共同的目标及其在在职培训过程中的活动设计，将为整个在职培训奠定扎实的基础。

2.网络学习应用阶段

教师专业共同体组建成功后，教师在网络上进行学习，并将所学内容应用于实际的教学过程中。网上所学习的内容是教师工作坊坊主根据教师实际需求所研究和设计的学习专题，教师在网络上（教师工作坊内）跟随坊主的步伐学习相关内容后，将所学内容结合自身特色应用于教学设计中。而教师所在学校的教研组也会定期进行一定的活动，讨论研究学习，探讨教学应用实际中产生的问题。

3.总结反思反哺阶段

在学习过程中，教师对学习内容进行总结和反思，对在实践过程中产生的问题进行汇总并探讨，得出问题的解决方案，并将其生成教学资源，供更多的教师进行学习。而在校本研修中，教师通过公开课、讲座等形式将自己的学习成果进行共享，让更多教师接触到最新的教学理念和教学方式。同一校内的教师更是定期组织交流会议，让优秀的教师带动普通教师，让年轻教师带动老年教师进行学习，以带动整个教师的学习氛围。

表1　网络研修与校本研修整合模式的三个阶段表

	阶段:教师专业共同体组建阶段	阶段:网络学习应用阶段	阶段:总结反思反哺阶段
校长或工作坊坊主	在各专家和行政部门的指导下组建教师专业共同体。	监督、指导教师在网络中进行学习。 为教师的教学实践提供条件。	积极开展教师交流活动,指导教师进行反思和总结。 将教师反思后得出的结论进行汇总分析,为下次教师培训奠定基础。
教师	提出意见及实践中所遇问题。 积极参与教师专业体。	在网络中进行学习,并结合自身经验应用于教学实际过程中。	结合理论与实践,对所学内容进行反思和总结,撰写反思日志。 生成相关教学资源或举行公开课、讲座等对其他教师进行反哺。

（三）教师基于网络研修与校本研修有效整合学习的四个步骤

网络研修与校本研修整合模式的整个行为可以分为“四步走”，即网上学、网下研、课堂用、区域享，四者缺一不可。

第一步：网上学。教师通过加入教师网络研修工作坊，选择喜欢或需求的专题，组建教师专业共同体，在网络上进行学习、探讨。

第二步：网下研。在工作坊内学习的过程中，反思其对自身的适应性，在本校内的教研组中进行共享交流，总结出自己的教学实践可用方法。

第三步：课堂用。将所学内容结合自身经验后应用于课堂之中，提升教学质量和水平。

第四步：区域享。在教学实践中，得出适用于实际教学的教学方法、教学形式、教学理念，在区域内实现共享，可以是校与校之间，也可以是县内所有学校等等形式的区域共享。

表2 网络研修与校本研修有效整合学习的四个步骤表

教师	网上学	加入教师工作坊专题,组建网上教师专业共同体,在网络平台上进行学习、交流。
	网下研	在工作坊内学习后,结合自身经验,在校教师专业共同体中进行共享和深入交流研修,总结出适应本校实际的学习方法和教学方法。
	课堂用	总结得出适用性较强的学习方法和教学方法,将其应用于课堂实践数学中,以提升本校的教学质量和教学水平。
	区域享	实践过程中,新的学习方法和教学方法得到效果的验证,可以通过公开课、讲座等形式在区域内实现共享,或是生成相关的学习资源,以供更多的教师得以学习和实践。

（四）网络研修与校本研修有效整合的五个转化

根据教师网络研修与校本研修整合模式培训过程中和在职培训后形成的现象，出现五个转化，分别为研修网络化、沟通便捷化、研修团队化、知识转内化、行为日常化。研修网络化，即在研修的过程中，网络化程度高，教师可以通过网络进行学习，观看相关学习资源。沟通便捷化，即在整个培训过程中，将整个教师群体变成了一个网络空间，教师可以便捷地相互沟通、交流。研修团队化，即在培训过程中，多人组成了一个团队，在团队中进行交流学习、共同进步。知识转内化，即教师将培训过程中学习的知识和知识经验，内化于自身的认知结构中，最终将其应用于生活中。内化是个体与知识的互动过程，教师接受新的知识，对其进行感知和认识，将原有的经验或知识进行升华或淘汰，再融入新的知识和经验，最后发展成为一个新的知识模块融入自身的知识结构当中。行为日常化，即教师培训后，在培训过程中产生的行为习惯（相互交流、探讨、研究等），在日常生活中，变成一种生活习惯，将学习持续不断地提升变成每天生活工作的必备目标。

表3　网络研修与校本研修有效整合的五个转化表

研修网络化	研修过程网络化程度高,教师在网络中进行各学科知识的学习。
沟通便捷化	在网络空间中,教师可以随时随地进行沟通交流,无时间、地域限制。
研修团队化	研修不再是单一的个人学习,而是在团队中,教师通过学习、探讨、反思、总结及团队成员共同学习、共同进步。
知识转内化	教师不再单纯地接受知识,而是将知识结合自身经验内化于自身的认知结构中,在实践生活中可以进行灵活应用。
行为日常化	打破教师被动接受知识的局限性,将不断自我反思、不断接受新事物并结合自身实际进行运用的终身学习变成教师生活中的日常习惯。

（五）网络研修与校本研修有效整合的操作过程

我市网络研修与校本研修整合研究的操作过程主要为网上操作过程和落地操作流程。

1. 网上操作过程

网上操作过程，即教师在网站内注册，并填写包含年龄、学历、所在学校、任教学科、学校任职、职称等有关的个人基本信息。系统后台会为每位教师建立个人学习空间，教师每次进入到教师管理平台可以清楚地看到自己的学习动态。各级管理员也可以通过系统后台查询到本市、本县、本区、本校的教师电子档案，不同级别的管理员相应的权限也是不同的。

表4　管理权限划分表

管理级别	教师	校管理员	县/市管理员	网站管理员
管理权限	1.个人信息的添加或修改。 2.查看各类学习进度和成果。	1.添加或删除本校教师信息。 2.修改本校教师信息。 3.查看本校各个教师学习进度和学习成果。	1.添加或删除本县/市教师信息。 2.修改本县/市教师信息。 3.查看县/市教师各个教师学习进度和学习成果。	1.添加或删除教师信息。 2.添加或删除学校信息。 3.各校/县/市管理员的账号管理 4.系统后台各数据管理。

教师注册信息由管理员审核通过后，进入到教师工作坊平台，根据自己的学段学科以及个人需求选择想要学习的网络研修工作坊专题，并加入该专题的学习。每个专题组成了各自的教师专业共同体，教师通过各个途径在网络中进行学习、探讨。

表5　网上操作过程表

	教师	校/县/市管理员	网站管理员	工作坊坊主
教师注册阶段	教师注册，填写个人信息 修改或完善个人信息	查看审核 否 是否真实有效 是	建立电子学习档案袋	确定工作坊专题内容和活动内容
教师学习阶段	选择教师工作坊专题加入	查看教师学习进度	解决教师学习过程中的问题	带领教师学习和活动

2.落地操作流程

以校长为标杆，带领本校优秀教师和学科带头人建立各学科教研组，定期组织教研会议，动员教师参与会议，发表自己的想法和观点。教师在各学科教研组的组织下，定期汇报网络学习成果，并提取出自身的教学实践反思，总结出适合本校教师的教学方式方法，通过公开课、微课、讲座等形式对本校教师或一定区域内的教师进行经验共享。而网络研修与校本研修整合模式的实际操作做法有五个方面，分别为：教师专业共同体的构建、资源建设、信息支撑平台、交流和互动、评价与管理。以下重点介绍前三种：

（1）教师专业共同体的构建

在教师专业共同体中，教师共享教学资源和彼此的看法，相互支持，一起对学生进行研究，定期探讨教学策略的改善，评估教学方案，使其有了较强的专业共同体意识，促进了其更好的专业发展。教师专业得到了发展，教学行为得到了改善，课堂教学的质量便会明显得到提升，进而有助于学生成绩的提升。在职培训顺利进行的保障之一便是教师专业共同体的构建。

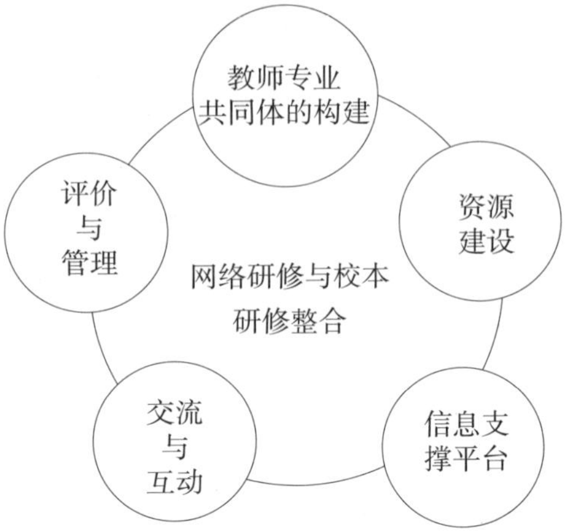

图2　网络研修与校本研修整合实际操作要素图

（2）资源建设

以“工作坊”为依托。网络研修，顾名思义是借助网络工具或网络平台进行教师在职培训。网络的开放性、灵活性可以让教师不受时间、地点的约束进行研修。将“工作坊”作为网络研修的依托，能很大程度上提升教师培训成效。网络研修的重点放置在“工作坊”的建设上，一般针对是微观类的教育问题，即某一实际教学应用专题，由专家引导，在主持人的组织领导下，成员之间通过学习微课、课件或其他资源，进行互帮互助、专题研讨、成果演示等学习方式。在专题的确定和选择上，邀请各学科的专家教师对申请的教师工作坊专题进行严格删选，并对不符合要求的专题提出相应的修改意见。

例如，张掖市甘州区大成学校数学教师于海峰的工作坊“在快乐中研修，在翻转中成长”，主题讲述的是微课的制作设计以及如何将微课应用到翻转课堂中。在专题中，于海峰老师分别从“什么是翻转课堂?”“课堂为何翻转?”“课堂翻转的方法”“课堂翻转应用”“翻转课堂评价”五方面对其工作坊专题进行讲述。内容条理清晰，学员们也受益良多，并且其工作坊团队在本校进行了扎实的实践应用，为其他教师提供了良好的教学实践指导。学员李老师评论说：“于海峰老师的翻转课堂讲座非常实用，能提高教学质量。”学员徐老师说：“原来还有这样极富情境的创意课堂，试验了一下，效果真的很不错，多亏了于老师，让我又学到了生动的教学实践知识。”学员王老师说：“这是一个很好的课堂研究项目，在自助终端能够得到解决的前提下，翻转课堂等新型教学模式必定会取代传统教育模式，我很荣幸成为教学改革中的一员，谢谢于老师的辛勤指导！”从中我们可以看出，优秀的网络研修工作坊专题能为教师的专业发展提供良好的成长途径。

（3）信息支撑平台

校本研修以“项目校”为落地点。“项目校”的建立是为更好地推广教师培训，使其本土化，适应本地的教师进行教师教育。校本研修关键人物和校本研修要素是校本研修过程中最重要的两点。将“项目校”校长选为主要带头人和负责人，他是决定着研修活动启动、发展进程和质量的团队领导。在“项目校”校长的带领下，校内设立学科教研组，通过逐层的阶级管理，确保校本研修的顺利进行。按照活动性质来分，校本研修的要素可以分为自我反思、同伴互助、专业引领三类。贯穿整个校本研修的教师个人自我反思，以实践问题为依托的教师间的同伴互助，专业研究人员的专业引领是在校本研修过程中促进教师专业发展的三种基本力量。而各个学科教研组的建立，正是为这三种力量提供有力的支撑点。

（六）网络研修与校本研修有效整合资源建设与管理

从学校的角度来说，课程资源主要指的是校内课程资源和校外课程资源。校内课程资源又分为素材性资源（教师专业发展的知识、经验、技能等）和条件性资源（课程的条件、人力、物力、环境等）。广义上讲，课程资源就是对实现课程目标起到有利作用的各种因素；狭义上说，课程资源就是在教学过程中的教学内容的最直接的来源。做好教师在职培训的前提之一便是课程资源的建设，教师教育没有课程资源，就像画家没有纸和画笔，怎样也无法描绘出一幅美丽画卷。因此主要从以下三方面着手，进行资源建设与资源创新。

1. 强化课程资源意识，提升教师信息技术能力

教师的专业发展离不开课程资源，教师需要拥有识别优秀课程资源的眼光，并具备将优秀的课程资源转化为教学实践的能力，才能物尽其用。现今技术发展迅速，教师作为一个学生的引领者，须与时俱进，有效利用信息技术提升自身的教学水平。在“项目校”的建设过程中，要主张由学校领导，由信息技术教师引导信息技术能力培训。利用教师课余时间，定期组织信息技术能力培训，由青年教师与老年教师“一对一”结队，进行信息技术辅导教学。

2.提倡多形式资源发展，优化课程资源配置，推动教师动手建资源

课程资源多种多样，“微课”“慕课”“电子白板”等多个新形式资源在近几年获得了广泛的关注。这些新形式资源运用得当，在一定程度上会使教育成效得到有效提升。学校需要在优化自身课程资源配置（包括物质资源和精神资源）的基础上，提倡教师采用多种课程资源进行教学。提倡教师使用新形式资源，定期举行相关教师技能竞赛，推动教师建设资源。

3.优化资源共享机制，促进教师资源推广与应用

教师教育只有通过优化课程资源的共建共享机制，才能更好地提高教师教育课程实施的效益和水平。在资源共享方面主要从以下几个角度入手：首先，在示范校内对课程资源进行跨学科、跨部门的基于信息技术的整合，由省级部门派遣相关技术人员进行指导。例如，优化校内图书馆资源的管理和服务机制。其次，加强校际、区域和相关机构间的合作共享，促进省内学校之间的沟通协作，共同进步。再次，建立教师教育课程资源公共服务平台，实现全球资源的共享，以方便教师查看最新资源及上传最新成果。

（七）网络研修与校本研修有效整合信息支撑平台建设

我市网络研修与校本研修整合研究中，网络研修模块和校本研修模块的整合，主要借用的是信息支撑平台。将网络研修与校本研修进行对接，让教师能够很好地将网络和学校之间进行转换和沟通。主要建设了资源平台、沟通平台和整合平台三类信息支撑平台。

1.资源平台

建立的张掖教育云平台（http：//www.zyjyxx.com/）将课程资源按照一定的分类或规则进行整合，提供给教师查找和下载资源的服务，也有将资源上传的服务。在资源平台的管理过程中，由校级管理员对资源进行审查，定时处理不合格的资源或将优秀的资源进行推广。在平台内有着丰富的课程资源，包括微课、PPT、Word等形式的课程资源，涉及各学段所有学科，还设置了各学段名师工作室的入口，方便教师查找和学习。

图3　张掖教育云平台示例图

2. 沟通平台

资源平台虽起到一定的沟通作用，但其交流程度还局限于通过资源的共享进行资源的交流。教师教育需要有一个专门的沟通平台，以解决在教学过程中遇到的各种问题，集各教师之智慧，实现问题的完美解决。平台中的学校社区、区域社区、全国社区为教师建立的交流平台，方便教师在平台内讨论和交流，也为教师在职培训过程中的相关活动提供技术支持。

图4　张掖教育云平台资源管理示例图

3.整合平台

教师在职培训过程中的中介点除教师外，整合平台的构建便是其之间的沟通桥梁。整合平台需要做到的是通过一定的技术手段将网络和校本结合，让教师在学习的过程中不断地提升自身的实际教学能力。学校工作坊、区域工作坊、专家工作坊平台便是为了中小学教师搭建的整合平台。每位教师可以在平台内选择自己想学的工作坊专题课程，加入该课程学习。在工作坊专题教师专业共同体的学习中，与校本实际结合，进行同伴互助的同时，反思个人行为，形成反思报告，提交给工作坊坊主、专家或教研组组长，以便坊主调整课程及教研组组长进行实践。

图5　张掖教育云平台交流空间示例图

（八）网络研修与校本研修有效整合教师的交流与互动

1.线上交流活动

线上交流活动即网络研修互动交流活动，旨在增进教师间情谊，增强教师专业共同体的凝聚力的同时，提升教师专业技能。常用的网络研修交流工具是

QQ、微信、论坛等使用率较高的软件或平台。网络研修互动交流活动设计方面，主要注意三点：

（1）不拘泥于形式，多种方式并行

不同的社交媒体都有其独特的优势所在，在设计交流互动活动时不能只局限于某一种形式。常用的社交媒体是我们的首选，例如QQ、微信等，它们涉及的人群广泛，不需要再花费过多的时间和精力去培训教师使用这些软件。而一些特定的交流平台的优势在于其保存性，即方便教师在某一时间回顾之前的交流内容，进行查验和巩固。

（2）研修主题明确，适时提炼、定期整理

开放性强的互动活动易导致焦点不集中、研究方向混乱等问题，网络研修中提供的主题切入点应尽可能的小而精，从小问题的解决过程中，引导教师大幅度提升教学能力。古人云："不积跬步，无以至千里"，便是如此。组织者需将网络研修过程产生的各种产品进行适时提炼，并定期进行归纳整理，避免教师研修自由化、脱离了研修"轨道"。而定期将一些真知灼见、新鲜独特的内容进行公开发布或展示，也能增进教师研修的积极性。

（3）规范制度，长效管理，适时引导

"无规矩不成方圆"，网络研修需要规范和管理作为持久健康发展的保障。而制度的制定和细化是需要定制的，需广泛采纳教师的意见和建议，才能得到真正的落实。个人的学习动力总是有限的，网络环境的多向性也会使人在一时的热度过后趋于平静。学校领导的适时引导、以身作则，才能让网络研修保持其持久性。

2.线下交流活动

线下交流活动即校本研修过程中的教师交流活动。校本研修活动的前提便是由校长带头，组建各学科教研组，定期举行相关的活动。例如，示范课、技术培训、教育理论讲座、教研例会、课堂观摩、集体备课、说课比赛、课件大赛等。这些活动的举行都是需要一定的规范性。首先，活动主题明确，要小而精，能让教师在参与活动时的目标鲜明。其次，活动的全程需要由专家指导，校长监督。由相关专家在旁指导，可以提高活动的专业性，校长的监督更是活动顺利进行的保证。再次，活动前需有规划，活动后必有反思。活动后教师需提交个人的反思报告，确保教师在活动中的收获能应用于实际教学中。

（九）网络研修与校本研修有效整合的评价与管理

1. 以过程性评价为主的评价体系

教师是有比较丰富的实际经验、社会经验和职业经验的一群人，他们深知终身学习的重要性和必要性。在教学方面，他们都有着一定的知识基础。所以在考察评价教师成绩时，不能单独对其学习成果进行评价，需要对其学习态度、学习方法、学习成绩、学习能力和学习结果等多方面进行评价。过程性评价的优势在于关注学习者的情感、态度和行为表现。教师的教育重点是提升教师的教学技能，其评价体系必须以过程性评价为主。在考核学员成绩的过程中，不仅要查看学员最后的成果，而且要考察其学习过程中所取得的进步和收获。平台内更是规定，学员评价多个他人的学习成果也是考核的指标之一。教师学习过程中会有一定的积分奖励，主要为登陆积分、评论积分、好评积分三块。积分靠前的教师，平台内会将其推送至平台首页，获得“研修达人”的称号，通过此措施督促教师认真尽职地完成培训任务，满足教师的荣誉心。

2. “以区为本”的逐级管理体系

培训模式的顺利进行，优秀的管理体系是根本，故在模式的进行中需要建立有力的领导管理机制。在校本研修方面，采用逐级管理体系，从“省”到“区”，逐级分派管理人员，明确分工和职责，让每级都清楚自己的职责，并给予其充分的管理职能和“话语权”。逐级管理体系，最主要的是“以区为本”“区—校—教研组（或年级组）”体系，二者是责任之重，要加强教学管理，责任到个人，每个人的职能清楚分明，工作才能顺利到位。而网络研修方面，除了“省—市—区—校”的管理体系外，还有工作坊内的明确管理分工，坊主为主，各坊内团队成员各司其职，共同管理。

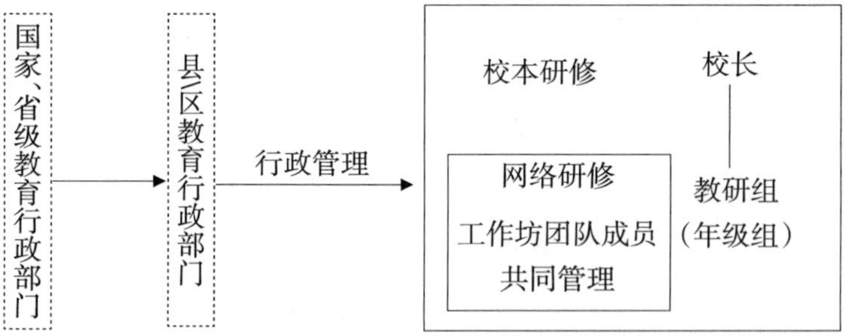

图5 “以区为本”的逐级管理体系图

二、课题研究的过程方法、主要特色与创新

（一）研究的过程方法

1.对本课题组成员进行全面培训，更新观念，与时俱进

为把这项课题的研究工作真正落到实处，“陇原名师”王幼华初中数学工作室课题研究组及时组建了课题研究工作领导小组，省级学科专家、甘肃省首批“金钥匙”导师团导师、市级骨干教师吴永昊全面负责课题研究工作；张掖中学校级骨干教师、课题组研究成员王海花和张掖市甘州中学区级骨干教师、“国培计划”——甘肃省中小学青年教师置换研修项目一线指导教师陈黎明具体负责课题管理（即整理课题实验报告的相关资料，并进行实验报告、案例、结题报告的撰写和课题研究技术指导等工作）；张掖市甘州区大成学校教师缪自伟、曹全荣主抓资料汇总（即问卷调查的搜集整理及数据分析和阶段性成果的相关资料整理）；甘州区大成学校“国培计划”及“金色教苑”一线导师于海峰进行课题研究所需资料的整合（即整理实验报告的相关资料并对课题成果在教学中进行实践，参与课题研究相关资料的搜集，整理课题成果并推广应用）。以上形成了全方位的研究管理体系，分工明确，责任到人。

2.围绕课题，狠抓实验工作管理

首先，针对研究课题，课题组成员积极寻找相关资料，组织教师们做好学习笔记。其次，积极利用网络优势，组织参与研究教师注册登录“甘肃基础教育资源公共服务平台”，建立教师空间，开展网上学术沙龙活动，完善教师工作坊、教师研修空间等。课题研究组充分利用网络优势，创建教师理论学习的新途径、新方法，让网上学术沙龙、教师研修空间、教师工作坊成为教师发表观点、阐述理由、设计方案及与人交流的良好载体，通过论、评、辩等形式，实现明理、得法、创新的目的。再次，积极组织课题组成员及时总结课堂观察与数学高效课堂策略研究的成果。参与课题研究的教师，每学期都能主动撰写一两篇高质量的论文及成功的案例，改变过去课题组研究人员教育教学论文少且质量低的被动局面。自本课题开展以来，每学年组织课题研究组成员举行有关该课题的论文发布会及汇编一期有关该课题的教育教学论文专刊，把那些质量高、观点新的教育论文以及成功案例收集成册。

（二）主要特色与创新

1.资源整合是网络研修与校本研修有效整合的核心

（1）研修主题要立足学校实践情境，诱发教师更新实践性知识。

（2）研修流程设计要以促进教师“质变学习”为目标，引领教师重构知识体系。

（3）研修设计要整合优质资源，支持教师校本研修，让教师自觉搁置先前已拥有的实践性知识。

（4）研修活动要以任务驱动教师自建实践共同体，促进知识的流动与超越。

（5）研修内容要为教师校本研修提供多维反思视角，促进知识的分享与互动提升。

（6）研修平台要为教师反思和提炼提供范式，提高主题研修的成果展示与交流的实效。

2.网络研修与校本研修有效整合实施的三个阶段

（1）教师专业共同体组建阶段。

（2）网络学习应用阶段。

（3）总结反思反哺阶段。

3.教师基于网络研修与校本研修有效整合学习的四个步骤

网络研修与校本研修整合模式的整个行为可以分为网上学、网下研、课堂用、区域享，四者缺一不可。

4.网络研修与校本研修有效整合要具备的五个转化

根据教师网络研修与校本研修整合模式培训过程中和培训后形成的现象，五个转化分别为研修网络化、沟通便捷化、研修团队化、知识转内化、行为日常化。

5.网络研修与校本研修有效整合的操作过程

网络研修与校本研修有效整合的操作过程主要为网上操作过程和落地操作流程。

6.网络研修与校本研修有效整合资源建设与管理

（1）强化课程资源意识，提升教师信息技术能力。

（2）提倡多形式资源发展，优化课程资源配置，推动教师动手建资源课程。

资源多种多样，微课、慕课、电子白板等多个新式资源在近几年获得了广泛的关注。

（3）优化资源共享机制，促进教师资源推广与应用。

7. 网络研修与校本研修有效整合信息支撑平台建设

主要分为资源平台、沟通平台和整合平台三类信息支撑平台。

8. 网络研修与校本研修有效整合教师的交流与互动

（1）线上交流活动。不拘泥于形式，多种方式并行；研修主题明确，适时提炼、定期整理；规范制度，长效管理，适时引导。

（2）线下交流活动。由校长带头，组建各学科教研组，定期举行相关活动。活动主题明确，能让教师在参与活动时的目标鲜明。活动的全程需要由专家指导，校长监督。活动前需有规划，活动后必有反思。确保教师在活动中的收获能应用于实际教学中。

9. 网络研修与校本研修有效整合评价与管理

（1）建设以过程性评价为主的评价体系。

（2）“以区域为本”的逐级管理体系。

三、研究的主要进展

即实践中的新思路、新举措，理论上的新观点、新发展。课题研究是一个实践的过程，只有“从实践中来，到实践中去”，课题研究才会焕发出勃勃生机，才可能结出累累硕果。在研究实践中，每位课题组成员都会遇到实际问题，那么发现问题、解决问题，“在实践中研究，在研究中成长”也就成了课题研究的落脚点。因此，这也决定了课题研究的目标定位一定要务实，既要着眼于问题研究的过程，也要把“研究过程化”作为追求的境界。课题研究的主要进展如下：

（一）实践中的新思路、新举措

以教研活动为载体，推进课题研究实践能力。课题组成员首先结合本校校本研修实际，把教与研结合起来，自开展此课题研究活动以来，我们课题组每学期开展“网络研修与校本研修有效整合”的研讨课活动。此类活动由教师就选材写出一份教案、一份说课稿、组织一节课，并提交到网络研修平台。由教研组在研修平台组织听评课，讨论教师在教学过程中出现的问题、策略和方法应用上的偏差，然后教师在不拘泥于原有的教学设计上进行反思，最后达成共识。这样既发挥了同伴互助的作用，又把教与研有机结合起来；既互为补充、互促共进，又起到了专业引领的作用，真正实现了用行动检验设计的可行性；既在观察、研究、讨论中发现、解决问题，反馈行动效果，又达到了交流、观察、提高、再观察、再提高的目的。这恰恰是课题研究实践中的新思路，将网络研修与教师实践相结合，发挥了平台组织的管理作用。

（二）理论上的新观点、新发展

课题研究组通过调研实践得出网络研修与校本研修有效整合的教师实践性知识管理策略为：网络研修主题要立足学校实践情境，诱发教师更新实践性知识；研修流程设计要以促进教师“质变学习”为目标，引领教师重构知识；整合优质资源，支持教师校本研修，让教师自觉搁置先前已拥有的实践性知识；研修活动要以任务驱动教师自建实践共同体，促进知识的流动与超越；要为教师校本研修提供多维反思视角，促进知识的分享与互动提升；要为教师反思和提炼提供范式，提高主题研修的成果展示与交流的实效。

四、成果的社会影响

本课题负责人和主要成员发表的研究报告和系列论文在校内乃至各兄弟学校均起到了很好的理论指导作用。以“网络研修与校本研修有效整合”为培训方式的转变，必然导致教师研修学习方式的转变。经过本课题实验研究，造就了一支有科研能力的骨干教师队伍。通过本课题研究活动的开展，尤其是一年多来课题研究成果的不断推进，促进了课题组教师的专业化发展，一批中青年骨干教师茁壮成长。参与校级高效课堂课改研讨课、公开课20多节；课题组成员对本课题的研究热情高涨，使得本课题的研究成果在张掖市周边学校不断实践应用，学校教研室和全市兄弟学校对本课题给予了高度评价并正在进行推广。

五、研究中存在的问题

第一，研究的过程有随意性和盲目性，缺少比较具体的研究方法，有时缺少准确的实验数据。

第二，研究的持久性还不够强，很多工作做不到坚持不懈，实验的深度和广度有待开发。

第三，对网络研修与校本研修研究不够，与信息技术整合的研究在此课题的调查实践中还不够缜密。

第四，课题实验研究过程中缺乏理性思考，理论研究不够深刻。

六、今后的研究设想

我们实施的课题研究，顺应了中学网络研修与校本研修改革时代的发展步伐，承载了新一轮课程改革的使命，其内容和形式是我们现在教学中急待解决的，其涵盖范围广阔，研究内容丰富。虽然我们的研究取得了一定的成果，但是还没有形成较大的实践应用规模。我们课题组有信心继续对本课题进行深入研究，在此恳请相关部门同意并支持我们继续实施研究，将“网络研修与校本实践研修有效整合研究”的课题延续下去，以便获取更大的成效，并且能在一定的区域内实践推广。研究设想如下：

一是结题不息题。尽管本课题按计划结题了，但我们仍要坚持本课题的研究内容，要在今后的教学工作中把研究的成果、好的做法加以巩固与推广。

二是成果不独享。从现在研究的基础回头去看，我们认为实现了事先的假设和拟创新点，但是今后科研课题研究的路更长。在工作中，我们要通过校际之间的交流、区域间的教学研讨活动等形式把我们网络研修与校本实践研修整合的有效方式在更大的范围内加以推广，用它来指导更多教师的教学工作。

第九章　研究的实践应用、完成情况与研究成果

一、研究的实践应用

通过对本课题的研究，网络研修与校本实践研修有效整合作为一种新型的教师研修模式，具有广阔的发展前景。两个模式的有效整合改变了教师研修工作的方式，促进了教师研修的大众化。结合我市的教师培训工作起步较早的特点，应该创新教师研修模式，搭建教师专业成长平台，使网络研修与校本实践研修成为教师不可或缺的常态职业生活。为全市教师的专业成长探索科学高效的“网络研

修与校本实践研修有效整合”的新模式。实现教育教学资源共建共享、校际互动、区域联动，促进教育均衡发展，为该课题研究提供有力的事实依据，开发和利用网上教育资源，建立开放、交互、动态的网络教研平台，实现资源的交流与共享，以教育信息化推动教育现代化。

采取网络研修与校本实践研修有效整合的方式，满足了教师专业发展个性化需求的目标，推动了网络研修与校本实践研修有效整合、虚拟学习与教学实践相结合的混合式学习模式。信息技术与学科教学深度融合，切实提升了教师教育教学技能，引领了教师专业成长。通过网络研修与校本实践研修的有效整合，打造了教师学习共同体，推进了高等学校、承训机构与中小学结对帮扶，引进优质资源，建立了网络研修与校本实践研修有效整合的良性运行机制；丰富了网络研修与校本实践研修主题，通过集体备课、观课磨课、课题研究等方式，促进了网络研修与校本实践研修有效整合，切实发挥了校本实践研修的基础作用，推动了教师培训的理论化、常态化、专业化和教师的专业自主发展。

二、研究的完成情况

完成了网络研修与校本研修有效整合过程中资源整合原则的研究。

完成了网络研修与校本研修有效整合实施的三个阶段的研究。

完成了教师基于网络研修与校本研修有效整合学习的四个步骤的研究。

完成了网络研修与校本研修有效整合要具备的五个转化的研究。

完成了网络研修与校本研修有效整合的操作过程的研究。

完成了网络研修与校本研修有效整合的资源建设与管理方式的研究。

完成了网络研修与校本研修有效整合的教师交流与互动方式的研究。

完成了网络研修与校本研修有效整合的评价与管理方法的研究。

三、研究的成果

该课题自2015年5月立项至今，取得了以下研究成果：

第一，依托甘肃省基础教育资源公共服务平台和张掖教育云平台（http：//www.gsres.cn/和http：//www.zyjyxx.com/），结合本课题，在我市教师群体中推广开展网络研修与校本研修的实践活动。

第二，课题研究建立了网络研修与校本实践研修有效整合的理论框架依据。

第三，完成该课题的开题报告、研究报告、结题报告、系列论文。

第四，课题组研究人员在省级以上刊物发表与本课题相关的成果或论文15篇。

第五，课题组研究人员撰写与本课题相关的案例26篇。

第六，撰写“网络研修与校本实践研修有效整合研究”的开题报告1份。

第七，撰写“网络研修与校本实践研修有效整合研究”的结题报告1份。

第八，撰写“网络研修与校本实践研修有效整合研究”的总结报告1份。

第九，提炼“网络研修与校本实践研修有效整合研究”的课题鉴定成果概况1份。

第十，课题组成员参与国培计划荣誉若干。

第十一，形成课题组成员的课堂观察与高效课堂听课笔记若干。

参考文献

[1]张屹，马静思，周平红，范福兰，白清玉.中小学教师信息技术应用能力现状及培训建议[J].中国电化教育，2015(1)：104-110.

[2]蓝卫红.网络研修与校本研修整合的教师实践性知识管理[J].教育探索，2015(6)：133-136.

[3]郭松，孟庆玲.基于网络研修与校本培训整合的教师教学能力提升研究[J].中国培训，2015，(12)：48-49.

[4]马静思，周忠方，靳玉晗.《教育技术学研究方法》网络平台在教学中的应用研究[J].软件导刊(教育技术)，2014(5)：14-17.

[5]章立和.加强校本教研，促进教师专业成长[J].中小学教学研究，2014(7)：21-23.

[6]张屹，刘美娟，周平红，马静思.中小学教师信息技术应用能力的现状评估——基于《中小学教师信息技术应用能力标准(试行)》的分析[J].中国电化教育，2014(8)：23-25.

[7]土仁立.例谈教师专业长成过程中的有效引领田[J].教育科研论坛，2013(6)：16-18.

[8]陈向明.搭建理论与实践之桥——教师实践性知识研究[M].北京：教育科

学出版社,2011:64.

[9]杨新平.网络教研的过程中促进教师的教学反思[J].中国教育信息化,2013(12):32-35.

[10]钟启泉.从SECI理论看教师专业发展的特质[J].全球教育展望,2008(2):7-13.

主持人：吴永昊（张掖市教育局）

审稿人：岳文果（甘肃省教育科学研究院）

偏远地区中小学美育实施策略研究
——以音乐教育为依据

一、课题研究概述

（一）研究目的与意义

音乐教育是实现美育教育的重要手段之一，它通过音乐欣赏、歌唱、乐器使用、创作等途径，以提高学生对音乐的鉴赏能力、音乐的表现能力，以及音乐的创造能力，达到学生对音乐美的感知能力，提高学生的精神境界，培养学生的思想道德，完善中小学学生的人格品质。

偏远地区是指那些经济欠发达，人民整体文化素养比较低、教育水平比较落后的地区。这些地区的音乐教育更加落后，音乐教师上课常以教唱或者听唱一首歌为教学任务，而对于音乐的审美教育极其淡薄，这也是本课题研究的核心意义所在——怎样提高偏远地区教师在教学中的审美，激发学生的审美能力与意识以及对其策略的研究。

（二）研究步骤与方法

1. 研究步骤

第一步，调查前的准备。

（1）资料收集，对资料进行分析研究，写出文献综述；

（2）制作调查报告，准备课题前学校音乐教学调查报告表，包括教学体系调查（有学生、教师、教学设施等）和教学方法调查（包括教学方法和教学评价等）；

（3）开会分配任务。

第二步，调查研究。

（1）分配不同调查人员，对9所学校的音乐教学进行实地调查；

（2）调查报告汇总，然后对调查报告进行分析；

第三步，对策提出。

（1）对调查报告再一次研究，结合中外音乐教育家理念，提出问题，讨论问题；

（2）小组成员提出适宜偏远地区音乐教育的方式方法；

（3）小组讨论筛选可行的方案；

（4）写出教学案例。

第四步，案例实验。

（1）分配任务到各个成员，联系各学校音乐教师，让其进行对案例的实验，并写出实验报告；

（2）分析实验可行性，修改实验的不完整性；

（3）再一次改善案例教学实验。

第五步，分析研究。

（1）对提出的理论结合实验课程进行分析；

（2）再次提出问题，完善理论基础；

（3）开会讨论、研究课题的撰写。

第六步，撰写论文。

（1）研究撰写章节与课题结构；

（2）分配撰写任务；

（3）完成初稿，开会讨论课题的科学性与合理性；

（4）完成课题终稿。

2.研究方法

（1）文献研究法：对相关文献查阅、分析、整理和对比；

（2）调查研究法：本课题运用了问卷调查和访谈调查的方法；

（3）分析因素研究法：对所述材料进行比较、分析，发现事物之间的相互联系和差异，探索事物发展的规律；

（4）案例研究法：由课题组专业人员编写教学案例，评价教学中的优缺点，根据偏远地区实际情况设计教案的教学目标、教学过程等。

二、偏远地区中小学音乐教育现状分析

（一）音乐教室

经调查，专门的音乐教室在本地区学校教学中所占的比例是比较少的，而专门的音乐教室对于音乐教育又是比较重要的。专门的音乐教室应有必要的音乐设施，比如：钢琴等乐器、多媒体、必要的音响，教室环境、室内布置、座位的摆设、音乐教室与文化课教室的隔离程度等等因素，都会影响学生对音乐的学习兴趣，应当受到重视。

（二）乡村少年宫

乡村少年宫是近几年在各乡镇，部分在城区学校建立起来的一种音乐活动场所，它是学校音乐教学活动的一种必要补充形式，属于课后兴趣性质，它的建立在一定程度上满足了乡村学校学生兴趣的发展。但据调查，有2/3的学校设有少年宫，但依然有1/3的学校没有年宫。同时，乡村少年宫虽然有基本的硬件设施，但是缺少必要的教师。

（三）乐器

据调查，每个被调查的学校都有各种乐器，尤其是弦乐和钢琴，每个学校都配有。其中，弦乐器中，小提琴等西洋乐器所占比重较大；中国弦乐器，主要有琵琶、二胡。管乐器虽然将近80%的学校有，但以中国管乐器为主，比如笛子，基本没有见到双簧管等西洋管乐器。而专业的打击乐器（如架子鼓、中国的花鼓等）基本没有，只是一些像木鱼、小钹等在内的小乐器，并且这些乐器基本都是用于乡村少年宫，而懂这些乐器的教师又很少，真正用于教学的更是少之又少。钢琴教学在被调查的学校基本都予配备。

（四）音乐教师基本情况

据调查统计，音乐教师趋向年轻化，学历都在大专以上，较高学历的年轻教师容易接受新事物，也愿意学习；但是音乐教师职称是比较低的，有些小三科教

师到退休依然是二级教师，因缺乏奖励制度，也缺乏相应的表现机会，在每学年考核时排名总是靠后。所有音乐教师都有教案，但大部分是从网上下载的，缺乏原创的教案设计，有一部分教师教案书写与上课是不同的，原因是上课等条件限制基本无法按照教案设计进行。

（五）音乐教师专业教育情况

据调查分析，大部分音乐教师都是音乐教育专业，是具有现代音乐教育理念的教师，接受过专业的音乐教育方法培训和音乐教学心理知识的学习，保障了教学能够顺利完成。

（六）音乐教师专业技能情况

据调查，偏远地区音乐教师基本以声乐教育为主，80%都以教唱歌曲为音乐教育的内容，声乐老师也基本都会弹简单的伴奏，而在舞蹈和编创音乐中是教学的薄弱环节。

（七）学生对音乐兴趣的总体情况

本次调查总人数620人，其中城市学生260人，乡镇学生360人。据调查分析，学生对于音乐的兴趣还是有的，但不同的是感兴趣的程度。乡镇学生和城市学生的差距比较大，究其原因：城市学生接触的外界音乐比较多，城市的娱乐活动场所也多于乡镇。相对于外面的娱乐场所，学校的音乐课学习就会显得比较枯燥，如果再加上表现机会较少，对于所学东西不能经常实践，学生实践很少，大部分学生只是把音乐课作为劳逸结合的调节课。所以教师应该关注音乐本体，发挥音乐的优点，寻找音乐能够激起学生兴趣的途径，让学生体会到音乐是艺术，而不是作为娱乐存在的课程，要用多种形式上课，体现音乐的多样性，把音乐的感性美、形式美、音响美等等在课堂中表现出来，让大部分对音乐学习兴趣一般的学生转化到有兴趣以至于兴趣较浓的状态中来。

（八）学生学习音乐的途径

调查显示，所有的学生都通过上音乐课学习音乐，这是学习音乐最主要的途径，所以要充分利用好音乐课堂。偏远地区的学生在专业课的学习上是比较少的，主要是因基层教师组织专业教学时间无法保证，他们需要完成必要的教学任务，而如果组织大量的学生学习音乐专业，显然不现实。网络学习在音乐学习中也占有一定的比例，由于网络的普及性，人人都可以通过手机、电脑等接触到网上音乐。另外，由于偏远地区民间组织的活动比较多，比如春节期间，当地学生都可以欣赏到一些具备音乐元素的民间活动或者参与其中，所以，本地校本课程的开发也是一个比较有群众基础的课程，如收集一些当地民歌、经典戏曲唱腔、器乐音乐的赏析等，还可以组织专门的本地民间音乐进行比赛，这些都能激发学生对音乐的学习兴趣，提高其音乐审美能力。

三、偏远地区中小学音乐教育审美策略的提出

（一）审美的构建

音乐作为一门艺术，它蕴含着人类的历史和文化，可以满足各个文化阶层、各种年龄阶段的精神文化需求。《义务教育音乐课程标准（2011年）》对音乐的审美性提出了“通过音乐教育培养和提高学生感受美、表现美、鉴赏美、创造美的能力”，为此，在音乐教学中，学生、教师和环境构成了“三位一体”的教学结构，下面我们用一张图来看一下它们的构成关系：

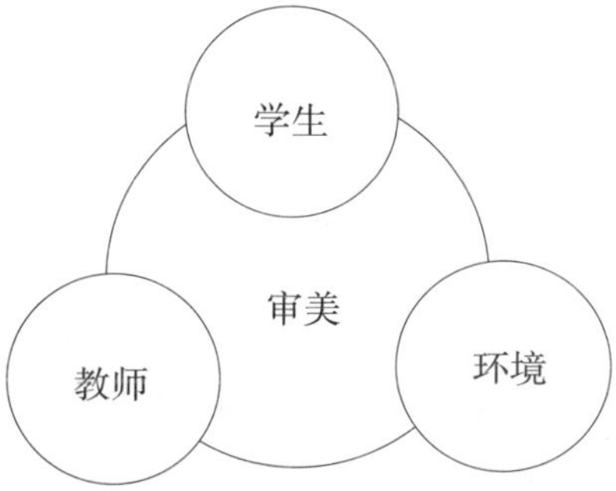

图1　学生、教师和环境构成的“三位一体”结构图

根据这个关系图，对中小学音乐教学中审美教学的构建提出以下几方面建议：

1.音乐教学中的审美参与者以及审美关系

在音乐教学中，以审美为核心的教师、学生和环境构成了“三位一体”的关

系，参与者必然是教师和学生以及由他们组成的教学环境。之所以把环境设成一个“参与者”，是因为没有良好的音乐环境，教学的审美就难以实现。

(1) 教师与学生的审美构建

审美的实现是以学生为主体，教师为主导的。作为学习者，学生应如何做好主体? 作为传授知识者，教师应如何做好主导作用? 这在教学的过程中需要体现出来。教师可以通过教学神态、语言、神情表现等多方面实现，各种表现是对立统一的，看起来是不同方式，其实是通过学习将它们又结合在一起。

(2) 学生与环境的审美构建

音乐学习环境是师生根据课程内容设计的情景，学生美育是培育和提高学生对美的感受、鉴赏和创造的能力。感受即感染或感想，感染就是对所设环境的气质的一种互动。学生是被感染的对象，只有适合主题的环境才会正确地感染学生的审美意识。

(3) 教师与环境的审美构建

教师在环境中的作用是一个组织者，而不是创造者，教师把各种音乐元素从音乐作品中提取出来，比如作品中的节奏可以提取节奏分子，再把节奏分子分成若干个板块，若干个板块就是环境的重要“装饰材料”，再由学生自己在环境中利用、创造。当然其他元素也是可以的，比如旋律、乐器以及各种织体，它们都可以成为构建美的环境的元素。

(4) 学生、教师与环境的审美构建

我们看到的音乐教材中的一个作品，一般如果不通过音响等媒体的播放或表演，它只是一个乐谱出现在我们面前，那么，如何使一个最原始的作品成为艺术品被大家欣赏，这就需要通过教师、学生以及环境的共同活动才可以完成。学生在教师的指导下可以尽情地发挥想象力、创造力，使音乐环境发生不同的变化，所以教师有千变万化的指导手法，学生有多种多样的素材，环境有各种各样的组合与创建；但无论有多少变化，都要始终以审美为核心，做到“以学生为主体、教师为主导”的结构原则。

2.音乐教学中的审美方式

(1) 审美体验与感受

审美体验是一种精神状态，学生通过审美活动感受作品，被作品的特质、特性所吸引，并通过主体的领悟和体味，再调动自己的情绪，了解创作者的情感。

音乐审美体验要求学生在所设环境中领悟作品元素，体味其中含义，如节奏环境、作者创作背景等。学生可以通过实物节奏表现节奏影像、节奏动作等，再结合想象、联想等心理因素。审美感受是在审美体验的基础上及对象的刺激后产生的感知并兴奋的状态。审美感受具有模糊性、新奇性和神秘性的特点。感受的模糊是对感受的客体的情感，它是模糊的，比如音乐的形象在初次感受的时候只是概括的、模糊的；同时，审美感受也要有神秘性和新奇性，没有神秘性和新奇性就不会产生审美感受。神秘性使普通事物艺术化，而新奇性给审美带来更多的热情。

（2）审美环境的实现与创造

审美环境的实现是学生对音乐作品的审美。首先是审美体验，接下来是审美感受。学生通过了解、感悟、理解作品之后，与教师共同设计环境效果；教师在分析了审美元素后，就要把这些元素融入所设环境当中，让学生用音乐元素进行创作活动。而音乐的审美环境又具有开放性和易变性，开放性是自由的，可以由学生随时提出问题或者建议，也可以由师生随时加入新的方案；而易变性是指审美环境不是一成不变的，它在不同人的理解与审美中会有不同的想法，虽然如此，毕竟教学有其特殊性和目的性，这种设计也不能是漫无目的的，要有重点和筛选。

（3）审美的沟通与交流

在完成上面关键的一步之后，通过对作品内容的理解，将创造好的审美元素设计到审美环境之中，这需要师生的沟通与交流，比如对纵向和横向音乐元素的设计，应该用哪一种声音（如人声、乐器、其他物件等）做纵向的配合，用哪一种音乐元素（如速度、改变音乐装饰音、节奏等）做横向的对比观察，师生通过沟通和交流设计好方案，做好审美过程的实现，教师也要做好指导、协调、组织、指挥等服务。审美的沟通与交流在整个教学过程中是至关重要的，只有良好的师生关系，才会创造良好的学习氛围。

（4）审美评价

评价体现应该由学生、教师和环境“三位一体”的关系多方面构成。学生评价包括：参与的积极性，审美角度的合理性，审美过程中的合作程度，设计被采纳的程度，审美联想的过程性等；教师的评价包括：分析元素的合理性，学生理解与运用的程度，与学生的合作以及对学生的指导性，结果取得的优劣等；环境评价包括：是否创造出合适的环境，学生是否能够在此环境中进行审美活动，环境的设计，中学生的参与与创造程度等。

（二）研究对象的审美心理

人类随着年龄的增长、生活环境的改变以及受到教育的影响，心理活动会发生一个连续的、有层次的、不同水平的变化，这显示了一种结构性和阶段性，因而，对学生和教师心理的研究应该从生理机体和社会环境各方面入手。然而在同一年龄阶段中会有相同或相似的特征，我们在这里为了教学方便，只研究其共性，以及在这共性中对教学产生的影响与作用。

1.**中小学生审美心理**

《全日制义务教育音乐课程标准》中把中小学生的学段分为三个，为此，论述也从这三个阶段入手：

（1）1~2年级

1）形象思维。这个年龄阶段的孩子们判断事物的美丑是通过“像”或者“不像”来判断的，所以学生听到的声音会直接记忆在自己的头脑中。这时孩子们不但记住的是声音，而且会记住声音的前后顺序，所以音乐的初次感觉对于他们来说是很重要的。要防止令他们产生刻板印象，如果长期这样，就会使孩子们的审美出现刻板效应。要给孩子们欣赏各种各样的音乐，不仅要利用孩子们的形象思维，也要使这种思维得到拓展与变化。

2）好奇性。随着周围环境与学校教育的影响，这时孩子们的兴趣由原来的自我为中心向外界扩展，形成了他们的好奇心，这时儿童对外界的判断不再是主观的、孤立的和片面的，而是具有了客观性，并且也具有着与事物之间联系的观点。好奇心驱使他们寻找音乐与外界事物的联系，比如音乐与童话、音乐与自然界、音乐与生活。

3）好动性。好动是孩子们的自然属性，分为两种：一是在有意注意之外的，幼儿期以及一二年级学生们的有意注意是比较短暂的，当对一件事物失去兴趣的时候，就会寻找其他的乐趣；二是在有意注意之内的，如果孩子是在比较宽松的生活以及社会环境中，他们的思想就会显得更加活跃，低幼儿童就显示在动作之中，发言活跃，表现积极，所以这种好动是内在的。前者是消极的，应想办法改变教学方式与策略，增强学生的有意注意，后者却是积极的。为此，我们在教育孩子们的时候，应该给他们一个宽松的环境，让孩子们能够融入我们生活的环境中。

4）模仿力强。六七岁的孩子是模仿能力的高峰期，这时期的孩子具有各方面的模仿能力，不仅仅是动作，还在语言、绘画、行为习惯等各方面表现突出。模仿根据意识形态，可分为无意识模仿和有意识模仿。儿童的无意识模仿形成了他们对世界的初步感受；有意识模仿使他们对认识世界进一步加强，形成了初步的生活观。

（2）3~6年级

由于学生的生活范围和认知领域进一步扩展，显示出了新的特点：

1）体验感受的能力。这其中包括先由外界事物激发人体感官，对外界事物产生体验，然后再经过生活以及学习经验的引导对该事物做出自我的感受，体验到的东西要能引起孩子们的感受。

2）探索创造的活动能力。由于好奇的激发，他们会不断探索，甚至有创造新东西的欲望。探索是对事物进行搜查或寻求答案的过程，如果一个事物是隐藏的，他们就会在这个过程中不断发现问题、解决问题，从而揭开事物的真面目；但是如果事物是显性的，他们就会探索它的显性原因。而无论是哪一种，他们在追求这个结果的过程中，就是一个审美的过程。

3）7~9年级

初中学生生理、心理日趋成熟，主要表现在：

首先，参与意识和交往愿望增强。参与分为积极参与和消极参与。前者是学生比较感兴趣或者是有能力承担的参与，有利于调动学生；研究发现，后者是学生被动或者没有能力的承担，但被迫参与，可以转化为前者。

其次，表达情感的方式有明显变化。初中学生受生理因素的影响，情感方面也日益成熟，情感表达可以通过面部的表情、语言的声调以及身体的姿态等多种方式表达。音乐是一种情感艺术，审美的根源也在情感之中，利用中学生情感的不断丰富与表达能力的加速，应该充分利用这一点，使教学内容“多情化”。

再次，7~9年级的学生，尤其男生，正值变声期，要适当减少唱歌的数量，注意嗓音保护。

2.教师审美心理

（1）积极乐观的心理态度的形成

1）面对不同的学生应该有公平、乐观、平和的心理态度。教师面对的是有不同学习能力、不同爱好、不同性格的学生，他们可能有些会配合老师的教学，有些不但不配合，还会捣乱，这时候教师应该用严格的职业道德要求自己，要学会调适心态。

2）面对教学内容应该有自信的心理态度。作为教师，在一堂课中可能会面对各种技能的要求，不仅要对教学内容把握好，而且要有良好的课堂表达能力和对学生的组织能力。所以，应该有自信能够完成一节课的任务，而自信带给一个教师的是一种高效能的期望，它能够继续使教学能力向更好的方向发展。

3）要克服以自我为中心的教学态度。有些教师在课堂上一直兢兢业业地讲课，但是学生基本没有什么反应，无论学生听得懂还是听不懂，他都在按教学进度进行着，这样的教师就犯了以自我为中心的毛病，需要在教学中克服。

（2）创新与发展的职业态度

1）有意同现代新型的音乐教学方式、手段接轨。要知道随着现代技术的发展，任何事物都在日新月异地发生着变化，我们要及时地了解外面的世界。现代音乐的变化，一是来自于教学媒介的变化，二是来自于教学思想的现代化，三是来自于教学环境的现代化。

2）形成终身学习的思想心态。正是由于现代技术与思想的高速发展，为了适应社会的发展和教师个体的发展，就要求每个教师都要有终身学习的思想，我们要养成主动学习、探索性学习、优化性学习的习惯。

（三）研究对象的音乐美学研究

由于学生是学习的主体，在学习中，一切教学目的都是为了学生的学习与成长服务，所以这里的研究对象主要是针对学生的，分别从以下几点进行分析：

1. **感性**

（1）感知

感知就是用人体的器官将外在的信息接收后转化成感觉信号，然后传输给思维中心进行情感格式化处理，形成感知。感觉和知觉都是受外界刺激形成的，知觉的反应产生在感觉的基础之上。音乐感知主要有：

1）节奏的感知

节奏的感知对于儿童来说是十分重要的，它是培养儿童音乐感知的重要途径之一。对于节奏的学习，可以通过游戏、身体律动、朗读、聆听等多种方式；对于节奏的把握应该是循序渐进的，从小学一年级就开始抓起。将简单的儿童歌曲、简单的乐器作为学习媒介，感知节奏，掌握节奏。

2）旋律的感知

旋律的学习首先应该掌握旋律发展的规律与特点，它可以结合身体感知，也可以配合身体表现。最简单直接的方法是唱歌，先是选取具有节奏的简单的歌曲，贯穿学习简单的音符，以及对调式的理解、音高概念的形成、乐谱的认识等；再结合身体语言，把音乐学习与自身身体律动融为一体，使学习增加趣味性，也使学习音乐更加简单易于接受。

3）即兴活动的感知

即兴作曲也是可以在教学中实现的，通过对音乐基本知识的训练，掌握了音乐构成的基本语言，在作曲中才能够自由发挥，可以利用各种音乐手段，这在中小学教学中也是很重要的。除了以上提到的，我们在音乐学习中，还有对音色、音乐织体、音乐教学环境的感知等等，不再赘述。

（2）欲望

欲望是人的本性，是想达到某种目的的要求，它是所有动物最原始的也是最基本的一种本能。音乐审美中存在的欲望利用了这种本能，对于美的追求是每个人的本能需要。

认识、判断、支配的欲望。在审美教学中，学生对美的渴望与要求，需要判断这种欲望是否符合要求。在音乐学习中，有追求情感释放的欲望，如放松、爱欲、怀念、热望等，有追求获得知识的欲望，也有与人合作、表现自我、完成任务等的欲望。认识、判断情感态度的教学观中的欲望，它是欲望的基本表现，它的近因是感受；知识与技能支配的欲望，是激发学生进一步获得知识欲望的重要途径，不断创造学生实践的机会，让学生在实践中认识自己的不足。

在音乐教学中，要理解欲望的理性支配，各种欲望是无限的，欲望的无限性既要有控制，也需要激发。激发获得音乐需要的欲望，而对欲望的控制就是对支配欲望的利用，它是理性的。感性只是作为人类的本性依附在理性过程之中，所以感性的欲望虽然有多样性的特点，但我们是可以选择其中的欲望加以利用的。

（3）情感

根据人的情感表达模式，可分为对物情感、对人情感、对己情感以及对特殊事物的情感。这些以价值目标指向的情感模式，让我们在音乐审美教学中的应用也是根据它们来划分的。

音乐教学环境是一种对物情感，如钢琴环境、媒体环境、板书环境和器乐环境等。环境设计影响到人情感的变量，这种变量一是价值增加，它包括正价值的增大和负价值的减小；二是价值减少，它包括正价值的减小和负价值的增大，比如审美情绪中对声音强度的感知，有时可能出现对强音的恐惧或者厌倦，这是负价值的增大，相应的价值就会减少。那么对物的情感根据时态，包括对过去物的留恋和厌倦、满意与失望，对现在物的愉快和痛苦，对将来物的期盼和焦虑。

教师与学生或学生与学生之间的关系，就是一种对他人的情感。对他人的情感不仅与他人价值的变化方式和变化时态有关，而且还与他人的利益相关性有关。对他人的情感，比如爱慕与憎恶、赞扬与嫉恨、关心与讨厌等等；在音乐教学中，就要多利用人之间的正面情感调节负面情感，这是情感在学习中的积极因素，构建了和谐的审美文化的教育环境。

对己情感是人对自己的情感，它取决于自身价值的变化方式和变化时态，据此，对己情感可分为：过去的自豪和惭愧、得意和自负，现在的开心和难过，将来的自信和自卑等。在音乐审美教育中，各种对己情感都有可能产生。

2. 理性

理性即是对音乐理论的构建。

（1）知识与技能

1）音乐基础知识

学习并掌握音乐基本要素（如力度、速度、音色、节奏、节拍、旋律、调式、和声等）、常见结构、体裁形式、风格流派和演唱、捕筛、识谱、缩创等基础知识。

2）音乐基本技能

对音乐的听的技能，学习演唱、演奏、创作的初步技能，能够自信、自然、有表情地演唱歌曲和演奏课堂乐器，了解音乐创作的基本方法。在音乐听觉感知的基础上识读乐谱，在音乐实践活动中运用乐谱。另外，还要了解民族音乐、音乐史与相关文化知识。

（2）学段要求

1）音乐基本知识

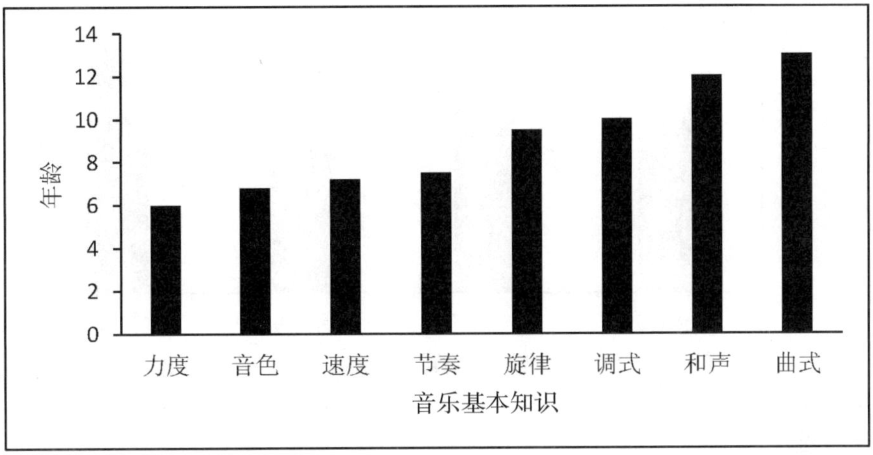

图2　音乐基本知识感知年龄特点表

2）音乐基本技能

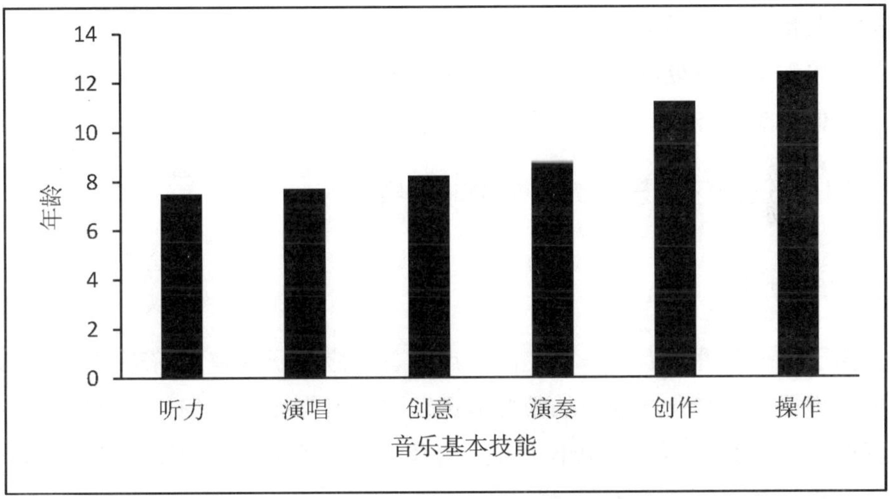

图3　音乐基本技能年龄特点表

3）音乐概念

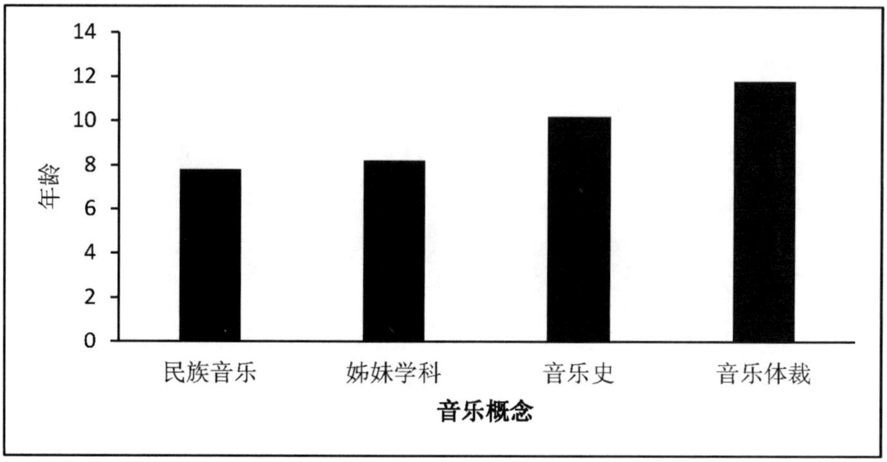

图4　音乐概念感知的年龄特点

综上所述，音乐教育是理性和感性的统一，学习是理性活动，感性依附在理性过程中。不同年龄阶段根据学生的心理以及生理特点，在安排教学内容、教学手段以及情感态度等方面都是有区别的。音乐教育也促使了学生理性和感性的发展，音乐教育无疑使学生的感性思维得到升华，学会了运用和控制感性思维，开拓了他们的想象能力，也建立了一定的理性思维。

四、偏远地区音乐教育审美策略的实施

（一）动机

为了使一节课具有音乐审美的特点，首先应该研究音乐审美的需要都是谁的需要。需要也是转化成动机的重要途径，只有有需要，我们才会有目的，在教学过程中，才会有计划。在中小学音乐教学中，音乐审美是教学的核心，同样，审美需要也就是审美完成的重要前景。

1. 音乐本体需要

审美需要本是人类的特殊情感需要，需要的内容就是建立在音乐本体之中。如果在学习中解决好音乐的学习与创造，音乐本身会发生与谱面完全不同的效果，这也是音乐不同于其他艺术的特点之一。分别有音乐结构美之需要，音乐意

境美之需要，音乐音色美之需要等。

2. 中小学学生学习需要

在中小学学生对音乐的学习中，他们的动作、语言、对音乐的表现等都需要动机的激发，才能更好地感知音乐。

3. 教师教学需要

教师作为主导者，他的教学理念直接影响着学生的学习方法，以及学生创造力的开发。灵活的、美好的、逻辑的教学方法，无疑会使学生能够更加愿意接受所学内容，也能激发起学生学习的乐趣和创造的欲望。有授课艺术美的需要和审美程式的设计需要。

总之，中小学音乐教学中的审美动机的创建是多方面的，我们只有把握好教材与学科的特点，深入了解学生的学习心理和学习需求，认识自己的教学需求及欲望，才会创建美好的教学环境。

（二）刺激

刺激是能为人体感受并引起组织细胞、器官和机体发生反应的内外环境变化。音乐审美教育中的刺激是指外部的声响、色相、语言等被受教育者接受并处在情绪化后而引起的机体反应。

1. 刺激生成

刺激是由于外部事件的刺激而引起人体不同器官机能的反应，这种生成是因人而异的（特别是成人表现更加突出）。不同的人对于同一事件会有不同的刺激生成，比如对一首乐曲的欣赏，受不同年龄、不同知识水平、不同社会阅历等因素的影响，就会对同一乐曲产生不同的反应。刺激生成一是生理因素引起的，二是通过不断加强训练生成的。

2. 刺激期待

刺激期待是在人体机能中长时间处于某种静止状态时，需要一种属于外部的元素激起机能反应的期待。

（1）乏味引起期待

长时间的乏味状态往往会引起人们对新事物的期待，新的事物会刺激人体机能新的反应，反应引起对新事物的探究。

（2）愿望引起期待

对于愿望的期待，可以分为结果型愿望和情绪型愿望。结果型愿望是指对于事物发展的结果怀有的主观期待，情绪型愿望是指事物的刺激引起对情绪的期待，如希望得到快乐或者与悲伤产生共鸣等情绪的审美愿望。

3.刺激适应

当我们长期生活在某种刺激下，人身体的各个感官机能就会对这种刺激处于没有感觉的状态。刺激使用不仅是嗅觉的，听觉、视觉、触觉、味觉甚至于对事物情绪的感觉都会有，人体的这种功能是自然的，也是具有进化意义的，对于人类生活的适应有很好的作用；然而在教学中它却又有其弊端，适应会使人体感官产生惰性，审美出现疲劳，所以无论从音乐教学内容还是教学手段上都应该避免其弊端。

4.音乐教学中刺激的种类

音乐教学中的刺激具有其特殊性，音乐教学刺激主要来自于声音、色相和动作，当然在教学实践中，并不是专门要用哪一种刺激，我们应该根据所需内容灵活运用，可能是某一种，也可能是某几种。在刺激过程中，应该通过多种手段创造刺激期待，保持学生的学习兴趣，也要在刺激适应阶段适当地变换刺激方式，以免造成学生的审美疲劳。

（三）体验

体验即是倡导完整而充分的环境聆听音乐作品，使学生在音乐审美过程中获得愉悦的感受与体验；启发学生在积极体验的状态下，充分展开想象；保护和鼓励学生在音乐体验中的独立见解。

1.原构性的审美体验

根据音乐的原始特点，音乐的结构、音调等的原始性分析与创建，任何风格的作品都有其独特的节奏与音程关系。例如，舞曲三拍子的规整性节奏特点等，正是这种独特的特点给审美以强度，强化了审美意识。当我们听到类似风格的音乐时，就会联想到其审美的风格特征，但要注意刻板印象。

2.历构性的审美体验

历构性的审美就是根据自己对所欣赏音乐的历史经验、知识认知等的审美构建，让历史经验来自于对以往类似音乐的欣赏或者生活体验。比如，我们欣赏一首蒙古族音乐，对于这个音乐的审美体验，可以从以下几种情况来看：一是从未接触过蒙古族和蒙古族音乐的学生，当听到音乐时就是音乐的表层意义。如果节奏元素比旋律元素强，那么感受到的首先是节奏，相反首先感受到的是旋律。二是在多次听赏蒙古族音乐基础上，有审美感受的学生，此时就会出现想象中的蒙古族的一些具有特色的场景，比如蒙古舞、草原、帐篷等，而很少有一种真正的情感体验。三是有过蒙古族地区生活经历的学生，此时当欣赏到蒙古族音乐时，想起的就不仅仅是一种场景，或许还会想起人和人之间的感情。

3.**超构性的审美体验**

超构性的审美就是根据所学内容，通过联系其他艺术特征来理解与欣赏音乐，充分发挥学生的想象力，关注每个学生的独到见解。超构性的思维是最适宜开发学生对音乐审美的不同认识的途径，它适合于中小学生的每一个年龄段。低龄儿童注重引导，更多的是图像化的联系，比如轻巧的节奏，他们或许会想到童话中的某个活跃的人物，或许想到闪烁的星星等等；比较大一点的孩子则要用他们自己的眼光看待问题，他们可以根据音乐本身进行联想，比如缓慢的低音可以联想到沉重的脚步，联想到文学中的丑恶百态，联想到美术中沉重的背景等等。

所以审美体验可以通过多种方式实现，在具体的实践中要根据条件和需要灵活选择，教师一定要根据内容设计好体验方式，让学生积极参与，主动体验音乐带来的乐趣。

（四）模仿

根据中低年级学生的身心特点，从音乐基本要素入手，通过模仿，积累感性经验，为其音乐表现和创造能力的进一步发展奠定基础。

1.**适合于低年级学生的严格模仿**

严格模仿就是对音乐中出现的节奏、音高、动作、声部等进行模仿。严格模仿有利于培养学生对音乐基本知识的掌握，在于不断重复，加强学生的记忆。学生通过跟学、听赏等方式对音乐的节奏、音调等进行模仿学习，根据低年级学生对动作的特殊敏感性，利用动作的有形性表现音乐的无形；用有形加强音乐的无形内容，把听到的音乐转化成看到的生活状态，对这种状态再进行模仿，这是一种教学手段，也是一种记忆方式。另外，有人研究发现低幼儿童是固定音高形成的关键时期，在这个阶段中，幼儿不断地重复记忆固定音高，就会在成人后一直记住这个音的高低，所以加强锻炼低年级学生的固定音高就要靠严格模仿。比如，在课堂教学中不断地让孩子们聆听、辨听这样的音高，使音高固定在记忆当中，柯达伊教学法中用手势表示固定音高就是一种很好的教学方法，他在二年级阶段教学中实行。

2.高年级学生可以结合严格模仿与自由模仿的形式学习

前面说过，严格模仿是把所学内容完整地接收，而自由模仿是可以把所学内容进行创造性地学习。自由不是要求毫无章法的改变，而是在掌握了必需的知识的基础上进行模仿。自由使模仿拓宽了界限，也使内容具有了个性特点。比如，同样是节奏的模仿，自由模仿可以在掌握了节奏特点的基础上进行变化，同一风格音乐的伴奏节奏就是一种自由模仿。再如，所谓的二度创作就是一种自由模仿，对于传统歌曲的流行音乐化，改变了唱法，有些节奏、音高等也可能根据流行音乐的风格有所改变，但整体是不会改变的。还如，民歌的传承，它在不同地域由于人们传唱或者受语言、感情等因素的影响，在模仿一首外来民歌的时候，无形中就会发生变化，这也是一种自由模仿等，所以在音乐教学中，就可以根据个人的审美习惯与需要自由模仿，当然这种模仿是在严格模仿之后的创作，是升华，也是发展自我能力的需要。

（五）探究

探究式学习也称探究性学习、研究性学习。音乐的探究性学习是指从音乐学科领域或现实生活中选择和确立主题，通过提供开放式和趣味性的音乐学习情境，激发学生对音乐的好奇心和探究愿望，学生通过观察、阅读，通过发现问题，搜索数据，形成解释，在获得答案并进行交流、检验和探究性学习后，探究重视发展学生创造性思维的过程。

第一，在音乐教学情境中激发自主探究欲望，探究式教学的载体与核心是问题，所以在音乐教学中，根据需要创设问题，一是问题的提出，二是问题的解答。

第二，在开放课堂中发掘学生自主探究潜能。首先，要设置开放性的问题情境，在音乐教学中，不要定唯一或者标准答案，要给学生指导学习思路与方法，另外也要给学生提供可以进行探究学习的环境；其次，教师要作为一个组织者、指导者的角色出现，引导学生寻找答案，教师要注意尊重学生的意见和想法，不要过多干涉。

第三，在教学过程中适当、合理地点拨，诱导学生向正确的探究方向发展，教师为了让学生达到自主学习的目的，引导学生自己去发现问题，学生不明白时可适当点拨，采用合理的点拨方法。

第四，课后让学生创新实践，鼓励学生重新认识音乐。音乐在学生眼中似乎是自然存在的，要让他们知道，音乐是可以创造的，可以在现成作品上做二度创作。

（六）合作

1.表现式合作

音乐艺术是表演艺术，它需要同学们的实践表现才能够体现音乐，而班级授课是集体性质的，所以表演也是以集体表演为主。表演的合作关系主要有：协同表演、竞争表演、联合表演等。协同表演就是对于作品的表现需要同学之间相互协作，比如对一首歌曲的协同表现，可以进行歌曲演唱、歌曲动作表演、歌曲的器乐伴奏等协作表现，也可以对歌曲的演唱形式，如合唱时声部的协作、对声音音色表现的协作等进行表现。竞争表演就是分组对同一内容进行竞争，这个竞争可以是表现式的竞争，也可以是创造性的竞争等。无论哪一种，都要在竞争中合作，在合作中找出相互的优缺点，通过合作有所提高。联合表演就是在分组的基础上，可以对作品分割后，由不同组表演，后合成完整的作品，比如最简单的二重唱的形式，有合有分，使表演具有趣味性，但一定要有很强的合作能力，不然就不能构成完整的作品，可以是学生自己创造的形式，也可以由教师统一安排。

2.探究式合作

教师是引导者，启发并诱导学生完成音乐表现；学生是探究者，要通过自己的探究发现新事物。所以教师要做到既不放任自流，让学生漫无边际地去探究，也不能过多牵引，使学生不敢有自己的想法，走不出教师设立的“圈”。探究式合作主要有以下几类：

（1）交流成果，合作体现

在课堂上，让学生交流所学所想，展示自己脑中的成果。在交流中，使他们能够互相了解对方的思维方式，或许还可以受到更多启发，创造出更多想法。交流形式可以多种多样，可以是自由发言，也可以是小组交流，结果可以是汇总汇报的，也可以是激发讨论的。

(2) 合作学习，探究疑难

学生交流中，对所提出的问题以及普遍存在的模糊认识进行讨论，合作学习中不断质疑、解疑，再进行探究讨论，可以是两人之间讨论，也可以是小组讨论等形式。在讨论中，比如在器乐欣赏环节，学生可以对乐器音色进行质疑，教师也可启发学生对这一过程产生怀疑，很多学生都是习惯性接受，不愿想“为什么音色在这里是这样的而不是那样的”等等问题。事实上，提出问题后，教师可以组织学生积极讨论，然后解决该问题。

(3) 教师诱导，启发讨论

在合作学习过程中，教师应该不断地诱导学生思考，让他们在思考的过程中，形成无意识的合作状态，使学生的思维不断绕着教学内容进行，在讨论中，教师应做到：及时把握问题，让问题出现在学生的思维中；及时调整和引导学生思维，使问题不要超出范围；能做多种多样的结论并进行汇总，使问题简单化、多样性，具备可实践性。

另外，在教学大纲中还提到了综合的审美教学方法，它是将其他艺术表现形式有效地渗透和运用到音乐教学中，通过以音乐为主线的综合艺术实践，帮助学生更直观地理解音乐的意义及其在人类艺术活动中的价值。很明显，这是对审美教学的补充，可以用比如科学学科的教学方法的借鉴、实验的方法等等，它们都可以使音乐教学更加丰富有趣。

参考文献

[1]赵宋光.音乐教育心理学概论[M].上海:上海音乐出版,2003:141-147.

[2]朱则平,廖应文.音乐课程标准教师读书[M].武汉:华中师范大学出版,2003:130-133.

[3]林华.音乐审美心理学教程[M].上海:上海音乐出版社,2005:55-74.

[4]王文澜.素质教育视野中的中学音乐课程实施研究[D].兰州:西北师范大学,2007.

[5]樊祖荫.多元文化与21世纪的音乐教育改革[J].黄钟,2001,1(05):4-5.

[6]管建华.当代社会文化思想转型与音乐教育[J].中国音乐,2008,34(2):16-22.

主持人：杨红林（陇南市武都区深圳中学）

审稿人：闫婧华（甘肃省教育科学研究院）